◈ 农村土地制度改革研究

丛书主编 黄贤金 陈美球

徐玉婷 著

"三权分置"政策下农地经营绩效研究

——以长江中下游典型区域为例

南京大学出版社

图书在版编目(CIP)数据

"三权分置"政策下农地经营绩效研究:以长江中
下游典型区域为例 / 徐玉婷著. —南京:南京大学出
版社,2021.9

(农村土地制度改革研究/黄贤金,陈美球主编)

ISBN 978-7-305-21847-7

Ⅰ.①三… Ⅱ.①徐… Ⅲ.①农业用地-土地经营-
研究-中国 Ⅳ.①F321.1

中国版本图书馆 CIP 数据核字(2021)第 062404 号

出版发行	南京大学出版社			
社　　址	南京市汉口路 22 号		邮　编	210093
出版人	金鑫荣			

丛 书 名　农村土地制度改革研究
主　　编　黄贤金　陈美球
书　　名　"三权分置"政策下农地经营绩效研究——以长江中下游典型区域为例
著　　者　徐玉婷
责任编辑　田　甜　　　　　　　　编辑热线　025-83593947

照　　排　南京紫藤制版印务中心
印　　刷　江苏凤凰数码印务有限公司
开　　本　718×1000　1/16　印张 17　字数 223 千
版　　次　2021 年 9 月第 1 版　2021 年 9 月第 1 次印刷
ISBN　978-7-305-21847-7
定　　价　88.00 元

网　　址:http://www.njupco.com
官方微博:http://weibo.com/njupco
官方微信:njupress
销售咨询热线:(025)83594756

总　序

　　农村土地制度改革关系到农民土地权益的实现,关系到城乡融合发展战略的实施。由此,自 2015 年以来开展了以农村土地征收、集体经营性建设用地入市、宅基地制度改革为重点的"三块地"改革试点,2016 年我国又实施了以农村土地承包制度完善为核心的农村土地所有权、承包权、经营权"三权分置"制度改革,形成了涵盖农村主要土地利用类型的农村土地制度改革内容,尤其是 2019 年 8 月通过的《中华人民共和国土地管理法》(修正案)进一步确立了农村土地制度的改革方向,创新了农村土地权益实现路径,为全面构建支撑基本现代化建设的中国农村土地制度打下了基础。

　　这一轮农村土地制度的全面改革,不仅是贯彻落实中共十八大关于全面深化改革战略部署的重要部分,也是建设现代化强国发展之路上的重要一站。从 20 世纪 50 年代的土地改革,到助推改革开放的农地承包经营制度创新,再到当前的农村土地制度综合改革,每一次改革都有其时代性特征,也为下一阶段的农村土地制度完善埋下了伏笔。

　　农村土地承载着农村的发展、农民的生活乃至城市的兴衰,是实现乡村振兴和国强民富的重要支撑。然而长期以来,受城乡二元体制的影响,农村土地配置受限、农民土地权益受损等问题日益突显,不仅制约了农村地区的发展,也影响到了健康的城乡发展,甚至国民经济和社会发展全局。正是在这样的背景下,新一轮农村土地制度改革应运而生。总体而言,此次农村土地制度改革旨在通过赋予农民应有的土地权益和激活农村低效闲置的土地，来改善农民福祉、促进乡村振兴，并逐步实现城乡融合发展的战略目标。为此，从中共十八大提出改革要求，到十八届三中全会明确改革任务，再到中共中央办公厅、国务院办公厅《关于农村土地征收、集体经营性建设用地入市、宅基地制度改革试点工作的意见》(中办发〔2014〕71号)进一步提出具体试点部署，以及《关于完善农村土地所有权承包权经营权分置办法的意见》，国家层面对改革试点做出了全方位的设计安排。

概括来看，此次农村土地制度改革的核心内容包括四个方面：一是针对目前征地范围过宽，征地程序不完善，补偿安置难以保障被征地农民长远生计等问题，完善农村土地征收制度；二是针对目前集体建设用地权能不完整，无法实现与国有建设用地同等入市、同权同价等问题，推动集体经营性建设用地入市；三是针对目前宅基地取得和保障制度不完善，低效闲置现象普遍和自愿有偿退出机制不健全等问题，探索宅基地制度改革；四是针对农村承包地流转难，难以满足农业劳动力流动以及农业资本市场发展的需要，从而探索经营权与承包权分离的新思路。

这些年来，国家不仅全面探索了农村土地承包权制度的改革，而且还着重围绕国家的顶层设计，将33个市(县、区)正式列入农村集体建设用地制度改革试点，国内不少其他地区也纷纷针对各自面临的问题探究农村土地制度的改革与创新路径。改革实践固然离不开理论的指导，但其反过来也会指引理论的发展。在当前农村土地制度改革如火如荼推进的过程中，适时检视改革实践和总结吸收改革经验，不仅有助于改革的顺利推进，也将为农村土地制度及相关理论的发展完善提供重要支撑。《农村土地制度改革研究》丛书的推出，就是要及时跟踪农村土地制度改革的最新进展、研讨改革过程中遇到的关键问题，并探寻突破改革难点和困境的有效路径。

本丛书由近年来活跃在相关领域的多位中青年学者有关农村土地制度改革研究的最新成果组成。其中：

　　《乡村振兴与土地使用制度创新》一书主要从土地使用制度创新的视角，探讨了如何通过激活农村土地要素来集聚"钱和人"等其他要素，以促进乡村振兴战略的实现。该书选编了作者及其团队近些年在相关领域发表的 29 篇论文，其中既有深层次的理论思考，也有基于地方实践的经验凝练；更为可贵的是，作者在系统的理论和实证研究基础上，提出的一系列政策建议，对于完善农村土地使用制度和促进乡村振兴意义重大。

　　《中国农村妇女土地权益流失探析》一书主要探讨了农民土地权益保障研究和实践中极易被忽视的一个重要问题——农村妇女土地权益。作者基于对江苏、湖北、四川三省的调查，系统阐述了农村妇女土地权益流失的现状及其影响，并从多维视角探究了农村妇女土地权益流失的根源，评价了农村妇女土地维权的意识及现状；该研究不仅揭示了当前中国农村妇女土地权益保障问题的症结，也为这一难题的解决提供了若干良方。

　　《农民土地依恋问题与征地制度改革》一书则是改变了征地制度改革研究的传统思路，通过借鉴人文地理学中的地方依恋概念，探讨了农民的土地依恋与征地制度改革之间的深层关系；特别是定量分析了农民土地依恋对其征地受偿意愿的具体影响。作者正是抓住了中国农民与土地之间的情感联系，为完善征地制度提供了一个崭新的视角，也更全面地阐释了征地制度尤其是补偿制度的制定不仅要考虑物质属性的土地价值，也不能忽视与土地紧密相连的农民的情感诉求。

　　《农村建设用地再开发市场机制及地价评估》一书主要针对目前我国村镇建设用地利用与配置低效、市场机制缺失和城乡统一土地市场建立困难等问题，系统研究提出了农村建设用地再开发市场的运行体系与调控机制。作者选择长三角和珠三角等地作为典型研究区域，在探讨农村建设用地再开发市场运行现状、凝练集体建设用地流转模式与创新经验的基础上，结合当前农村土地制度改革的最新动向，构建了集体经营性建设用地流转和宅基地退出的市场运行体系，与农村建设用地再开发基准地价评估技术体系，为农村建设再开发市场提供了技术基础。

《农村建设用地再开发市场决策与调控》一书,基于农村集体经营性建设用地市场制度建设需要,探索性地建立健全了相应的政策管控机制,并从市场监测与模拟、供需分析与仿真,以及决策支持系统的研发等方面健全了保障农村建设用地再开发市场运行的技术体系。

《"三权分置"政策下农地经营绩效研究——以长江中下游典型区域为例》一书从农户的微观视角,探讨了"三权分置"农地制度改革对乡村农地利用、农业生产和社会形态的影响,最终聚焦于政策实施的农地经营绩效。作者选择长江中下游典型区域为案例地,在定性探讨"三权分置"改革后农户分化的形态后,定量测度了不同类型农户农地利用效率和收入的变化。该研究在中国农业转型的当下,有助于认识和把握正在进行中的改革绩效,防范实践中可能出现的政策执行偏差和风险,对于完善相关制度政策和助力政策顺利实施、提升资源利用效率和农户福利有指导意义。

毋庸置疑,上述这些研究成果的出版对于推动我国农村土地制度改革及相关领域的理论研究和实践探索有着积极意义。我们也期盼通过本丛书的出版,吸引更多学者和实践工作者参与到农村土地制度改革研究与实践探索之中,为我国农村土地制度的不断优化添砖加瓦。

南京大学教授、中国土地学会副理事长　黄贤金
2019 年 8 月

序　言

自 2004 年起,中央 1 号文件连续 18 年聚焦"三农"问题,家庭联产承包制下出现的农地细碎化、耕作分散化、经营粗放化成为中国现代农业转型中亟待解决的问题,如何深化土地制度改革成为各界关注的焦点。在新形势下,中央提出了"三权分置"政策,并将其作为农村土地制度改革的核心,坚持"落实集体所有权,稳定农户承包权,放活土地经营权"的改革方向。随着农地制度改革的深入,更多的非集体成员可以进入农业生产行业,多元农业经营主体的涌现必将对我国的乡村农地利用、农业生产和社会形态产生重大的影响。

关于农地流转的已有研究颇为丰富,但在"三权分置"政策实施的全新背景下,其仍无法回答如下问题:首先,"三权分置"政策实施后农户分化的形态是什么? 其次,分化后的农业经营主体的农地利用行为和效率如何,是否符合政策的预期? 再者,"三权分置"对农业经营主体和离农主体的收入影响如何,是促进了公平,还是加剧了收入差距? 这些命题都涉及土地制度深化改革方向、农村社会的公平以及农业转型具体战略,具有很强的政策含义。

因此,本书聚焦"三权分置"政策实施的农地经营绩效问题,以长江中下游典型区域为案例地,运用地理学、社会学等多学科交叉分析方法,进行了如下研究:构建了"政策变化—主体分化—行为响应—经营绩效"的理论分析框架;分析了"三权分置"政策下农地流转市场环境特征及变化趋势;揭示了"三权分置"政策下多元农业经营主体的行为响应特征和内在逻辑机理;从农地利用效率和收入两方面测度了"三权分置"政策实施的农地经营绩效。

基于本书的研究结果,笔者提出如下政策建议:第一,尊重、引导、保护除了土地租赁方式以外的农地流转方式创新;第二,在农地流转过程中村集体应从"过度干预"走向"服务监管";第三,转变"轻小农,重大农"的乡土实践和管理逻辑,对目前"三权分置"导致的贫富差距扩大应有所警惕。关注和扶持适度规模的家庭式经营者,进一步完善农业服务体系,转"土地规模化"为"服务规模化",从而发挥各类农业经营主体的生命力和竞争力。

本书更像是在浩荡变革的景象中,截取了其中一帧,对横截面进行了广泛的观察,揭示"三权分置"农地改革中的某些问题,但在很多方面可做更深入的研究。一是,拓展研究时空范围。因为调研组织、数据获取和深入访谈的难度大和要求高,未能有实力获得空间范围更为广泛的调研数据,也非常遗憾没有能进行固定农户的追踪,以获得动态时间数据作为对比。我国幅员辽阔,社会经济水平差异显著,农地流转市场发育程度不同,所以若能在更广阔的空间和时间上探讨此问题,获得的结论会更具参考意义和推广价值。但本书的目的在于探索和发现问题,通过聚焦长江中下游典型区域,尝试得到一些启示性结论和讨论,更多的目的是引起大家的关注。所以,未来的研究可继续拓展研究时空范围,追踪验证"三权分置"政策实施效果。二是,继续深化研究内容。笔者在对当下"三权分置"时期农地流转进行调研时,常有此问题错综复杂、"牵一发动全身"之感。尽管最终将问题聚焦于"三权分置"政策实施的农地经营绩效,但本书完成过程中发现仍有许多内容值得深入思考。例如,在农地流转中的行政力量、社会资本力量和市场力量之间的关联和较量;农户分化后不同农业经营主体之间的相互作用关系;资本下乡对家庭农业的冲击,尤其是调查中发现的"企业+家庭农场/种田大户"的合作雇佣模式值得进一步深入调查。

总而言之,笔者在调研和本书写作中发现"三权分置"政策的实践效果既不像部分媒体宣传得阳光灿烂,也不是一些学者描述的危机重重,"三权分置"的农地制度改革在摸索中努力走一条适宜中国农业发展的道路。笔者希望在日后的研究中可以更深入探讨上述问题,完善研究。

最后,本书整理于本人的博士毕业论文。在此仅以贫乏的文字表达我对支持和帮助我的老师、同学和家人们的真心感谢。首先要感谢的是我的恩师黄贤金老师,博士求学期间,黄老师给予我的指导与帮助是我人生一笔宝贵的财富。持之以恒的求知、创新、拼搏的态度,是黄老师以身作则为我们每个同学上的宝贵的一课。其次,还要感谢五年以来一直给予指导和帮助的可爱可敬的老师和同学们。感谢陈志刚老师、钟太洋老师、陈逸老师、何金廖老师、杨俊老师、揣小伟老师、汤爽爽老师、李裱老师忍耐我的经常"骚扰",悉心解答我的问题。感谢给予我生活和学业帮助的於冉、徐国良师兄,唐学玉、李丽、叶丽芳、吴常艳师姐,李建豹、周艳同窗,孟浩、戴垠澍、漆信贤、纪学鹏、陈奕融师弟和徐静、卢芹莉师妹等。此外,我还想感谢我硕士阶段的老师和同学们,即便毕业多年,杨钢桥老师、杨俊师兄、洪建国师兄仍一直给予我最细致的帮助和关怀,对我的指导不曾间断。感谢在美国访学期间美国印第安纳大学 Daniel Knudsen 教授对于本书的指导。感谢我的父母对我求学的支持和对我生活无微不至的照顾和关怀。还有很多给予我帮助的朋友未能一一提及,在此再次表达诚挚的感谢!

徐玉婷

2020 年 4 月

目　录

第 1 章　绪论

1.1　研究背景与意义

1.1.1　选题背景

（1）"三权分置"农地制度改革是新时代乡村振兴的重要抓手

自 2004 年起,中央 1 号文件连续 18 年聚焦"三农"问题,其中如何深化土地制度改革成为各界关注的焦点。始于 20 世纪的家庭联产承包制下出现的农地细碎化、耕作分散化、经营粗放化成为中国现代农业转型中亟待解决的问题,也是农村土地制度改革的重点所在。

2008 年 10 月,中共十七届三中全会在《中央关于推进农村改革发展若干重大问题的决定》中指出,"加强土地承包经营权流转管理和服务,建立健全土地承包经营权流转市场,按照依法自愿有偿原则,允许农民以转包、出租、互换、转让、股份合作等形式流转土地承包经营权,发展多种形式的适度规模经营"。2013 年中央 1 号文件指出,"坚持依法自愿有偿原则,引导农村土地承包经营权有序流转,鼓励和支持承包土地向专业大户、家庭农场、农民合作社流转,发展多种形式的适度规模经营",首次提出了"家庭农场"的概念。中共十八届三中全会指出,"加快构建新型农业经营体系,赋予农民更多财产权利"。2014 年中央 1 号文件中首提"赋予农民对承包地承包经营权抵押、担保权能",增加农民获得土地财产权利的渠道。随后,中央在《关于引导农村土地经营权有序流转发展农业适度规模经营的意见》中创新性地提出了农地"三权分置"的制度构想,鼓励和支持承包土地向专业大户、家庭农场、农民合作社流转,发展多种形式的适度规模经营。中共十九大报告再次强调巩固和完善农村基本经营制度,深化农村土地制度改革,完善承包地"三权分置"制度,第二轮土地承包到期后再延长三十年。

可见,中央已将"三权分置"的制度构想作为农村土地制度改革的核心,坚持"落实集体所有权,稳定农户承包权,放活土地经营权"的改革方向。落实集体所有权,就是落实"农民集体所有的不动产和动产,属于本集体成员集体所有"的法律规定,明确界定农民的集体成员权,明晰集体土地产权归属,实现集体产权主体清晰;稳定农户承包权,就是要依法公正地将集体土地的承包经营权落实到本集体组织的每个农户;放活土地经营权,就是允许承包农户将土地经营权依法自愿配置给有经营意愿和经营能力的主体,发展多种形式的适度规模经营。由此,中国的农业经营者不仅仅是原集体成员,更多的非成员权主体可以进入农业生产行业,为构建新型农业经营体系提供了内生动力。

当前,农村土地"三权分置"构想已上升至战略决策高度,将成为新时代优化土地资源配置、增加农民收入、保护粮食安全的重要举措,对促进传统农业向现代农业转变,改善农户福祉和实现乡村振兴有重要意义。

(2)新型农业经营主体被赋予推动中国农业转型的重要历史使命

"三权分置"政策虽然是国家近年提出,但是实践中已逐步形成了"集体所有、农户承包、多元经营"的土地"三权分置"制度格局。在新的制度格局下,"统"的层面形成了集体经济、合作社、龙头企业、社会化服务组织等多元化、多形式的经营服务体系,"分"的层面表现出普通农户、家庭农场、种养大户等多元经营主体共存的局面,由此构成了多元化的现代农业经营体系(张红宇,2016)。2012 年中央农村工作会议做了如下阐述:新型农业经营主体是指在完善家庭联产承包经营制度的基础上,有文化、懂技术、会经营的职业农民,大规模经营、较高的集约化程度和市场竞争力的农业经营组织。目前政界和学界普遍认为新型农业生产经营主体包括 4 种类型:家庭农场、专业大户、农民合作社、农业产业化龙头企业。据农业部统计,目前全国家庭农场达 45 万家,农民合作社 193 万家,产业化经营组织超过 41 万个,各类社会化服务组织 115 万家(张红宇,2018)。

所以,与过去依靠众多同质的小农户从事农业生产活动的经营方式不同,主体多元既是中国现代农业经营体系最重要的基础特征,也是农业向现代农业演进中的必然现象(陈锡文,2013),培育适宜的农业生产经营主体,已成为解决好"未来谁来种地、种粮"的关键所在。因此,新型农业经营主体被赋予了中国农业转型时期非常重要的历史使命:解决谁来种田的问题,保障国家粮食安全;通过机械化、规模化的经营方式,提高农业经营效率,压缩农业生产成本,应对国内外粮价倒挂的挑战,在国际市场中保持竞争力;解放农村劳动力,让更多的农民从农业生产中脱离出来,进入城市务工,从而达到增收目的。

农业转型与农地制度变迁之间具有紧密的相互作用,一般而言农业转型会诱致农地制度变迁;反过来,农地制度变迁可以为农业转型消除制度障碍。如前所述,"三权分置"使得更多的主体可以进入农业生产行业,为构建新型农业经营体系提供了内生动力,对于中国农业转型升级和农业现代化实现有着极其重要的意义。

(3)"三权分置"农地制度改革的实践效果还有待检验

中国政府将"三权分置"的战略思想作为农村土地制度改革的核心,将培育新型农业经营主体作为发展现代农业基础的重点。然而在实际中"三权分置"的农地制度改革效果如何,新型农业经营主体的表现又是否符合预期值得关注。

　　近年来,我国农村土地租赁市场的发展十分迅猛。从 20 世纪 90 年代初,转入土地使用权的农户数量仅占农户总数的 0.9%,转包耕地面积仅占全国耕地面积的 0.44%(Gao et al.,2012;Rozelle & Zhang,2002),截至 2016 年 6 月底,农民承包土地的经营权流转面积超过 30%。在这二十多年间,我国农地流转从零星的、不规范的"口头约定"交易阶段,逐渐走入了规范、健全的市场化阶段。不仅如此,全国各地已开展了大量农村农地流转模式的探索实践。除了转包、转让、互换、出租等较为普及的模式以外,土地入股、土地信托、土地银行、家庭农场等新模式也不断涌现。地方政府自下而上的实践探索,为家庭承包地流转制度的改革提供了依据。

　　不可否认"三权分置"改革积累了一些经验,但在实施中仍存在诸多问题和潜在风险,需要引起注意。比如流转活力不足、结构不协调、流转规范性不高、交易价格机制不合理、盲目强制流转损害农民权益等问题。尤其是"资本下乡"式快速发展的农业龙头企业和耕地"非农化""非粮化"问题引起了学者的关注,各种思潮涌现:一种倾向是积极支持龙头企业的发展,认为它能缩小城乡差距、提高农民的组织化程度、建立小规模生产与大市场的连接机制、实现公司与农户的双赢。与之相似的观点还有认为扩大经营规模可获得更高的效率。第二种倾向则认为资本企业没有小农有效率,不仅需要政府补贴扶持,还会侵占农民利益(陈义媛,2016)。

　　所以,对于中国农业处于由传统农业向现代农业过渡的关键阶段,关注"三权分置"实践效果,即其实施的农业经营绩效,对未来中国的农业政策和土地政策都具有重要参考意义。

1.1.2 研究意义

　　从"两权分离"过渡到"三权分置"被认为是巨大的政策飞跃,体现了中国特色农村土地制度改革的理论创新(韩长赋,2016)。从"三权分置"相关政策可以看出,国家的顶层设计依赖于这样的内在逻辑:随着工业化与城镇化,农村农业剩余劳动力向城市转移,农地流转带来土地集中和规模化经营,粮食安全得到更有力保障,农户收入不断增高。实际上,国家通过"三权分置"政策达到"粮食增产""农户增收"的双重目标(徐玉婷等,2016)。因此,在当前农地流转工作广泛开展、多元经营主体共存的情形下,"三权分置"政策实施的农地经营绩效究竟如何是重要的理论和实证问题。

(1)从理论来看,"三权分置"政策的农地经营绩效是改革中出现的全新的、重要的、迫切的理论问题。

随着农地制度改革的深入,多元农业经营主体的涌现必然对乡村农地利用、农业生产和社会形态产生重大影响。然而目前对新形势下"三权分置"政策实施的农地经营绩效研究较为匮乏,一是未能有效揭示"三权分置"背景下多元农业经营主体的农地利用行为方式及变化,以及农地利用行为差异导致的效率差异以及背后的原因;二是未能关注"三权分置"下农户群体分化和社会形态的变化,少了其对乡村社会伦理秩序的冲击以及普通农户生存状态的思考。因此,本书基于农户分化视角,从农地利用效率和收入两方面出发,聚焦探析"三权分置"政策实施的农业经营绩效,为我国农地制度改革研究提供新内容和新视角。

(2)从实践来看,多元经营主体的农地利用效率和收入变化是农地流转制度实施效果的直观表达,可监测农地流转的风险,助力农地流转效率的提升。

目前农地流转的规模不断扩大、区域不断拓展,然而中国耕地资源紧张,粮食安全问题突出,区域自然和经济差异大,农户对耕地依赖性强使得中国的农地流转制度更为复杂和特殊,缺乏对多元经营主体的农地利用行为差异和内在逻辑的准确认知,可能导致制度实施执行的低效甚至无效。比如,无效的农地流转不仅无益于"三农"发展,还有可能导致农地非农化、农地生态被破坏、农民合法权益受损和社会不稳定等风险。农地流转的核心是让土地、劳动力和其他要素在农户间的市场交易可以提高经济效率,达到资源的合理配置(刘莉君等,2010);对资源配置效果的检验过程可以是判断其公平性目标和效率性目标是否实现的过程(安乐,2010)。因此,探究多元经营主体的农地利用效率和收入可以验证并监控农地流转的效果,防范农地流转可能出现的风险。针对学界和政府对农地流转的正向效应关注较多,但对其潜在风险关注较少的现状,本书对多元经营主体的农地利用效率和收入变化进行理论和实证研究,分析制度实施的风险及应规避的问题,为农地流转制度进一步科学、顺利地推进提供决策依据,促进土地资源可持续利用。

(3)从实证区域来看,分析长江中下游典型区域"三权分置"政策实施的农业经营绩效,有助于探索差异化的土地管理政策,兼顾效率与公平,缓解区域不平衡不充分发展的矛盾。

截至 2015 年,我国仍有 7 000 多万农村贫困人口以"插花型"状态分布在广大的农村地区,这部分群体的脱贫致富任务仍然艰巨。由此,中国政府开始大力推行精准扶贫工作。而"三权分置"政策以"落实集体所有权,稳定农户承包权,放活土地经营权"为改革方向,赋予农民更多财产权利,为精准扶贫、精准脱贫开辟了一条切实可行的新路。基于此,笔者发现"三权分置"和精准扶贫具有目标的一致性,"三权分置"政策的扶贫功能也正在被挖掘,比如在一些发达地区农地流转市场发育程度较好,农地流转激发了乡村活动,然而在一些相对欠发达地区,农地流转市场发育机制不完全,土地价格不显化、农地流转过程不规范、村集体行政过度干预等现象反而可能损害农民权益。因此,本书共调查了长江中下游典型区域的湖北省、安徽省、江苏省和上海市共 31 个县(区)191 个村落,调查范围在经济水平上涉及了我国经济发达地区、经济较发达地区和经济欠发达地区,在地貌特征上涉及了平原地区、丘陵地区和山区,在农业区划上主要涉及农业生产水平较高的长江中下游区(长三角农业区、皖南平原山地农业区、长江中游平原农业区)和黄淮海区(豫苏皖平原农业区)。通过对比探讨不同区域农地流转市场发展以及农业经营主体的利用行为、效率及收入差异,为分类制约、引导和协调农业主体行为响应,推进农地流转的精准、科学实施提供借鉴。

1.2 国内外研究进展及述评

鉴于农地"三权分置"政策直至 2014 年才正式提出,直接涉及"三权分置"的相关研究成果在丰度和深度上都较为薄弱。但农地流转的实践早已有之,围绕农地流转的研究文献可为本书提供重要的借鉴与参考。因此,根据与本书的相关性,从以下三个方面综述当前国内外相关研究的现状及动态。

1.2.1 农地流转与农户分化

农地流转与农户分化之间的研究,相比其他农地流转相关研究,数量并不丰富。尤其目前的研究较多集中于农户分化对农地流转意愿与决策的影响,而鲜有农地流转对农户分化的影响或者二者相互作用关系的论述。

(1) 农户分化对农地流转的影响

农民分化是近年来农村社会出现的一个不可忽视的现象,对当代中国农户分化影响较大的是社会学家陆学艺(1991)先生的观点。他指出"目前中国的农民实际上已经分化成若干利益不同、愿望不同的阶层,而且正在进一步分化之中",并主要依据职业将农民划分为十个阶层①。随后,许多国内学者延续该观点也依据职业划分开展农民分化的研究。因此学者讨论农户分化对农地流转的影响也多从"职业分化"的角度进行。

有的学者对非农就业是否可以促进农地流转进行了讨论:一种观点认为,非农就业显著促进了农地流转,非农收入比重最高的非农户是主要的土地租出方,而非农收入比重较低的一兼户则是主要的土地租入者(李明艳等,2010)。徐美银(2013)指出主要从事非农就业,对土地依赖性低的农户,其参与农地流转的意愿较高。另一种观点认为,中国农户的家庭耕地资源有限而

---

① 十个阶层分别是:农村干部、集体企业管理者、私营企业主、个体劳动者、智力型劳动者、乡镇企业职工、农业劳动者、雇工、外聘工人、无职业者。

劳动力资源丰富,因此当非农就业出现时,家庭经营呈现兼业化,并不发生农地流转(钱忠好,2008)。贺振华(2006)指出农户有两个选择,一是完全外出,将土地投入流转市场,二是兼业,减少或者停止向流转市场供给土地,是否流出土地是外出和兼业权衡的结果。还有研究认为,从总体上看农户兼业会降低农户参与农地流转的概率,但地区间存在差异,不能夸大农户兼业对农地流转的不利影响(廖洪乐,2012)。

有的学者对"职业分化"进行了一定拓展,认为以职业差异为主的水平分化和以经济收入差异为主的垂直分化是农户分化的两个基本向度,并从该角度分析了农村社会阶层对农地流转意愿和行为选择的影响。陈成文等(2008)认为家庭的非农业收入、从事农业以及非农业的人数对于土地的流入和流出有关键影响。家庭收入和职业处于的层次越高,越倾向于转出土地。陈美球等(2008)对不同社会经济发展水平下农户的耕地流转意愿进行了对比分析,得到我国农民对耕地的"依恋"总体上比较强,但随社会经济的发展,农民的"恋土"心态会不断弱化的结论。许恒周等(2012)分析了农民职业分化和经济分化程度对农地流转意愿的影响,农民分化程度高会增加其农地流转意愿。

(2)农地流转对农户分化的影响

上述农户分化对农地流转影响相关的研究,形成了一批代表性成果,主要从流转动因、行为困境分析、农民权益保障、农地流转阻碍因素等方面进行了深入分析。但是,研究多停留在对是否流转决策的关注,而仅有少量研究关注到农地流转后其对农户分化的影响,如陈成文和罗忠勇(2006)认为农地流转正在深刻地重塑当前中国社会阶层结构,并将永久地影响其未来变迁态势。温铁军(2008)、李昌平(2008)等人从逻辑上推导出农地流转的放开将带来农民的两极分化。杨华(2011)指出20世纪90年代开始的农地流转使得土地相对集中到一些农户手中,形成了"中间阶层",而近年激进的、大规模的农地流转又使得中间阶层趋于瓦解。赵晓峰和赵祥云(2016)也指出在农业生产领域规模经营模式中,农村社会阶层分化趋势明显加快,中坚农民和普通农户处于弱势地位,而在农业服务领域规模经营模式中,农村能人主要负责为农业生产提供相关服务,中坚农民和普通农户开展农业生产,农业收益由多元主体共享。还有一部分学者尝试对农户类型进行了新的考量和划分,比如高帆(2018)认为在新的中国乡村战略实施视域下,依据要素配置方式,可以将我国农民划分为传统农民、离乡农民、离土农民、内源式新型农民、外源式新型农民等五种类型。冯小(2016)在对 T 镇的农业转型深入调查中发现,当地农业经营主体由"小农+中农"的格局演变为"小农+家庭农场+企业农场",家庭农业群体分化为企业的"代管户"和"合同户",或者"二包户"。上述研究尝试分析了农地流转对农户分化的影响,但此类研究多为定性分析和讨论,对分化后的新的农业经营主体的土地利用行为和效率尚未开展深入研究,尤其缺乏定量测量。

可以看出,以往研究着重探讨农户分化对农地流转的决策影响,对农地流转后的农户分化问题关注不足,新时期下农户分化标准未形成定论,也未能进一步阐述不同农业经营主体的农地利用行为和逻辑的差异。基于以上判断,本书以农户分化为切入点,将农户分化、农地流转与农地利用行为结合起来,着重分析农地流转对农户分化的影响,定量揭示不同农业经营主体的农地利用行为与效率。

1.2.2　农地流转、农户分化与农地利用效率

农地流转后形成不同的农业经营主体,而其农地利用行为将最终影响到农地利用效率。农户分化对农地生产效率的影响是国内外学者讨论较多的一个问题。笔者将其归纳为三个方面,农地流转带来的农户权利分化(经营权和使用权)、农户土地规模分化(大农户和小农户)和农户技术分化(专业化)对农地利用效率的影响。

首先,土地的权利通常在农地投资的决策中起到至关重要的作用。产权的安全性通常被视为农民保持土壤投资的前提,一些研究认为稳定的土地使

用权能够促进农户投资,特别是改良土壤质量的长期投资(Feder et al.,1987；Abdulai et al.,2011)。此外土地转让权对土壤投资也有显著的影响。Besley(1995)、Yao 和 Carter(1999)的研究显示土地租赁市场也有可能增加投资,因为改善产权可能刺激租赁市场,这会提高投资的可能性。因此,尽管农民可能不太愿意投资租入的土地,但他们可能在自己的土地上投入更多。当租赁市场是允许的,农民们会更多地投资于他们的土地,因为它会增加未来土地的租金。Shaban(1987)在他的研究中发现,印度的分成合约会导致土地投资下降 32％而产量下降 16％。俞海等(2003)发现,和没有农地流转的样本相比,控制其他因素,有农地流转样本的土壤有机质含量平均下降 1.94 克/千克。刘涛等(2008)通过实证分析认为,转入土地农户的平均土地综合生产率高于没有转入土地的农户。

其次,农户土地规模分化对土地产出效率影响方面,最知名的是 Sen(1962)发现印度土地规模与土地生产率之间存在负向关系(Inverse Relationship,又称 IR 假说)。众多相关文献也都围绕农地是否存在规模经济进行了争论,并且都采用了实证分析方法对各自的观点进行了证明,于是产生了让人困惑的结果。国内学者也对此展开了激烈的争论,主流学者认为规模经营可以带来农地利用效率提高,并将现代农业的规模经济作为解决中国农业困境的重要途径之一(杨雍哲,1995；黄祖辉和陈欣欣,1998；韩俊,1998)。反对者则认为在目前的生产技术及土地制度下,我国的粮食生产中规模经济几乎不存在,农地流转不应仅以扩大土地规模为目的(万广华和程恩江,1996),"大规模机械化农业生产才是现代化农业发展的唯一道路"的观点是错误的(刘凤芹,2006)。

再次,在农户技术分化对农地利用效率影响方面也存在着相同的困惑。在专业化对农地利用效率影响方面,多数文献都认为农户兼业程度与农地产出效率是呈负相关关系的,农户兼业行为导致了农业投资的分散和农地的可持续利用(周飞等,2003),但有学者通过实证研究得出兼业农户的农地产出效率也会高于专业农户(高强和赵贞,2000)。在小农户是否具有技术效率上,马克思主义的小农思想侧重于小农的落后性和受压迫性(潘璐,2012)。还有学者假定了小农农业断然无法超越的"技术上限"(technical ceiling)[西奥多·舒尔茨,1987(1964);Bernstein,1977,1986]。但也有学者指出技术效率与规模基本是无关的,舒尔茨关于传统农业"贫穷而有效率"的观点影响广泛。

可以看出,以往研究从多方面研究了农地流转、农户分化与农地利用效率之间的作用关系,并展开了实证研究,然而没有得到统一的答案。所以,本书在"三权分置"背景下,从上述争论的焦点"规模效率"与"技术效率"两方面出发,对分化后的不同农业经营主体的农地利用效率进行定量测度和影响因素分析,为一直以来的理论争论提供新的实证证据。

1.2.3　农地流转与农户收入

公平和效率是发展永恒的主题,学者也指出农地流转不应该只考虑土地生产率的提高而损害大多数农民的利益,农地流转应该有利于增进农民的整体福利(宋伟,2006)。

那么,农地流转的农户增收效果到底如何呢? 效率的提高是否会导致收入的增加呢? 在农地流转在全国广泛推行的背景下,学界对农地流转对收入的影响开展了研究,其结果不尽相同。有学者认为土地制度对农民收入影响并不显著(廖洪乐,2003);有学者通过实证检验,指出土地租赁市场可以在土地使用和获取中提高效率,并很可能提高公平(Janvry et al.,2001)。比如,Zhang(2008)指出在浙江的农户通过土地市场获得土地可以显著增加收入,同时土地市场也可以缩减由非农就业带来的收入不均,而 Deininger 和 Jin(2005,2009)通过对中国贫困省份的调查发现,土地租赁市场可以促进土地集中和规模经营,增加农业生产绩效。章奇(2007)指出农地流转会带来有差别的收入流动性,从而使得今天的穷人有可能通过农地流转成为明天的富人。Feng(2008)指出农地流转提高了农地资源配置效率和农业生产率,一方面有利于具有农业生产优势的农户通过规模化、专业化增加农业收入,另一方面可以使非农就业的农户安心工作并获得租金,进而增加总收入。胡初枝等(2008)认为农地流转提高了农户家庭人均年收入和消费,改善了家庭就业结构,提高了家庭整体福利水平。王春超(2011)认为推动农村土地流转市场的发育和劳动力市场的发展,进而促进农户农地流转和劳动力非农就业是提高农民收入的重要途径。

还有学者认为农地流转对农户收入的影响是复杂的。Jin 和 Jayne(2013)指出在肯尼亚土地租赁市场可以提高农场的生产率,提高原本受土地限制的农户的收入。也有学者担忧土地市场会导致土地的再集中,当市场机制以受限制的"地方市场"出现时,它表现为主导分配机制的补偿,帮助在底端的人们减轻贫困。然而随着市场渗透加深,精英阶层开始控制市场并从中获取利益和特权(Kostello E,1996)。在拉美的土地改革聚焦于土地征收而并非家庭福利和受益者竞争力的提升,所以改革无利于减缓贫困。农地流转的收入效应具有明显的"不对称性",租出土地的农户的收入增长高于租入土地的农户(冒佩华等,2015)。冯应斌等(2008)分析农地流转对耕地多劳力少和耕地少劳力多的两类农户收入增加的贡献。李中(2013)指出参与农地流转的农户相比未参与流转的农户,其人均纯收入、非农务工人均纯收入和农村土地出租人均纯收入都明显增加,而农作物种植人均纯收入明显下降。陈英等(2014)的研究表明,内生性农地流转和外生性农地流转对农户收益、非农收益具有显著影响,选择适合的模式是增加农户收入的关键。

可以看出,农地流转的增收效应并不明确,以往的研究很少能够提供农地流转和农户收入之间的正式的理论框架和经济分析。比如,第一,缺乏对农地流转与农户增收逻辑关系的系统理论梳理,没有区分农户类型,一方面不同类型农业经营主体农地流转后的行为效率不同导致收入作用效应不同,另一方面农业经营主体和离农主体的收入作用效应亦差异明显;第二,对农地流转如何实现农户增收的研究不多,寻找农地流转后顺利实现农民增收的依赖中间变量的研究需要加强。因此,本书要关注的是农地流转对不同类型主体的收入作用差异,对"三权分置"下农地流转对农业经营主体、离农主体的收入影响做更精确和深入的估量,并考察上述农地利用效率(包括规模效率、技术效率)是如何作为中间变量影响其作用路径的。

1.2.4　研究述评

综上,国内外农地流转的研究较为丰富,为本书的研究奠定了基础,提供了参考。但以往的研究仍然无法回答如下问题:首先,"三权分置"政策实施后农户分化的形态是什么? 其次,分化后的农业经营主体的农地利用行为和效率如何,是否符合政策的预期? 再者,"三权分置"对不同农业经营主体和离农主体的收入影响如何,是促进了公平,还是加剧了收入差距? 这些命题都涉及土地制度深化改革方向、农村社会的公平以及农业具体发展战略,具有很强的政策含义。因此,本书拟在如下方面加强和深化上述研究:

第一,研究视角。如前所述,农户分化对农地流转的影响研究较多,而农地流转后的农户分化研究则较为缺乏,"三权分置"政策实施后新的农户分化形态不明晰。"三权分置"政策下,除了出现"农业企业、专业合作社、家庭农场和专业大户"等国家政策文件中的新型农业经营主体,在实际的农地流转中还出现了"资本农场""二包户""农业雇工"等新的主体形式,不同主体背后其农地利用逻辑和外在表现形式都有所差异,其农地利用行为和收入变化是否符合国家粮食安全和农户增收的预期亟待关注。因此,本书从农户分化的视角,将细致地梳理"三权分置"政策实施后农户分化的形态(包括农业经营主体和离农主体两方面),并基于此分析不同主体的农地利用效率和收入差别。

第二,研究内容。首先,虽然农地流转的实践早已有之,但近年来"三权分置"政策的实施显著加速了农地流转的进程,对乡村土地利用和社会形态产生广泛影响。然而目前学者对新形势下"三权分置"政策的定性讨论较多,其实施后的定量影响研究较少。其次,以往对于农地经营绩效的研究较多侧重于农地利用效率或者收入中的某一方面,将两者有机结合进行系统讨论的较少。再者,在农地利用效率和收入具体测度上,以往的研究在考察农地利用效率时,采用单指标(如,土地生产率、劳动生产率等)讨论较多,而从综合视角考察农地利用效率的较少;考察农地流转对农户增收影响时未能充分考虑不同农户的差异,对收入影响的过程机制解读不够。因此,本书构建"三权分置"政策实施对农地经营绩效影响的理论分析框架,从效率和收入两方面进行农地经营绩效研究,综合测算不同农业经营主体的规模效率、技术效率和综合效率,考察农地流转对不同主体收入的直接和间接效应。

第三,研究方法。以往的研究从定性或定量方面对上述问题进行了诸多探讨,为本书奠定了很好的基础。而定性或是定量研究都存在其局限性,比如定量研究不利于对微观层面进行细致、深入、动态的描述和分析,也很难了解被研究者的心理状态和意义建构(陈向明,1996);而定性研究也常会受到"缺乏严谨性""不具推广性"的质疑(罗伯特·K.殷,2010)。但实际上定性和定量研究并不是完全对立的,反而因为彼此的不同特点,形成了良好的互补性。因此,本书采取定性和定量相结合的方法,利用定性研究在微观层面"深度刻画"和全面了解、解释复杂社会现象的优势,采用案例研究方法对"三权分置"下的农户分化和农地利用行为及逻辑进行推演;利用定量研究在宏观层面运用数据模型进行相关分析,以达到对事物的把握以及验证理论假设的优势,采用三阶段 DEA 方法测算不同类型主体的农地利用效率和 SEM 方法测算农地流转对农户收入的直接和间接影响,以期从不同层面,不同角度探究"三权分置"政策实施的农地经营绩效。

1.3　研究目标与内容

1.3.1　研究目标

鉴于以上当前研究的不足和展望,本研究拟达到以下目标:

(1) 梳理从"两权分离"到"三权分置"农地流转制度变迁历程,分析此过程中农户分化的形态及趋势,构建"三权分置"政策实施对农地经营绩效影响的理论分析框架。

(2)探究"三权分置"政策实施下农地流转市场环境的变化,以及对不同农业经营主体的土地利用行为变化的影响,揭示不同农业经营主体的心理特征和行为逻辑。

(3)测度不同农业经营主体的农地利用效率,分析农地流转市场环境对不同主体农地利用效率的影响及差异,识别农地利用效率提升的制约因素;测度"三权分置"对农业经营主体和离农主体收入的直接和间接影响,进而分析收入损失的原因,寻求提高农户福祉的路径。

1.3.2　研究内容

针对研究目标,本书所需要研究的具体内容如下:

(1)"三权分置"政策实施对农地经营绩效影响的理论分析框架

从"两权分离"到"三权分置"的农地制度变迁和制度变迁下的农户分化展开,采用案例分析的方法,阐述了"三权分置"政策的变迁逻辑和两项基本内容,刻画在自发型流转时期和"三权分置"农地流转时期农户分化的不同形态和特征,归纳总结了当下农户分化的趋势,并以此为基础构建"三权分置"政策对农地经营绩效影响的理论分析框架(政策变化—主体分化—行为响应—经营绩效)。

(2)"三权分置"政策实施下的区域农地流转市场特征

通过农业经营主体中参与流转的农户横截面数据,对调研区域农地流转市场状况和特点进行描述,重点分析农地流转的规模范围、市场化程度、稳定性、交易成本和社会资本五个方面,以揭示"三权分置"背景下农地流转市场的新特征,以及对不同农业经营主体可能产生的影响,从而为后文不同农业经营主体的农地利用行为及逻辑分析奠定基础。

(3)"三权分置"下多元农业经营主体的农地利用行为

从微观的案例研究和宏观的区域统计分析两个层面,从不同农业经营主体的农地利用方式、农地投入配置、农地生产率三方面分别展示不同农业经营主体的面貌,揭示其农地利用行为特征和逻辑,为后文不同农业经营主体的农地利用效率研究提供理论支撑和实证对照。

(4)"三权分置"政策实施的农地经营绩效

从农地利用效率和收入两方面考察"三权分置"政策实施的农地经营绩效。在农地利用效率方面:首先,梳理了关于"小农制"的发展前景,从学术界争论的焦点"规模效率"和"技术效率"两个方面提出理论假设。其次,采用三阶段 DEA 方法探讨不同经营主体的农地利用规模效率、技术效率和综合效率,验证上述理论假设进而考察多元农业经营主体的现状和生命力。最后,采用 Tobit 模型分析了影响不同农业经营主体效率的因素,进一步发现制约效率提高的障碍因素和效率提高机制。在收入方面:首先,归纳并建立了农地流转对农户收入影响作用的概念框架,并提出相应的理论假设。其次,采用 SEM 方法分别测算了农地流转对农业经营主体(资本农场、家庭农场、种田大户、传统农户)和离农主体(务工经商农户、农业雇工和赋闲农户)的直接影响和间接影响,以及影响的差异,验证"三权分置"的推行是否有利于农户增收和收入差距的缩小。

1.4 研究方法

本书综合运用定性和定量方法,并注意两者的相互印证,两种方法并不是独立开展的。根据两者的特点,定性方法主要用于"探索发现",定量方法主要用于"验证假设"。因此,二者具有逻辑上的承接关系,定性研究为定量方法提供逻辑基础,而定量方法可对定性研究的成果进行验证和深化。以下分别作简要的方法介绍:

(1)定性研究方法

本书主要运用到的定性分析方法包括内容分析法、案例研究法和半结构式深入访谈法等。

① 内容分析法。在理论准备阶段、理论构建阶段、研究结果整理和政策建议阶段,通过文献梳理的方式,结合文献计量的一些方法,一是分析了从"两权分离"到"三权分置"的农地制度改革变迁,及现阶段农地流转的特征和趋势;二是分析不同时期下农户分化的形态及原因;三是归纳总结不同学者对于农地利用效率和农户收入的研究假设;最后整合分析研究结果,提供改进"三权分置"的政策建议。

② 案例研究法。案例研究是社会研究的众多方法之一,与其他研究方法相比,案例研究更适合解决"怎么样""为什么"等问题,尤其针对当前的复杂现实现象。本书将案例研究法应用在以下几方面:一是展示不同时期农户分化的形态及表现时,将基于典型案例进行展开;二是探讨中部和东部不同区域农地流转市场特征也将基于相关案例展开;三是对多元农业经营主体的农地利用行为和逻辑进行深入探讨和剖析时,将分别结合传统农户、种田大户、家庭农场和资本农场的个案展开,阐述其行为过程和内在机制。案例研究尤其是个案研究是对较小的单元的深入研究,其研究结论不一定适用于其他单位,但这样的结论可以与本书定量研究相互对照参考,也可以用于提出假设,或者作为其他研究进行调查时的比较材料。

③ 半结构式深入访谈法。参与式农村评估法(Participatory Rural Appraisal,PRA)是 20 世纪 90 年代初国际上发展起来并迅速推广运用的农村社会调查研究方法,其核心是一个外来者与当地人之间相互沟通和对话的过程(张志等,2005)。参与式方法包含了各种方法和工具,本书主要采取其中的半结构式深入访谈法。由于本书的调研对象多是农民,调研对象具有比较分散、文化程度相对较低等复杂的特征,所以调查访谈操作较难,调研过程和结果具有灵活性和不确定性。因此本书采用半结构式深入访谈法,针对调研对象的特点,以访谈的形式针对"三权分置"中的农地利用和收入问题,对不同利益相关者——农业经营主体、离农主体、村集体分别进行访谈(访谈提纲

见附录 B2）。笔者在博士阶段多次实地调研，试图真正融入农村、农民中，去接受、感受和了解不同利益主体对农地流转的真实观点和看法，寻找农村农地流转的经验质感。

（2）定量研究方法

本书主要运用到的定量分析方法包括农户调查法和数理统计法、三阶段DEA 模型和 Tobit 模型、结构方程模型等。

① 农户调查法和数理统计法。通过定量农户调研问卷获取本书需要的可靠一手资料，笔者及调查人员在湖北省、安徽省、江苏省和上海市内共 31个县(区)深入调查了 191 个村落，获得了 1 038 份农户样本资料。并根据问卷资料进行数理统计：描述性分析当下不同区域、不同类型主体的农户家庭及农户分化特征、农地流转市场特征、农地利用行为特征等。

② 三阶段 DEA 模型和 Tobit 模型。首先，应用三阶段 DEA 模型对多元农业经营主体的农地利用效率进行测算。该方法相比传统 DEA 模型，可以剥离环境因素对不同主体的农地利用效率的影响，在一定程度上使得不同农业经营主体置于相同的外界环境，减少异质性引起的误差。进而，根据测算出的效率值集中于 0～1 数值区间的特点，应用 Tobit 模型分析影响不同农业经营主体效率的因素，得出相应结论。

③ 结构方程模型。20 世纪 80 年代以来，结构方程(Structural Equation Modeling,SEM)得到迅速发展，其可以分析一些涉及潜变量的复杂关系，弥补了传统统计方法的不足，成为多元数据分析的重要工具，也成为社会科学研究领域的重要方法。在本书中，主要运用结构方程模型，通过 AMOS 软件测算"三权分置"对不同主体收入的影响路径，用于测算"三权分置"对主体收入的直接和间接影响。

第 2 章 "三权分置"政策实施对农地经营绩效影响的理论分析框架

2.1 从"两权分离"到"三权分置"的农地流转制度变迁

发展中国家的经济政策改革可以强烈改变农户的社会经济环境,对农户的土地利用行为和效率有重要影响。1978 年以来,中国农村土地制度改革主要经历了两个阶段:一是以平等原则为基础的家庭责任制度("两权分离")阶段;二是旨在稳定土地使用权和提高农地流转能力的市场化土地权利改革("三权分置")阶段。

2.1.1 "两权分离"阶段

中国土地制度和政策的改革占据了中国社会、经济和政策历史舞台的中心位置。在共产主义革命之前,中国大部分的耕地都是由地主和佃农在不同的租佃安排下耕种的小块土地(Huang,1995)。1949 年中华人民共和国成立后,地主和富农的土地被没收,并以平等的方式分配给所有家庭(Prosterman R L,1990)。20 世纪 50 年代,在苏联体制的影响下,共产主义政府要求家庭将土地出让给一个新成立的集体农场,但导致了惨痛的结果(Lin,1990;Lin & Yang,2000;Putterman & Skillman,1993)。

1978 年,小岗村(位于安徽省凤阳县)开始了一项试验,18 位勇敢的农民签署了一项秘密协议,按照家庭契约的平等主义原则,将公有耕地分割成一个个小块。中央在1982年的第一份文件中正式承认了这种尝试,并将其称为家庭联产承包责任制,推广到全国,到1984年,全国超过99％的人民公社通过了家庭联产承包责任制(Ito et al.,2016)。家庭联产承包责任制取代了集体农场,从集体所有权中分离出了使用权("两权分离"),即农户通过与集体签订承包合同获得15～30年的土地承包经营权,而集体保持所有权和其他权利。农户成为最基本的生产单元,在缴纳一定的农业税和完成生产定额后,可以独立进行生产决策并获得其收益,从而彻底解决了集体农场时"搭便车"的问题。家庭联产承包责任制极大解放了农村的生产力(Wang et al.,2015),从1978年至1984年中国的农业产量保持了5％的增幅,年产值的增幅达7.7％(Lin,1997)。

受共产主义意识形态的影响,根据家庭规模、家庭中劳动者的数量或两者的结合(Feng,2008),土地使用权被平等分配给各个农户。此外,村干部还利用行政调整来适应这些地方的人口变化(例如,死亡、出生和儿女的婚姻)。转让土地是不被允许的,因为政策制定者非常关注失地农民和有害的社会分层现象的出现。这一土地分配制度背后的平等主义原则对土地的可持续利用产生了两个重要的影响。首先,频繁的重新分配导致土地使用权的不安全,从而降低了农户进行长期投资的动机(Wang et al.,2011)。其次,这样的重新分配导致了现有地块的细分,从而有可能导致土地破碎(Tan et al.,2006),土地破碎化成为我国农业发展的主要障碍。20世纪80年代后期,粮食产量增长率下降,家庭联产承包制度的缺陷逐渐暴露:由分散经营产生的过度土地细碎化、生产规模过小;基础设施投入不足、农户投资明显下降;大量农村劳动力向非农产业转移,土地粗放经营、撂荒等(Liu et al.,1998)。

为了解决这些问题,20世纪80年代中期,中国政府允许土地租赁,并允许土地使用权在最初15年到期后,在1993年再延长30年。从那时起,农村土地租赁市场出现并发展,土地转让也在国家政策中被允许(中央一号公告,1984)。

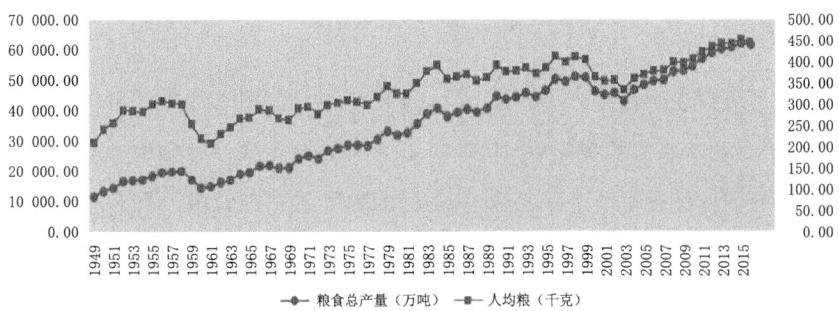

粮食总产量(万吨) — 人均粮(千克)

图 2-1 全国粮食总产量、人均产量变化图(1949—2016 年)

2.1.2 "三权分置"阶段

家庭联产承包责任制在诸多方面尤其是土地利用上表现的无能,唤起新一轮农地制度改革的呼声。在新形势下,中国政府提出了"三权分置"新政策,即把农村土地经营权从承包经营权中进一步分离出来,形成所有权、承包权、经营权"三权分置"、经营权流转的格局。

那"三权分置"又将如何影响农户的土地利用? 在了解"三权分置"对土地利用的影响前,需要清楚地知道中国政府是如何试图进行制度变迁的。学者指出,过去 30 年中国政府的农村土地政策一直沿着稳定地权、增强农地流转性方向前进(Kung,2000)。具体措施表现为:第一,延长土地承包权期限[①]。第二,

---

① 1984 年中央首次提出了"土地承包经营权 15 年不变",1993 年又提出"土地承包经营权 30 年不变"。这种稳定的 30 年土地权利作为强制性规定分别被写进了 1998 年修订后的《中华人民共和国土地管理法》和 2002 年《中华人民共和国农村土地承包法》,并要求给农民发放正式的权利证明文件(土地承包合同和土地承包经营权证书)。2007 年颁布的《中华人民共和国物权法》进一步将农民的土地承包权确认为"用益物权"。2008 年 10 月中共十七届三中全会明确提出,"赋予农民更加充分而有保障的土地承包经营权,现在有的土地承包关系要保持持久稳定并长久不变"。

限制土地行政调整①（Zhang et al.，2011；Wang et al.，2011；Feng et al.，2014）。第三，农地使用权确权。第四，发展土地流转市场。笔者在此关注后二者，也是这次"三权分置"政策的主要内容。

（1）土地确权

土地确权在中国是个非常有意思的问题。学者何·皮特提出中国农地制度是"有意的制度模糊"，在《谁是中国土地的拥有者？》一书中他指出，"关键是中央政府经过审慎考虑之后，决定将农村土地产权制度隐藏在模棱两可的迷雾之中——我称之为有意的制度模糊。"何·皮特的观点在中国产生了广泛的学术影响，但也有学者对其立论产生怀疑（陈胜祥，2014；钱龙和洪名勇，2015），这引发了有趣的问题：中国农地制度的模糊是政府有意为之吗？或者说中央政府是朝着产权模糊方向努力吗？回答此问题有利于了解"三权分置"的由来和发展。

笔者首先回顾1949年以来的法律演变。国家根本大法《中华人民共和国宪法》（以下简称《宪法》）规定农村土地属于集体所有。在《中华人民共和国土地管理法》（1986）［以下简称《土地管理法》（1986）］中列举了"集体"三个类型：农民集体、乡镇农民集体和村内农民集体。2007年《中华人民共和国物权法》（以下简称《物权法》）第59条规定农村土地所有权"属于本集体成员"，表现出引入"成员权"来界定农村土地主体的意图。在修订的《中华人民共和国土地管理法》（2020）［以下简称《土地管理法》（2020）］中规定上述三个集体分别

---

① 中央政府对农村土地调整出台了一系列逐步添加限制条件的政策。1997年之前，无论是"大稳定/小调整"政策，还是"增人不增地/减人不减地"等政策都开始逐步限制农地调整，但一些情况下仍然允许农地的大调整和小调整。1997年《关于进一步稳定和完善农村土地承包关系的通知》是一个转折点，其强调，"不能将原来的承包地打乱重新发包，更不能随意打破原生产队土地所有权的界限，在全村范围内平均承包"，"'小调整'只限于人地矛盾突出的个别农户，不能对所有农户进行普遍调整"。1998年《中华人民共和国土地管理法》及2002年颁布的《中华人民共和国农村土地承包法》都规定了除特殊情况下个别农户可以进行有限的农地小调整外，不允许重新调整农地。

由村集体经济组织或者村民委员会经营管理、乡镇农村集体经济组织经营管理和村内各农村集体经济组织或者村民小组经营管理。因而,从立法演变来看,中央政府一直是希望明晰"集体"含义而非相反。除了立法,从土地规章和国家政策①演变中也可看出政府明晰土地产权的意图(钱龙和洪名勇,2015)。

可见,中央政府是试图通过渐进式的变迁来明晰化农村土地产权。正如何·皮特所述,历史因素、管理当局权力分散、土地与房产分离,以及既得利益集团反对确权等,使得确权工作难度很大。但事实上,截至 2013 年 5 月底,全国农村集体土地所有权登记发证率为 97%,除了部分存在权属争议的地块,土地所有权确权登记颁证工作已经基本完成。虽然"制度的模糊"可能曾经在客观上起到了缓解或者延迟社会冲突爆发的作用,但这并不是中央政府主观为之的结果。与之相反,中央政府在实践中不断试错学习,已经找到新的确权方向:土地承包经营权确权,这也是"三权分置"的重要内容之一。2013 年至 2018 年的中央 1 号文件一直聚焦土地、草原和林地承包经营权问题。农业部 2014 年在四川、安徽、山东三省开展农村承包地确权登记颁证"整省推进"试点工作,2016 年试点扩大到 22 省,2017 年新增 6 个省,试点范围扩大至全国 2 718 个县(区、市),3.3 万个乡(镇)、53.9 万个行政村。至此,中央政府的目标已经明朗化,即赋予农民清晰稳定的土地承包权。

(2)发展农地流转市场——自发流转阶段和政府主导阶段

农地流转市场发展也是中国农村政策的改革重点之一,同时也是"三权分置"的另一重要内容——赋予农民农地转让权。国家的法律和政策经历了从严格限制农地流转到允许并鼓励农民可以在承包期内依法、自愿、有偿流转其土地使用权的变迁(见表 2-1)。

---

　　①　为了应对土地制度频繁变更带来的产权模糊及遗留土地纠纷,国家土地管理局在 1989年出台了《关于确定土地权属问题的若干意见》,在 1995 年出台《确定土地所有权和使用权的若干规定》,原国土资源部也在 2003 年颁布了《土地权属争议调查处理办法》,2011 年原国土资源部等部门又联合下发《关于加快推进农村集体土地确权登记发证工作的通知》。

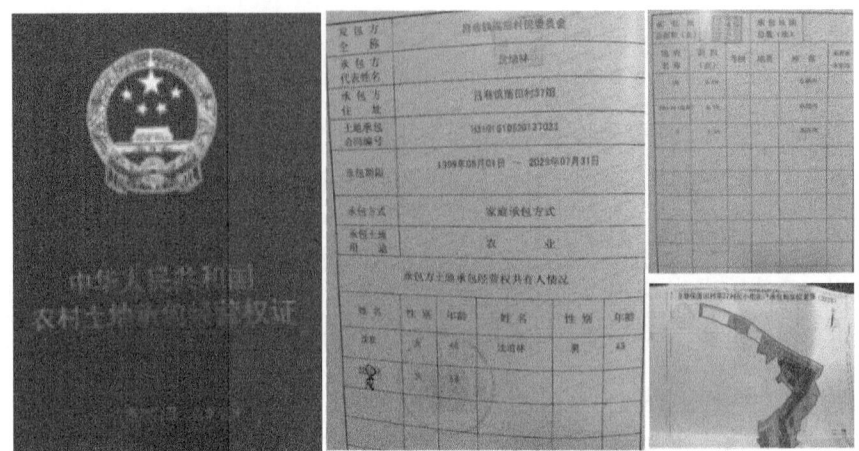

图2-2　调研照片资料:上海市松江区吕巷镇农户土地承包经营权证书

第一阶段是禁止阶段(1978—1983年)。这一阶段,我国的相关法律政策的首要任务是将家庭承包经营权从集体所有权中分离出来,确定其合法的地位,使其成为农民的土地基本权利(阎其华,2014)。而农地的转让权,被政府的规制立法和相关政策明确禁止[1982年《宪法》第十条、《全国农村工作会议纪要》(中发〔1982〕1号)]。

第二阶段是放松阶段(1984—2007年)。自1984年中央1号文件指出:"在稳定家庭联产承包制的基础上鼓励土地逐步向种田能手集中……但不能擅自改变向集体承包合同的内容。"由此为我国农地流转的实现正式奠定了政策上的依据。自1984年至2007年《物权法》颁布这一阶段,相关法律及政策放松了对农地流转的限制(1988年《宪法》第十条、1988年《土地管理法》第二条),并逐渐承认并保护其合法地位[2003年《中华人民共和国农村土地承包法》(以下简称《农村土地承包法》)第一章第十条、2007年《物权法》第十一章],对其有序流转进行了规范(2001年中共中央发出的《中共中央关于做好农户承包地使用权流转工作的通知》、2003年《农村土地承包经营权证管理办法》)。此时,国家支持的流转的主体以农户为主,不提倡大规模企业流转。从另一个意义上说,此阶段是在农户自发型流转的实践已然存在后,国家层面从法律和政策上对此类流转的允许、保护和规范。

第三阶段是鼓励阶段(2008 年至今)。2008 年十七届三中全会《关于推进农村改革发展若干重大问题的决定》中对农地流转的表述可以视为中央开始全面推动和激励农村土地流转的信号。这一阶段,国家出台了大量相关政策性文件(2008 年至 2015 年中央 1 号文件、2014 年 11 月《关于引导农村土地经营权有序流转发展农业适度规模经营的意见》),大力支持和激励农地流转的有序进行。国家创新性地提出了"三权分置"的农地流转政策,鼓励和支持承包土地向专业大户、家庭农场、农民合作社流转,发展多种形式的适度规模经营。但这一阶段的政策内容还没有上升为国家层面的法律制度。与第二个阶段相比,此阶段的特点是行政力量对农地流转实践的先行引导和干预。

表 2 - 1　农地流转法律政策变迁

阶段	要点	主要法律、政策文件
禁止阶段 (1978—1983 年)	(1) 禁止农地流转	(1) "任何组织或个人不得侵占、买卖、出租或者以其他形式非法转让土地。"(1982 年《宪法》第十条) (2) "社员承包的土地,不准买卖,不准出租,不准转让,不准荒废,否则,集体有权收回;社员无力经营或转营他业时应退还集体。"(《全国农村工作会议纪要》中发〔1982〕1 号)
放松阶段 (1984—2007 年)	(1) 允许农地流转 (2) 保护农地流转 (3) 规范农地流转 (4) 流转主体以农户为主,不提倡大规模企业流转	(1) "任何组织或者个人不得侵占、买卖或者以其他形式非法转让土地。"(1988 年《宪法》第十条) (2) "国有土地和集体所有的土地使用权可以依法转让。"(1988 年《土地管理法》第二条) (3) "国家保护承包方依法、自愿、有偿地进行土地承包经营权流转。"(2003 年《农村土地承包法》第一章第十条) (4) 2003 年农业部通过《农村土地承包经营权证管理办法》,对农地流转进行了较为全面的规范。 (5) 2007 年《物权法》第十一章将土地承包经营权确认为一种用益物权,同时确认农民对承包地可依据《农村土地承包法》的规定采取转包、互换、转让等方式流转。 (6) "在稳定家庭联产承包制的基础上鼓励土地逐步向种田能手集中。社员在承包期内,因无力耕种或转营他业而要求不包或少包土地的,可以将土地交给集体统一安排,也可以经集体同意,由社员自找对象协商转包,但不能擅自改变向集体承包合同的内容。"(1984 年中央 1 号文件)

续　表

阶段	要点	主要法律、政策文件
		(7)"土地使用权的合理流转,要坚持自愿、有偿的原则依法进行,不得以任何理由强制农户转让。"(1988年《中共中央关于农业和农村工作若干重大问题的决定》) (8)"农村土地流转的主体是农户,土地流转必须坚持'自愿、依法、有偿'的原则","不提倡企业到农村大规模包地"。(2001年《中共中央关于做好农户承包地使用权流转工作的通知》)
鼓励阶段 (2008年至今)	(1)"三权分置"的提出,全面鼓励农地流转 (2)鼓励和支持承包土地向专业大户、家庭农场、农民合作社流转,发展多种形式的适度规模经营,培育新型农业经营主体	(1)"加强土地承包经营权流转管理和服务,建立健全农地承包经营权流转市场,有条件的地方可以发展专业大户、家庭农场、农民专业合作社等规模经营主体。"(2008年十七届三中全会《关于推进农村改革发展若干重大问题的决定》) (2)"赋予农民对承包地承包经营权抵押、担保权能。"(2014年中央1号文件) (3)"以保障国家粮食安全、促进农业增效和农民增收为目标,坚持农村土地集体所有,实现所有权、承包权、经营权三权分置,引导土地经营权有序流转。"(2014年11月中共中央办公厅、国务院办公厅印发的《关于引导农村土地经营权有序流转发展农业适度规模经营的意见》) (4)"坚持和完善农村基本经营制度,坚持农民家庭经营主体地位,引导土地经营权规范有序流转,创新土地流转和规模经营方式,积极发展多种形式适度规模经营,提高农民组织化程度。"(2015年中央1号文件)

　　除了上述国家政策的阶段变迁,现实层面的农地流转也随之出现阶段性:一是,农地流转的发展态势呈现阶段性,由缓慢增长到迅猛发展。从直观的农地流转的规模及比例来看,在中央农地流转政策的支持下,农地流转发展迅猛。二是,农地流转的主导力量呈现阶段性,由农户自发型到政府主导型。在1984至2007年(第二阶段),农户自发的农地流转实践占据主导,表现出流转不依赖中介、租金实物化、协议非正式化等特征,血缘和群体内亲疏关系以及村庄伦理维持了内生型流转的秩序。在此阶段,政府的行政干预程度很低。而自2008年至今(第三阶段),尤其是"三权分置"提出后,政府对农地流转的介入程度日趋增加,多地逐渐形成了政府主导型的农地流转,并引起了学者广泛的关注(刘鸿渊,2010;于传岗,2013)。相对农户自发型流转,其

显著的差异包括:农地流转不再局限于村庄内部、农地流转的市场化程度增强、流转面积大且连片、规模经营主体更受偏爱和"资本下乡"逐渐普及等,下文 2.2.2 将以两个案例更详尽阐述集体在农地流转中的地位和作用。

(3)"三权分置"下的产权体系重构

那么"三权分置"的实质是什么?通过上文对"三权分置"的两项基本内容的梳理,笔者认为"三权分置"的实质是对农村产权结构的重构,核心是从土地承包经营权中分离出经营权,实现土地所有权和土地承包权主体不变而土地经营权流转,打破了农地权利必须基于集体经济组织成员身份的藩篱。重构后的产权体系见表 2-2、图 2-3,农村土地所有权、承包权、经营权"三权分置"后,经营权可分成"原始经营权"和通过流转获得的"继受经营权"。

表 2-2 "三权分置"时期农地产权的体系

| 所有权 | 承包权 | 原始经营权 | 继受经营权 |
		基于成员权、通过家庭承包获得的原始经营权	通过市场流转获得的继受经营权
占有	监督和管理承包方、经营者,特定情形下收回承包地	排他性控制、支配	排他性控制、支配	合同约定但不超过承包期限排他性控制、支配
使用	特定情形下统一经营	利用承包地从事农业生产经营	利用承包地从事农业生产经营	利用流转土地从事农业生产经营
收益	特定情形下统一经营获得收益,参与承包地征收补偿费分配	参与承包地征收补偿分配、获得有偿退出收益	农业经营收益、农业补贴、流转收益	农业经营收益、农业补贴
处分	不得买卖	承包期内自愿有偿退还集体经济组织,不得抵押、担保、继承	承包期内可以出租、转让、入股、抵押、担保、继承	合同期内可以出租、转让、入股、抵押、担保、继承

"三权分置"实现了产权体系的重构,通过"土地确权""发展权转让"两项基本内容赋予农民更多的财产权利。"三权分置"后农业经营主体既包括拥有承包权和原始经营权的集体成员,又包括通过农地流转获得继受经营权的非集体成员。随着农地流转市场的不断发展,除了产权获得的方式,农业经营主体正在经历着剧烈的转型。而在上文所述的农地流转实践中,存在农户

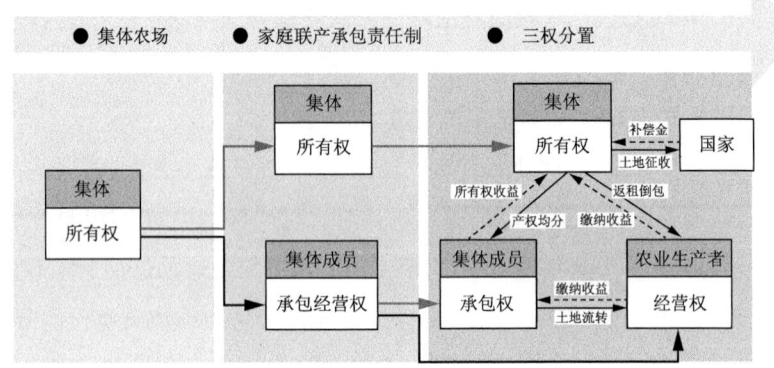

图 2‐3　从"两权分离"到"三权分置"的产权制度演进示意图

自发流转时期和"三权分置"下政府主导时期两个阶段,下文将探讨在不同的阶段农业经营主体正在和已经经历了什么变化。

2.2　从农户自发到"三权分置"下的农户分化

2.2.1　农户自发型农地流转时期的农户分化

在此笔者借鉴农户"职业分化"和"社会阶层"的研究,结合与农地流转的关系,将自发型流转时期的农户划分为:非农户、兼业户和纯农户三个类型,每个类型内又分为若干不同的群体,此节将逐一介绍之。

(1)非农户(经济精英、政治精英和农民工)

非农户内包含三个特点不同的群体:(1)经济精英阶层,这里主要指私营企业主和个体工商户;(2)基层政治精英阶层,这里主要指村干部;(3)农民工阶层,指农村中长期从事非农产业的外出务工群体。

前二者属于农村的精英阶层,也是村民口中的"能人"。私营企业主和个体商户虽然在身份上仍隶属于农民,但是他们很少居住在农村,与农村社区的关联性很弱,他们获取经济资源的方式也不依靠土地,对于农地流转持支持的态度。而村干部虽然在经济资源上不及前者,但他们属于国家体制内的精英,在公共事务中拥有分配资源的权力,同时在农村社区中拥有较高的威望和社会地位。他们与土地的关系也较弱,并不完全依赖土地,但是他们是基层行使国家权力的主体,与农村社区的关联性很强,对当下的农地流转持支持态度,并积极推动农地流转的事务。

后者农民工群体也可以分为两种,一种是在城市有稳定工作并且安居的,另一种更多是"候鸟式"举家进城务工,只是为了获取更好的收入,但并不能在城市立足,这类农民工虽然暂时离开了土地,但是并没有融入城市,因此成了"半"离农户,他们对于土地的依赖较弱,对于农地流转的态度较为模糊,在可以进城务工的时候他们更倾向于将土地流转出去,然而不能务工时或者年老回乡时,也想回归以前一亩三分地的田园生活。

无论经济精英、政治精英,还是农民工,他们的土地往往无偿交给亲戚、朋友来耕种,流转的范围不会超过行政村,有时就是在一个生产大队中进行,也就是"代耕"的流转模式。农户之间不会签订正式合同,也不规定流转的期限,只是约定一下即可,如果原主人返乡,待庄稼收获后,也可以随时要回自己的承包地。他们是自发型流转时期土地的主要"提供者"。

(2)兼业户(半工半耕)

兼业户包括以农业收入为主的一类兼业户和以非农收入为主的二类兼业户,无论哪种类型,其土地上的收入都只构成了农户家庭收入的部分,这类农户占据了农村中的绝大部分,诸如乡村的小商贩、工匠、手工业者等。笔者借用黄宗智先生所讲的"半工半耕"来代表这个群体的特征,这些人不同于上述非农户的农民工群体,他们仍以村庄为主要的活动范围,虽然从土地上获取的收入有限,但是他们的利益还是依附于土地之上,对于当下农地流转的态度,他们并没有十分明确的意向。在自发型流转时期,兼业户耕种自家的土地以获得口粮和牲畜的饲料,每天清晨和傍晚"上地头",农忙时请亲朋好友来帮忙,"种地并不费什么工夫"。

(3) 纯农户（传统种田大户、普通农户）

纯农户是指家庭劳动力主要或者全部以从事第一产业获得收入的农民群体。陆学艺先生（2002）的书中把这部分农户称为"农业劳动者阶层"。本书纯农户主要指两个群体：

一是传统的种田大户，此类农户除了自家的承包地，还会耕作其他土地以获得更多的收入，满足家庭孩子求学、建房娶媳妇和赡养老人等消费。传统种田大户一般耕作务工经商家庭的土地，或者兼业户家庭的部分土地，从而这部分农户可以经营达 10 亩的土地，夫妻俩都在家务农，两个劳动力加上一些小型机械，无须外请劳动力，而且家庭内的男子不用外出务工，农闲时刻可以有更多的休闲时间。

此类农户也被以贺雪峰先生为代表的学者称为"新中农阶层"。陈翰笙（1984）早期根据对土地占有情况划分出了农民和地主阶级，又将农民划分为中农、富农和贫农。而新中农是指"耕种二三十亩土地，所获经济收入不低于外出务工收入的中青年夫妇，有着留在农村进行农业生产的积极性"。新中农是农村社区中的"中间阶层"，由于其经济关系和社会关系留在村庄内，他们是村庄公共事务和公益事业倡导者、参与者和有力的维护者，是乡村秩序的稳定力量（贺雪峰，2012；杨华，2012）。其他学者也从不同的角度给予这个群体较高的关注（韩鹏云和刘祖云，2014；夏柱智，2013；徐嘉鸿，2012）。可以看出，这部分群体是自发流转时土地的接收者，既有利益的获得者，他们对土地依赖程度极强，因此对当下农地流转给"下乡资本"等表示坚决反对。

二是普通农户，主要是指没有其他收入渠道的贫弱阶层，比如年事已高的老人或者是身体条件较差而赋闲在家的农户。这部分群体由于不具备外出务工的条件，经济条件差，对土地的依赖性极强。在自发型农地流转阶段，他们是自耕农的主体，对当下的农地流转持反对态度。这部分人群所占比例不高，但他们对土地依赖性最强，且是构成当下农业经营主体中"传统农户"的最主要来源。

（4）小结

在自发流转时期，非农户是流转土地的主要"提供者"。非农户中的经济、政治精英阶层和有能力在城市定居的农民工对土地的依赖性很弱，支持农地流转，而游走于城市和乡村间的农民工群体虽然与土地的联系不紧密，但对农地流转的态度模糊，仍向往老年的田园生活；兼业户的利益仍然一定程度上依附于土地，对于农地流转的态度不明确，耕种自家的土地以获得口粮和牲畜的饲料；纯农户中的传统种田大户阶层是自发农地流转时期劳动力的主要提供者、流出土地的"接收者"，他们对土地的依赖性极强，对新时期的农地流转持坚决反对态度。而纯农户中传统农户对土地的依赖性极强，是乡村的贫弱阶层，对农地流转持反对态度，也是构成"三权分置"时期"传统农户"的最主要来源。

表 2 - 3 农户自发型流转时期的农户分化

农户类型	非农户		兼业农户		纯农户	
	私营企业主	基层政治精英	农民工	半工半耕	传统种田大户	普通农户
阶层地位	上层	上层	中层	中层	下层	下层
土地依赖程度	极弱	弱	较弱	一般	极强	强
自发流转时期	转出户	转出户	转出户	自耕户	转入户	自耕户
社会关系	弱	强	弱	弱	强	弱
对新时期流转的态度	支持	支持	模糊	模糊	坚决反对	反对

2.2.2 "三权分置"农地流转时期的农户分化

如本章 2.1.2 所述，"三权分置"后产权体系实现了重构，非集体成员即除了农户之外的主体也可以通过农地流转获得"继受的土地经营权"，进入农业生产的领域。根据中央政策文件的论述，目前学界和政界普遍认为新型农业生产经营主体包括 4 种主要经营形式：家庭农场、专业大户、农民合作社、农业产业化龙头企业。然而这些农业经营主体的本质差异是何？现实中常有一个农业企业既有"家庭农场"也有"合作社"的头衔，一个村委会也同时会成立"合作社"的现象（图 2 - 4）。目前农业经营主体的称号存在重叠、杂乱、杂糅的现象，这反映了当前中央农业政策的含糊性、重叠性和内在冲突，也反映了农业经营领域为了争取国家惠农资金“打乱仗”的情形(魏程琳，2015)，因为只有获取了这些“新型农业经营主体”的称号，才能够获得相应的国家惠农资金。所以，不同农业经营主体仅仅是“牌子”不同吗？本书将更从内核重新审视他们的差异。

图 2-4　调研照片资料：农业经营主体“称号”杂糅①

在马克思、列宁的论述中，农业经营组织可以划分为资本型农场和农民家庭组织的农场。列宁认为决定资本型农场性质的不是规模，而“使用雇佣劳动的多少才是资本主义发展的最可靠、最直接的指标”。也就是说在列宁看来，通过雇佣关系来认定农业经营组织的性质是最为有效的。而范德普勒格将农业划分为三种模式，资本主义农业、企业农业和小农农业，认为三种农业模式之间的差异本质不在于规模，而在于社会与物质资料在三种农业模式中的不同组织方式。当然范德普勒格也指出农业规模大小与不同的农业模式之间的确存在实证意义上的关联(扬·杜威·范德普勒格，2013)。

① 笔者摄于安徽省芜湖市六郎镇惠民家庭农场和上海金山区廊下镇南陆村经济合作社。

马克思、列宁等分析给了本书农户划分的启示,在农村的社会关系中表现为人对地(生产资料)的占有,所以笔者根据是否继续从事农业生产和对生产资料的占有,首先将农户划分为农业经营主体和离农主体。再依据农业组织性质和方式,将农业经营主体划分为资本农场、家庭农场、种田大户和传统农户。而如前所述,经营规模和雇佣劳动是不同农业经营主体本质差异的外在直观表现。所以,为了研究的便捷,本书按照经营规模的等级和雇佣劳动力的比例将调研的农业经营主体进行了定量划分,具体见第三章表 3-2。

(1) 农业经营主体(资本农场、家庭农场、种田大户、传统农户)

① 资本农场

按照马克思主义政治经济学,资本型农场是以雇佣为主要特征,包括农业资本家和农业产业工人两大阶级的农业经营形式。就资本型农场本身也存在差异,比如当代荷兰农政专家扬·杜威·范德普勒格把资本主义农业细分为"企业农业"和"大型的公司农业"(扬·杜威·范德普勒格,2013);余练(2015)根据资本农场是否加入"产前、产中和产后"产业链,将其分为公司农业和一般资本大户。本书从产业组织形式和资本来源的角度将资本农场分为"农业企业"和"资本大户"两类:

第一类,农业企业。农业企业是以从事产前、产中或产后环节为主要形式,具有产业链,且具有规模较大、资本外来、政府推动等典型特征的农业生产组织。近年来"资本下乡"进行土地流转的热潮逐渐升温,截至 2012 年年底,我国土地流转中流入工商企业的面积为 2 800 万亩,比 2009 年增加了 115%,占流转总面积的 10.3%,尽管总量不高但增速显著[①]。至 2013 年年底,工商企业流转面积又增加了 40%。资本下乡流转既是各级政府出台的利好政策刺激的结果,也是城市资本过剩的结果(孙新华,2015;温铁军,2013)。

[①] 刘波:《农业部副部长张桃林:"三权分离",警惕耕地"非农化"》,农业部网站,http://www.moa.gov.cn/zwllm/zwdt/201403/t20140304_3803478.htm.

案例 2-1:HB 种业公司

HB 种业有限公司成立于 2007 年 3 月,注册资金 3 000 万元。公司于 2011 年 4 月取得了农作物种子生产、经营许可证,主要生产经营优质水稻及其他作物良种,兼营农药、化肥等农业生产资料。公司主要负责人胡先生,也是笔者的被访人,被省农委评为农民创业带头人,公司自主品牌"南弋"牌水稻和种子也被评为知名商标。

HB 公司自 2010 年年初开始土地流转,初始流转面积为 2 600 亩,2012 年新增流转面积达 11 700 亩,2016 至 2017 年最高经营规模曾达 15 000 亩,目前经营规模为 13 600 亩,分布于新陶、东河、紫溪、蒲东、塘南、柿坝等六个行政村。13 600 亩流转土地,公司自营 200 亩,其余的土地由 75 个种植大户进行联产耕种(平价转包,公司从政府手中以 480 元/亩的价格租入土地,再以同等价格转租给这 75 位种植大户)。由公司向种田大户提供种子、农药、化肥等农业生产资料,并按计划布局栽培品种和安排茬口,实行病虫、草害统防统治。

胡先生介绍,目前公司的主营业务仍是种子、化肥和农药等农资,2010 年初期流转的目的一方面希望转入良田作为种子的试验田和展示田,另一方面是完成地方政府的希冀,与领导"打好关系"。胡先生与地方政府签订了 8 年的土地流转合同,初期土地比较"吃香",他们不担心流转来的土地无法转租,但自 2017 年粮食价格下降,种田大户均亏损,他们面临土地太多无法经营的压力。公司目前 200 亩自营的土地也是出于无奈,公司本身并没有精力"种地"。HB 公司目前正在和政府、百姓商议降低租金,或者退租 5 000 亩。谈及目前农地流转中最大的困难,公司表示管理上万亩土地要消耗大量精力与农户交涉,甚至会亏损对外转出。虽然公司不愿意接手土地,但政府却不希望将土地流转给小农,因为公司经营稳定"逃不了",把土地流转给 HB 公司后,村集体则"不管了"。

除了 HB 种业公司,公司负责人和其他合伙人还注册了"南陵弋江种植专业合作社",并以合作社的名义申请了一些涉农项目,比如烘干机建设、种子加工装备、农田整治、植保服务等,国家对其提供 30%～40%的补贴。在 2012 年前,地方政府对于新增的流转土地提供 80 元/亩的补贴。胡先生坦言,这些涉农项目若没有进行土地流转获得较大的经营规模,则不能顺利申请,但项目补贴只增加了基础设施和固定资产,与生产经营并无关系。现阶段上万亩的土地对他们产生了诸多压力,他们也正思考此问题。

HB 种业是弋江镇的"农头企业"之一,在本县及周边县市拥有 100 多家经销网点。HB 种业采取的是典型的"公司＋基地＋农户"模式,他们更愿意放弃生产环节进行转包,主要从事产前和产后的农资销售、粮食加工和销售环节。

第二类,资本大户。与农业企业不同,资本大户多来自本地,且主要从事生产环节,其规模达数百亩,甚至上千亩。家庭农场也可以达到较大的规模,但与家庭农场不同的是,资本大户主很少直接从事农业生产,而主要是进行管理。

案例 2-2　鲁先生,资本大户

鲁先生是当地的资本大户,被老百姓称为"鲁老板",是繁华生态农业科技有限公司和繁昌县沈弄村蔬菜专业合作社的负责人。鲁老板在土地流转之前从事农资行业,2008 年开始从沈弄村流转了 1 100 亩土地,2011 年从千军村又流转了 1 200 亩土地,2017 年由于经营亏损,退租了千军村部分的土地,目前经营规模为 1 800 亩。这 1 800 亩被分成了 3 部分,500 亩自营蔬菜瓜果,200 亩自营水稻和小麦,剩余 1 100 亩水稻小麦田转包给 4 个农户。鲁老板与转包的农户并无合作关系,"二包户"自卖自销,自负盈亏。鲁老板自营的土地聘请了 20 个长工(3 600 元/月),和一些短工(150 元/天)。鲁老板 2008 年与村里签订的合同租金为 450 斤单粞稻/亩,至今流转价格未变,鲁老板也以原价进行了转包。

鲁老板注册了有限公司和专业合作社,以便于申请相应的农业项目补助,其基础设施投资 500 万,项目补贴 20%～30%,购买农机花费 50 万～60 万元,政府补贴 30%～40%。公司目前蔬菜的纯利润为 300 元/亩,水稻亏损 200～300 元/亩。当下由于劳动力不足,工人工资上升,水稻种植严重亏损,很多"二包户"跑路。

综上两个案例,可见目前资本型农场形成了"金字塔"形的管理结构:位于金字塔顶层的资本农场主掌握大量资源,与乡村两级干部和相关农业部门有来往。核心层是"代管户"和"二包户","代管户"主要负责田间管理,请工和管理工人,同时也自己进行生产,他们兼顾了生产能手和村庄代理人的角色(通常曾任村小组组长或者村干部)。"二包户"与资本农场主之间可能存在互惠的合作关系,也可能仅仅是从资本农场主那里流转土地,此时的资本农场主成为"二包户"与政府之间的"桥梁",并承担了担保和监管的工作,他们能获得的好处是建立与政府之间良好的关系和涉农项目申报的优势。金字塔的基层是"农业雇工",他们负责直接的农业生产,有长期工人也有季节性的短工,长期工人有月固定工资,而季节性的短工按照"天""小时"或者计件获取工资。

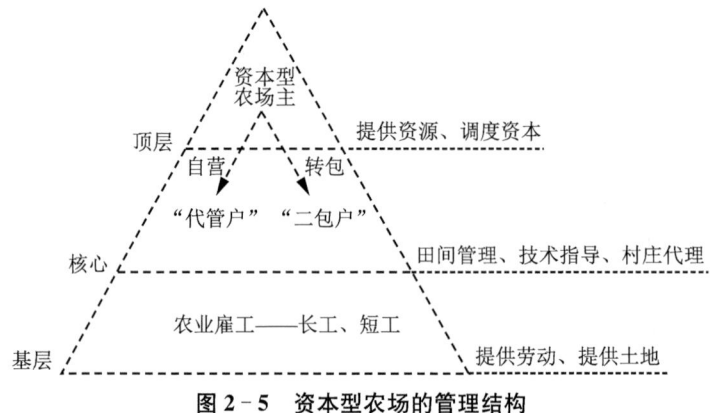

图 2-5 资本型农场的管理结构

② 家庭农场

2013 年中共中央 1 号文件首次提出"家庭农场"这一农业经营机制,并以之作为未来中国农业现代化的主体力量①。目前学界对家庭农场尚未有统一的概念,农业部对家庭农场做出了政策上的界定:以家庭成员为主要劳动力,从事农业规模化、集约化、商品化生产经营,并以农业收入为家庭主要收入来源的新型农业经营主体(王光全,2013)。本书从农户分化的角度,按照家庭农场主的身份对家庭农场的类别进行梳理:

第一类:基层政治精英类。

如上文所述,基层政治精英(通常指村干部),他们与村庄的联系紧密,是农地流转的积极推动者。一方面他们对国家政策和资源输入更为敏感,也最易被影响;另一方面,他们在村庄拥有较强的社会资本,更有利于其流入大面积的土地(余练,2015)。在国家鼓励农地流转和规模经营的背景下,村干部成了家庭农场的主力军。在笔者调研过程中,退休村干部(包括村民小组长)所在的家庭成立家庭农场的不在少数。

第二类:返乡农民工。

在上文,笔者将农民工分为了可在城市立足和未在城市立足的两个群体,对于未能在城市立足的庞大的农民工群体,他们游走在城市与农村之间,国家对农地流转的鼓励与推动,对这类农民工形成了刺激。调研中,有不少外出农民工返乡经营家庭农场,这类群体的返乡动机大多是年纪逐渐增大,外出务工的机会减少,想回乡"包地试试",其经营家庭农场的优势在于相对于从未去务工的农户,其有更好的经济和信息资源,更容易接受新技术和新方法,但同时也存在耕作技术生疏和种植经验不丰富等问题。

第三类:传统种田大户。

此类农户是自发流转时期的传统种田大户,他们一直从事农业生产,掌

---

① 《中共中央、国务院关于加快发展现代农业,进一步增强农村发展活力的若干意见》,2013。

握了比较丰富的种田技术。在"三权分置"时期,一部分实力较为雄厚的种田大户借机转入了更多土地,响应国家的号召,完成了从"种田大户"到"家庭农场"的升级。他们或在本地流转土地,或去外地流转土地,因为外地的土地耕作条件更好,或是本地的土地已经全部被流转等。有学者将这类专门"外出包地"的"职业农民"称为"农民农"或者"代耕农"(奚建武,2011;赵赟,2012;叶敏等,2012;刘付春,2012;黄志辉,2010;黄志辉等,2011)。尤其在经济相对发达的地方,本地的农民对土地的依赖不高,比如笔者在上海调研时发现很多本地农民外出务工,而附近江苏、安徽地区的外来户则租住在本地农户的家里,一般流转几十或上百亩土地,给予市场租金。无论在本地还是外地经营的传统种田大户,成为发展家庭农场的重要力量,他们有更好的种植技术,同时对土地也有较深的依赖。

案例 2-3 上海松江区李春风种养结合家庭农场(返乡农民工)

李春风是上海松江区泖港镇腰泾村的"名人",2014 年被评为"全国十佳农民""全国乡村好青年"并受到了国家领导人的接见,2015 年被评为上海市劳模。李春风经营的家庭农场规模为 340 亩,其中猪场占地面积 3 亩,猪场建设由政府投资。李春风生于 1979 年,在返乡从事农业经营之前,李春风一直在城里的工厂工作,父母则仍在家务农。由于城市薪资收入并不高,2008 年李春风返乡帮助父母务农,2012 年正式接手农场,经营规模也从最开始的 100 多亩变成了目前的 340 亩。李春风介绍像他这样返乡的家庭农场主比以前要多了,因为现在种田有政府指导,机械化耕作也使务农更轻松了。每三年村里要进行土地流转的竞标和投票,由村里的老党员和村民代表共同投票选出家庭农场主代表。政府对于家庭农场进行技术指导和监管:一是,开展"三三制",即按照种植二麦、绿肥、深翻各占 1/3 的茬口布局,实现 3 年 1 次轮作换茬——上年种植小麦的田块,今年秋播种植绿肥;上年种植绿肥的田块,今年秋播种植小麦或冬季深翻;上年冬季深翻的田块,今年秋播种植小麦或绿肥的轮作方式。二是,开展技术培训。近年来,家庭农场主参与了不少本地和外地集中技能培训,都拿到了新型职业农民的证书(图 2-6),同时学开拖拉机、直播机等大型机械。三是,提供种子、农药管理和稻谷烘干等服务工作。四是,优厚的农业补贴政策和奖励政策(以奖代补、过程监管)。松江区的家庭农场可以享受"市、县、区三级"农业补贴(图 2-8),补贴金额可以达到每年每亩 600 元以上。这些补贴并不是直接可以拿到的,政府对家庭农场的生产经营状况进行考核,若某个环节考核不合格,则得不到相应的补贴。李春风的家庭农场产量在 1 200 斤/亩,2015 年年收入可以达到 30万元。

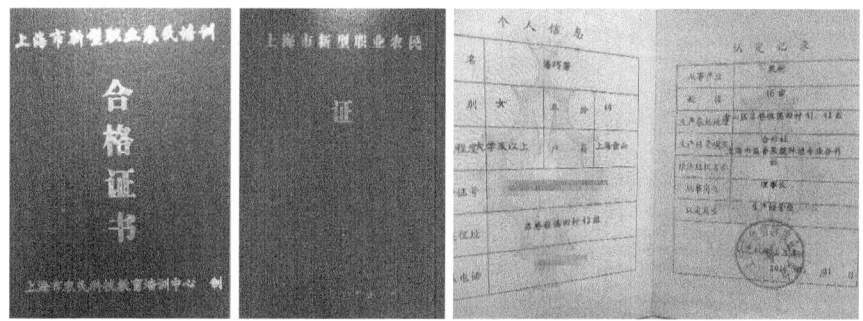

图 2-6　调研照片资料:上海新型职业农民证书

图 2-7　调研照片资料:李春风种养结合家庭农场

2014年农业相关补贴政策

一、水稻

1、种子补贴：常规稻补贴4公斤/亩；杂交稻补贴2公斤/亩；

2、农药物化补贴：中央和市级财政补贴30元/亩，区财政补贴50元/亩，合计80元/亩（统一拉卡发放）；

3、水稻农资综合直补422元/亩，包括中央农资综合补贴90元/亩，市农资综合现金补贴22元/亩，市水稻种植现金补贴80元/亩，区财政种植现金补贴230元/亩（含水稻排灌用电费用50元，种粮农机耕作补贴100元，水稻秸秆机械化还田50元，额外补贴30元）；

4、秸秆机械化还用补贴：45元/亩（补给各镇农机专业合作社），秸秆综合利用补贴200元/吨（收购本市秸秆的单位）；

5、水稻机械化育插秧生产补贴：水稻机插秧补贴30元/亩，水稻机直播补贴30元/亩，机械化育插秧50元/亩（补给各镇育秧基地）。

二、二麦

1、种子补贴：大麦补贴12.5公斤/亩，小麦补贴12.5公斤/亩。

三、油菜

1、种子补贴：直播油菜补贴0.3公斤/亩，移栽油菜补贴0.15公斤/亩。

四、绿肥（补贴对象连片种植30亩以上农户）

冬绿肥种植补贴：市补150元/亩，区补50元/亩，合计200元/亩。

五、玉米、棉花（补贴对象种植3亩次以上农户）

玉米：中央财政现金补贴10元/亩次；

棉花：中央财政现金补贴15元/亩次。

六、蔬菜（补贴对象种植3亩以上农户）

1、农药物化补贴：市级财政补贴40元/亩，区财政补贴50元/亩，合计90元/亩；

2、农资综合现金补贴：市财政补贴90元/亩，区财政补贴70元/亩，合计160元/亩；

3、"夏淡"抢种绿叶菜种植现金补贴：市财政补贴80元/亩，区财政补贴80元/亩，合计160元/亩。

七、果树

1、农药原价180元/亩，市、区补贴120元/亩，农户自付60元/亩；

2、果袋补贴：桃袋补贴0.0125元/只，梨袋补贴0.026元/只，葡萄袋补贴0.05元/只，农户自付套袋0.126元/只，梨袋0.034元/只，葡萄袋0.09元/只。

八、商品有机肥

农业：商品有机肥原价400元/吨，市补贴200元/吨，区补贴40元/吨，农户实付160元/吨；

林业：商品有机肥原价400元/吨，市补贴200元/吨，镇补贴40元/吨，农户实付160元/吨；

水稻专用BB肥，原价2440—3440元/吨，市补贴200元/吨，区补贴420元/吨，镇补贴是420元/吨，农户实付1400—2400元/吨。

2014年5月

图 2-8　调研照片资料:2014 年上海市农业补贴相关政策

案例 2 - 4 "二包户"班大叔,64 岁(传统种田大户)

班大叔是案例 2 - 2 资本大户鲁老板的"二包户"。班大叔家有 5 口人,分别是班大叔夫妇、儿子儿媳和孙子,儿子和儿媳在县城打工。班大叔一家原是传统务农的种田大户,由于自家的田地因修建高速被征收,故从鲁老板手中流转了共 614 亩稻田,租金为 420 斤中籼稻/亩,全部种植水稻和小麦。班大叔 2016 年亏损了 8 万元,2017 年亏损了 14 万元,夫妻俩为此十分发愁,亏损数十万元对于一个农民家庭来说等于花掉了毕生积蓄,夫妻俩也不敢对子女透露亏损的消息。2017 年亏损主要有两方面的原因,一是受灾 200 多亩,受灾的稻田只有 200~300 斤/亩的收成;另一方面农资价格上涨,粮食价格太低,班大叔家的小麦仅售 0.6 元/斤,杂交稻 1 元/斤,农耕稻 1.3 元/斤。班大叔夫妻俩一直忙碌在田间,没有聘请长期的工人,靠班大叔的哥哥过来帮忙一起种田,但所有生产环节仍需请短工,比如抛秧环节请工(费用 200 元/亩),2017 年请工人花销达到了 10 万元。班大叔也缴纳了保险,不过是交给鲁老板的,再由鲁老板交给保险公司。2017 年班大叔缴纳了 3 600 元保险费,最后

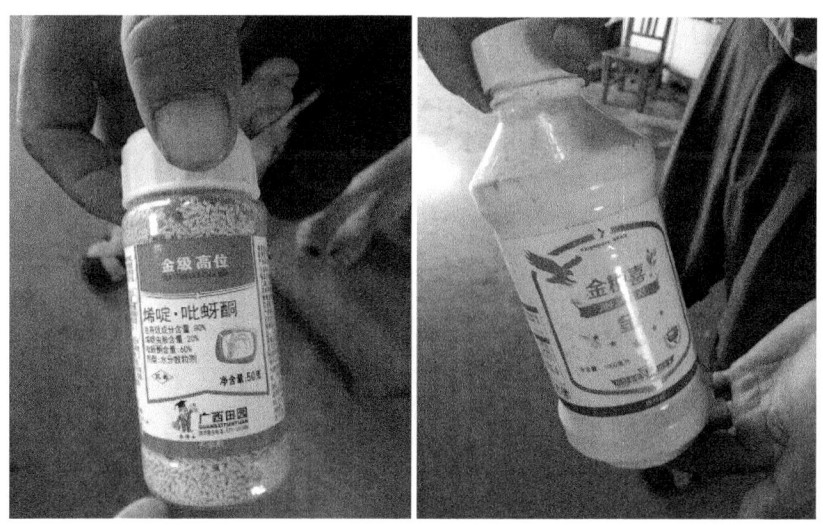

图 2 - 9 调研照片资料:农户向笔者展示价格迅速上涨的农资

鲁老板返回了3 200元受灾补偿,班大叔称补偿还不如交费多,他们也不清楚保险公司最终赔偿了多少,因为保险公司并不会和他们"二包户"沟通谈判。另外,班大叔说禁止焚烧秸秆补贴(水稻20元/亩,小麦30元/亩)他们只能拿到70%,剩下来的留给鲁老板,其他的涉农补贴无法享受,如果是外来"二包户"连这70%也是拿不到的。未来班大叔并不打算扩大规模了,只会减小规模,他们希望可以直接从村里承包土地,这样可以享受一些补贴和政策,最重要的是粮食价格太低,没有收益。

③ 种田大户

种田大户与家庭农场相似,由家庭劳动力为主要劳动力,但在规模等级上不如家庭农场,他们既不同于下文介绍的"传统农户",也尚未形成"家庭农场",而是介于二者之间的一类群体。种田大户亦可以分为两类:第一,由原自发流转阶段的传统种田大户发展而来,他们一直从事农业,在"三权分置"时期仍保留了原生计手段,他们的年纪往往较高(60岁以上),劳动能力日渐减弱。第二,由原自发流转阶段的农民工、兼业户发展而来,他们的年纪较之前者更年轻,劳动力强,其中不乏未来家庭农场的后备军。

案例2-5 种田大户周大爷,70岁

周大爷和妻子俩人分别是70岁和68岁,周大爷上过小学,妻子是文盲。现有自家承包地3亩6分和30亩流转来的土地,进行水稻和小麦轮作。水稻用于自家口粮,小麦卖给面粉厂和粮库,获得的收入满足自家的开销。周大爷"种了一辈子的田",在土地流转前还"捡垃圾卖钱",租种土地的初衷是生活所需。周大爷说村里大部分土地都由外地的大户承包了,仅有小部分像自己一样的本地人经营个几十亩。周大爷的土地流转没有经过村集体,是与其他农户私下里协商的,没有书面协议,口头约定即可。政府对周大爷的土地流转也并没有什么奖励,只有"粮补"和"种补"合计80元/亩,周大爷2017年拿到了 480 元补贴。对于未来的规划,周大爷并不打算再扩大规模了,称年纪大了,种不了那么多田了。

案例 2-6 种田大户刘女士,42 岁

刘女士目前家庭耕种了 30 亩地,养了十几头猪,70 多只鸭子,其中 10 亩是自家和外出务工的弟弟家的田地,其他转入的土地为口头协议,没有签合同。刘女士家庭原来在外务工,子女上学后留在家中务农,其丈夫除了管理这几十亩土地还就近在县城打工,公公婆婆也帮忙务农,由于田块连片和机械化操作,他们管理起来方便很多,仍有余力。刘女士家庭的农业毛收入大约为 10 万元,但有时也会亏损,刘女士表示不会再扩大经营规模了,"种田是发不了财的,除非种几百亩田地,那需要提前一年向村里申请"。

综上,种田大户保留了自发流转时期"代耕"的特征,其受政府干预少,市场化程度较低,他们的土地流转往往在熟人范围内,价格较为便宜。第一类老年种田大户慢慢丧失劳动力向"传统农户"或者"赋闲农户"过渡,而第二类中年种田大户群体则有可能升级成为家庭农场,但他们面临缺乏资金的难题,这也是其经营规模小且流转的土地来源也多限于熟人群体的原因。种田大户在土地流转的竞争中不占优势,农户往往把土地租给了提供高租金者,原农户自发型的农地流转中的道义性互惠机制瓦解(张建雷和王会,2014)。调查发现,种田大户在农业经营主体中所占的比例越来越低,政策并不向他们利好,这部分群体是内生型家庭农场的雏形,却成了被忽略的群体。

④ 传统农户

从参与流转的状况来看,传统农户主要由未参与流转的"自耕农"、参与了流转、但主动或被动保留了部分土地的"转出户"组成。传统农户的经营规模通常仅有数亩,生产农产品多数为满足家庭内部消费,很少参与市场。虽

然传统农户的生产目的多是自给自足,但传统农户的数量不可小觑,占据了当下农村农民的绝大比例。

案例 2-7 汤大爷,73 岁

汤大爷家里原有 5.8 亩田,转出了 3.5 亩,剩余由自己和妻子耕种,主要进行水稻和小麦轮作。水稻亩产为 1 000 斤左右,小麦亩产为 600~700 斤,水稻作为家庭口粮,小麦出售挣点"菜钱"和"香烟钱"。汤大爷夫妇一年花销(食物和香烟)6 000 多元,2017 年拿到农业补贴 480 元,儿子会给养老费,可以满足他们的家庭花销。汤大爷希望把剩余的土地也给别人种,因为自己年纪大了无法继续耕种。不过 2017 年大户经营的状况都不好,租出去的田又被村里退了回来。因为找不到新的大户"接盘",本村的农户在外地务工不能回来种地,所以退回的田地也就抛荒了。

调研发现,传统农户对农地流转的态度发生了改变,传统农户中支持农地流转的比例越来越高。一方面,对于年纪较大的农户,种田已然越来越吃力了,对于相对年轻农户,几亩田的收入除了满足家庭口粮的需求,不能改善家庭的生活条件。另一方面,随着农地流转的日渐普及,加之政府的推动,有些农户已经将土地转出了 10 余个年头,也逐渐遗忘了原来"靠地谋生"的日子,他们与土地之间的感情也随之改变,形成了新的习惯。所以越来越多的农户开始"期待"农地流转,并且表示即便未来没有大户承租,他们也可能不再种田了。与费孝通先生笔下"乡土中国"的情形——"土是他们的命根"相比(费孝通,2006),显然当下人地之间的经济关系和情感关系都在发生剧烈的改变。

(2) 离农主体(务工经商、农业雇工、赋闲农户)

与自发流转时期不同的是,随着土地集中、规模经营,小农主体的萎缩,兼业主体的逐渐消失,农户的职业分化界限(农业经营主体和离农主体)更为明晰。笔者将当前"三权分置"背景下的离农主体分为务工经商农户、农业雇工和赋闲农户三类,下文分别介绍之。

⑤ 务工经商农户

如前所述,务工经商是离农农户重要的收入来源,此群体由在流转前一直务工经商的农户,和政府主导的流转催生的务工经商农户构成。

例 2-8 陈先生,原种田大户

陈先生原是种田能手,村里有人外出不在家就把田地无偿交给陈先生耕种,经营规模达到了 20 亩。2009 年村里组织了大规模流转,政府先将土地集中,再进行转租,由本村和外来的大户种植。陈先生见大家把土地流转了,也把自己的土地租了出去,2009 年租金是 400 斤稻,合同期 7 年,2016 年新合约租金为 500 斤稻,合同期为 9 年。陈先生外出务工不稳定,工资不高,还想继续种田。

案例 2-9 李先生,48 岁,原普通农民

李先生在土地流转之前是以种田为生的普通农户,经营水稻、油菜和竹子。现在李先生的田租给了外村的大户,合同期为 13 年,自己在外务工,工作较为稳定但收入不高,目前支持土地流转。李先生表示,等不能打工的时候,比如 60 岁以上时,再考虑回乡种田,未来土地还是可以要回的,现在合同期内无法要回。

案例 2-10 张先生,56 岁,原农民工

张先生家庭有承包地 4 亩,自己一直在外务工,土地流转前是父母在耕种,自己农忙时回来帮忙。张先生支持土地流转,因为自己的田地不多,种田的收入很有限,而且农忙时仍需要回乡帮忙,"一颗心挂两头"。张先生说,现在一年共收到 1 600 斤稻(400 斤稻/亩)的租金,租金对他们的生活起不了太大的作用,只能供应家庭的粮食。他更希望国家可以收回土地统一管理,可以不分城里人和农村人,让农村 60 岁以上的老人可以享有基本的养老保险,每个月 600 元则可以保障农村老人的生活和医疗。"农民对国家也有贡献,城里有退休工资,而农民现在什么也没有,这就造成了城乡差异很大。"

笔者在和农户访谈时,问了他们同一个问题,"您认为流转出去的土地还要得回来吗? 以后还会回乡种田吗?"笔者得到了几乎统一的回答,大部分农户认为等合同约定的期限结束了,田地还会是自己的,尤其正在开展的确权工作更加深了他们的这一观点。他们对在城市内是否能够安家的预期不明,因此以后仍想返乡。上述案例 2-8 原种田大户陈先生和案例 2-9 原普通农户李先生都有回乡的打算,而案例 2-10 一直在外地务工的张先生更希望农民也可以享有福利保障,而"土地"并不是唯一的答案。那些非农收入稳定,在城里可以立足的农户,再去耕种自己的"一亩八分地",已然不现实了。

⑥ 农业雇工

如前文所述,农业雇工是"资本农场金字塔"(图 2-5)的基层,现如今农村的老年劳动力(70 岁以上)或是家庭内有负担的妇女组成了农场里的雇工。与 1949 年前的"大地主、小佃农"不同,当下的农户虽然拥有农地的承包权,但他们向规模经营主体提供土地资源和出卖劳动力,呈现出"小地主、大佃农"的情景。表面上他们拥有土地资源的承包权,但很难依靠农业生产完成家庭的再生产,不得不流转土地和出卖劳力。即便是自己耕地,也面对高昂的生产成本和价廉的生产成果。离农主体就生产关系而言,陷入了"半无产者"的境地(陈航英,2015)。

案例 2-11 李女士,56 岁

李女士是新林村的同福生态农业示范基地的一名农业雇工,是邻村新塘村的村民。2009 年之前李女士家庭以种田为生,现在土地被转出,在新塘村没有"小工"做,所以来到了新林村打零工。李女士的丈夫由于年纪大了且身体不好,卧床在家,儿子尚未娶妻,因此需要此份工作。李女士一年在同福的收入约为 1 万元,相比自己种田,耕田收割都需要请人工和机械,现在打零工的方式更适合只有一个劳动力的李女士家庭。

雇工农业是资本农场运营的显著特征,不仅是资本农场,一定规模的家庭农场也需要一定比例的农业雇工。那么雇工农业的生命力如何? 根据调研,从用工者的角度,农场面临"雇工难"的问题。农业用工是季节性用工,非农忙的时候村里劳动力富余,而农忙时则非常短缺,尤其农村留守的多是 70岁以上的老人。从农业雇工的角度,他们在农场打工的同时还能获得租金,短时间内比自己种田收益更好。在"种田不挣钱"且高风险的当下,把土地流转出去是他们"更优"的选择。

⑦ 赋闲农户

赋闲农户是指失去了种田的生计,无业或者长期无业只能从事季节性的短工的农户。自发型农地流转阶段的普通农户(老年和残疾贫弱阶层)构成了赋闲农户的主要组成部分。赋闲老人通常在家帮外出务工的儿女"带孙子",农地流转的租金和儿女的抚养费成了他们的生活保障。调研部分地区未能转移的赋闲劳动力也给农村增加了不稳定因素。

(3) 小结

"三权分置"农地流转时期,资本农场形成了"金字塔"形管理结构,即位于金字塔顶层的资本型农场主(提供和调度资源),位于核心层的"代管户"和"二包户"(负责管理,充当村庄代理人),位于基层的"农业雇工"(提供劳力)。自发流转时期基层政治精英、返乡农民工和传统种田大户构成了家庭农场的主要来源。种田大户介于"家庭农场"和"传统农户"之间,是内生性家庭农场的主要后备力量。传统农户主要由未参与流转的"自耕农"、参与了流转但主动或被动保留了部分土地的"转出户"组成。随着农地流转的普及加之政府推动,传统农户支持农地流转的比例越来越高,人地之间的经济关系和情感关系正在发生剧烈的改变。

"三权分置"农地流转时期,务工经商是离农主体的重要收入来源,此群体包括在流转前一直务工经商的农户,和政府主导流转催生的务工经商农户;农业雇工是"资本农场金字塔"的基层,由农村老弱劳动力组成;赋闲农户是无业或者长期无业只能从事季节性的短工的农户,自发型农地流转阶段的普通农户(老年和残疾贫弱阶层)构成了赋闲农户的主要组成部分。

表 2-4 "三权分置"时期的农户分化

农户类型	离农主体			农业经营主体			
	务工经商户	农业雇工	赋闲农户	资本农场	家庭农场	种田大户	传统农户
阶层地位	中上层	下层	下层	上层	中层	中层	下层
土地依赖程度	弱	强	弱	极强	极强	极强	一般
社会关系	较强	一般	弱	较强	较强	一般	弱
对流转的态度	支持	支持	一般	支持	支持	一般	支持

2.2.3 从农户自发型到"三权分置"时期农户分化的趋势

(1)"大农场"的兴起——来源与发展

如前所述经济精英、基层政治精英、返乡农民工和传统种田大户构成了"三权分置"时期的资本农场和家庭农场主的主要来源(图 2-10)。根据调查,"大农场"的兴起一般遵循了如下过程:"涉农项目实施—政府主导农地流转—大规模农场兴起","集体"成了农户与农场之间双面代理人。在笔者调研的平铺镇新林村,全村共 3 400 亩耕地,其中 3 200 亩于 2008 年进行了土地整理,2009 年村里随即组织了农地流转。目前 3 200 余亩土地全部流转,由 11 家规模经营主体经营,其中 2 家为农业企业(如图 2-11)。新林村未实施土地整理的约 200 亩耕地位于山区,仍由普通小农耕种。同样,平铺镇的山河村在 2008 年和 2013 年分别实施了土地整理,在 2009 年和 2014 年进行了两次大规模的流转,流转率达到了 80%,目前全村仅有 10%的耕地由小农经营。

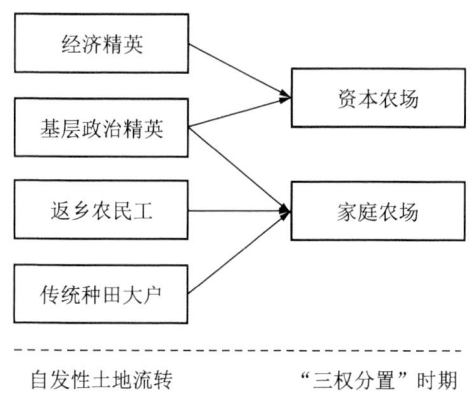

图 2-10 规模经营主体的来源

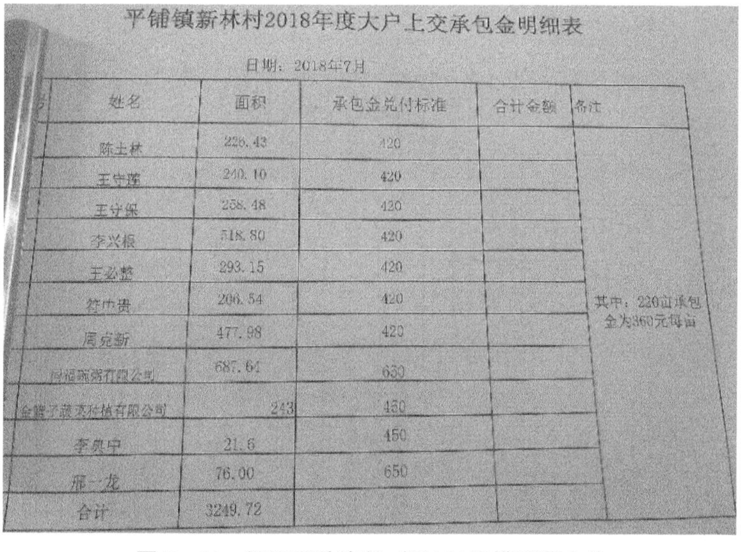

图 2-11 调研照片资料:新林村规模经营主体

(2)"中农"家庭的消失——升级与解体

如前所述,传统种田大户中实力较强的升级成为规模经营主体(案例2-4),社会资本和经济实力不足的传统种田大户退出农业转而外出务工(案例2-8),抑或缩小规模成为保障生计型的传统农户,年龄较高的向农业雇工和赋闲农户转化(图2-12)。除了传统种田大户仍保持了自己的经营地位,兼业户和农民工也有可能向种田大户转化(图2-13)。当下种田大户的处境较为艰难,能够升级成为独立的家庭农场的并不多见,成为资本农场"二包户"的不在少数。

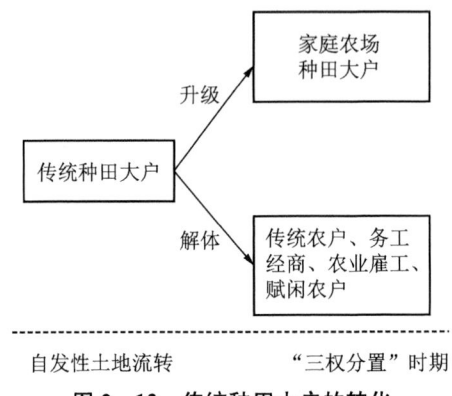

图2-12 传统种田大户的转化

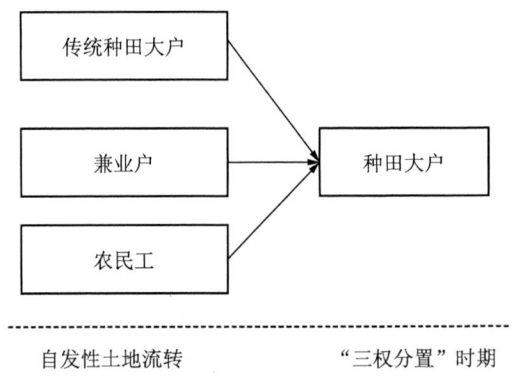

图2-13 种田大户的来源

(3)"小农"农业的衰败——萎缩与降级

在笔者调研的村庄中,土地流转率千军村达到55%、政和村70%以上、东八村约80%、山河村、新林村、柏树村、东岛村、沈弄村、紫溪村和周圩村达到90%~95%,而新陶村、弋丰村的土地流转率达到了100%。这意味着小农的比例越来越低,农业经营主体与离农主体之间的界限越来越明晰。在大规模农地流转的环境下,小农的生产经营受到了影响。由于小农耕地规模小,其购买农资和农机服务并不方便,有时村集体为了促成规模经营主体的集中连片耕作,小农则被安排在边缘进行耕作。因此,家庭劳动力不足(老年化)、不便的生产条件、农业低收益高风险使越来越多的小农退出了直接经营,或寻找外出务工的机会,或降级转换成依附于规模主体的农业雇工,抑或赋闲在家(图2-14)。

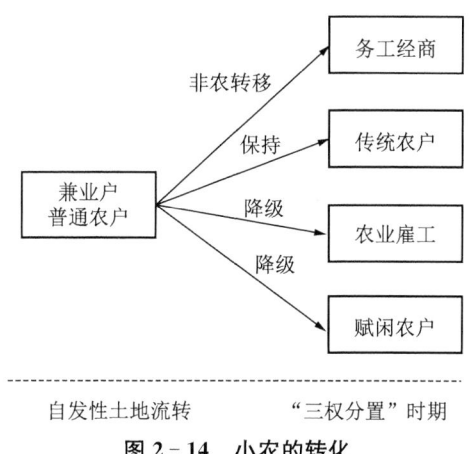

图 2-14 小农的转化

综上,自发流转时期和"三权分置"时期农户分化的差异体现在两个方面:① 作用方向不同。自发流转时期农户职业分化催生农地流转,而"三权分置"时期在政府干预下,催生了如"资本农场""二包户"和"农业雇工"等崭新的农业经营主体类型。与自发型流转时期作用方向相反,当下的农地流转引起了新的农户分化。② 阶层结构不同。自发流转时期农村的社会结构上层是经济、政治精英,中层是农民工、兼业户和传统种田大户,下层是普通农民。在乡村内部中层稳定,贫富差距不大。而"三权分置"时期规模经营主体不断壮大,中层农户逐渐消失,下层小农萎缩和降级,乡村内部的贫富差距逐渐拉大。

2.3 "三权分置"政策对农地经营
绩效影响的理论分析框架

2.3.1 理论框架

在回顾了从"两权分离"到"三权分置"的农地制度变迁,以及梳理了当下农户分化的特点和趋势之后,笔者在此讨论"三权分置"政策实施对农地经营绩效影响的理论分析框架(见图 2 - 15)。

如前所述,"三权分置"实现了农地产权体系的重构,其核心是从农地承包经营权中分离出农地经营权。具体来说,"三权分置"政策一方面通过土地确权增加土地产权的安全性(箭头 1a),另一方面通过发展农地流转市场增加土地产权的流动性(箭头 1b),通过赋予农民更多的土地财产权利,打破原土地只能由集体成员经营的格局,促进土地经营权从原集体成员向非集体成员转移(箭头 2),让更多的主体参与到农业经营中。

在"三权分置"的农地流转时期,农户分化为转移了原始土地经营权的离农主体(箭头 3a)和保留了原始土地经营权的农业经营主体(箭头 3b)。一些非集体成员通过农地流转获得继受经营权,也加入农业经营主体的行列(箭头 3c),形成了资本农场、家庭农场、种田大户和传统农户的多元经营格局,也促使了离农主体分为务工经商农户、农业雇工和赋闲农户三类群体。

从"三权分置"的顶层设计可以看出,对于离农主体,政府通过赋权并帮助其实现财产权利,促进劳动力转移和放松流动性约束达到农户增收的目标(箭头 4a);对于农业经营主体,政府通过加强农业现代化建设,促进规模经营和技术创新,达到提高农地利用效率和保证粮食安全的目标(箭头 4b)。不同主体的收入(箭头 5a)和农地利用效率(箭头 5b)两方面共同构成了农地经营绩效。

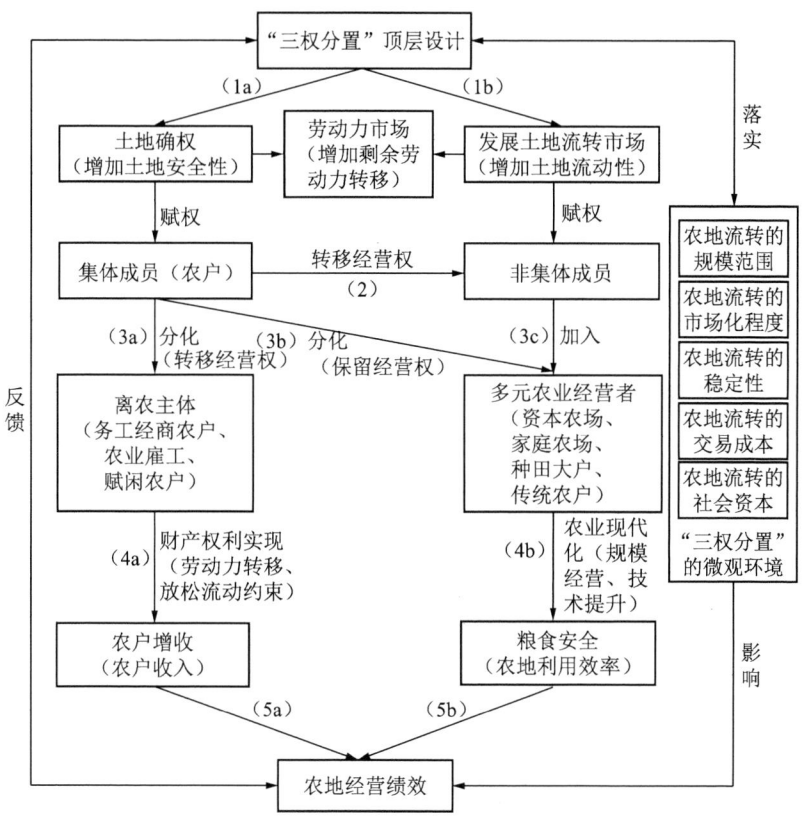

图 2 - 15 概念性理论框架

综上,"三权分置"政策对农地经营绩效影响的作用路径是:"三权分置"政策首先重构了农地产权体系,进而产生了新的农户分化,形成了多元农业经营主体共存的格局。而不同类型的主体对"三权分置"政策的行为响应不同,导致其农地利用效率和收入的差异,最终影响了农地经营绩效。

然而,"三权分置"政策在现实中的农地经营绩效究竟如何? 是否符合政府保障粮食安全、增加农户收入的政策初衷? 后文将根据本章构建的理论分析框架进行详细验证。"三权分置"政策落实到操作层面则表现为农地流转环境,即"三权分置"政策是通过农地流转市场环境作用于不同主体的。因此,笔者验证"三权分置"政策的农地经营绩效是通过测度农地流转环境中各个指标(农地流转规模范围、市场化程度、稳定性、交易成本和社会资本等)对不同主体的行为、效率和收入影响来进行的。

所以,后文组织如下:在本书第三章将利用调查数据展示研究区域农地流转环境,即"三权分置"政策落实在操作层面的表现;第四章将揭示在农地流转环境中多元农业经营主体的农地利用特征和行为逻辑,即他们面对农地流转环境的行为响应和内在机理;第五章和第六章分别从农地利用效率和农户收入两方面考察并验证"三权分置"政策的农地经营绩效;最后第七章进行结论与讨论。

2.3.2　概念界定

在梳理了"三权分置"政策的农地经营绩效理论分析框架后,有必要对本书出现的几组概念进行界定和阐述。

(1)"三权分置"和农地流转

"三权分置"的概念首次正式出现是在《关于引导农村土地经营权有序流转发展农业适度规模经营的意见》中,2014年中央创新性地提出了农地"三权分置"的制度构想,鼓励和支持承包土地向专业大户、家庭农场、农民合作社流转,发展多种形式的适度规模经营。但是"土地所有权、土地承包权、土地经营权"分离,农地流转的实践早已有之。本书所指的"三权分置"政策的农地经营绩效主要是指2014年"三权分置"概念被正式提出后,多元农业经营主体格局已然形成的背景下,新的农地流转市场环境对农地经营绩效的影响,而农地流转环境是"三权分置"政策落实在操作层面的表现。

(2)农户分化和农业经营主体

我国学者对农户分化形态的研究主要体现在农户所从事的职业分化、社会阶层上。本书所指的"三权分置"时期的农户分化结合以往的学者的研究和与农地流转的关系,首先根据是否继续从事农业生产和对生产资料的占有,将农户划分为农业经营主体和离农主体,继而依据其农业组织性质和方式,将农业经营主体又划分为资本农场、家庭农场、种田大户和传统农户,其中资本农场的主体不仅由农户构成,还包含"下乡资本"等。本书未直接采用目前学界和政界普遍认为新型农业生产经营主体分类方式(即家庭农场、专业大户、农民合作社、农业产业化龙头企业)作为划分依据,因为在现实层面这些"称号"存在重叠、杂乱、杂糅的现象,未能展示不同农业经营主体的本质差异,所以本书通过农业组织方式进行划分更有利于剖析其深层次的差异。

(3)农地利用行为

结合以往学者的研究与本书的研究目的,如孔祥斌(2003)认为农户耕地利用行为是指农户种植选择、土地经营投入等土地资源利用的行为;刘洪彬等(2012)认为农户土地利用行为包括土地利用方式、土地利用程度和土地投入强度 3 个方面,进一步分别选择是否种植经济作物、土地复种指数、土地劳动和资本投入强度等 4 个指标来定义农户土地利用行为,笔者界定本书的农地利用行为是指多元农业经营主体根据环境在农业生产过程中对可利用的资源(土地、劳动力、资本)进行资源利用和配置的活动。本书将从多元农业经营主体的农地利用的方式、农地投入和农地产出三方面进行分析,揭示其农地利用行为特征和逻辑。

(4)农地经营绩效

本书选取农地利用效率和收入作为农地经营绩效的两个重要方面。对于农业经营主体本书重点考察其农地利用行为和效率,农地利用效率表示农业生产中农地资源的价值实现程度,反映了农地的利用水平与其他生产要素配置的合理程度。本书采用数据包络分析对不同农业经营主体的综合效率、规模效率和技术效率进行求解,测度多元农业经营主体的农地利用综合效率。对于离农主体,本书重点考察其收入变化及变化的途径,考察"三权分置"政策对离农主体的劳动力转移、放松流动性约束的影响,以及最终导致的收入变化。

2.4　本章小结

本章从"两权分离"到"三权分置"的农地制度变迁和制度变迁下的农户分化展开,采用案例分析的方法,试图更深入地刻画正在转型的中国农业磅

礴画卷中的一角,并以此为基础构建了"三权分置"政策对农地经营绩效影响的理论分析框架。梳理本章,得到如下结论:

(1) 自 1978 年以来,中国农村土地制度改革经历了两个主要阶段,一是以平等原则为基础的家庭责任制度("两权分离阶段"),二是旨在稳定土地使用权和提高土地流转能力的市场化土地权利改革("三权分置阶段")。

(2) 土地承包经营权确权和赋予农民农地转让权是"三权分置"的两项基本内容。"三权分置"实现了产权体系重构,赋予农民更多的财产权利。"三权分置"后农业经营主体既包括拥有承包权和原始经营权的集体成员,又包括通过土地流转获得继受经营权的非集体成员。

(3) 在"三权分置"的农地流转时期,根据马克思、列宁等经典论述,依据对生产资料的占有、农业组织方式(表现为雇佣劳动、管理和规模),本章将"三权分置"时期农户划分为农业经营主体(资本农场、家庭农场、种田大户、传统农户)和离农主体(务工经商农户、农业雇工和赋闲农户)。

(4) 在"三权分置"时期,农户分化呈现的趋势是:① "大农场"的兴起——来源与发展。② "中农"家庭的消失——升级与解体。③ "小农"农业的衰败——萎缩与降级。随着土地集中、规模经营,小农主体的萎缩,兼业主体的逐渐消失,农户的职业分化界限(农业经营主体和离农主体)更为明晰。

(5) "三权分置"政策对农地经营绩效影响的作用路径是:"三权分置"政策首先重构了农地产权体系,进而产生了新的农户分化,形成了多元农业经营主体共存的格局。而不同类型的主体对"三权分置"政策的行为响应不同,导致其农地利用效率和收入的差异,最终影响了农地经营绩效。

第3章 研究区域农业经营主体分化和农地流转市场特征

3.1 研究区域选择与调查数据获取

本书属于国家自然科学基金项目"农户农地流转方式、行为及其效率——以典型中东部流转区为例"的一部分,为了形成课题研究的基础数据库,课题组于 2016 年 7 月至 2017 年 1 月期间组织了多次农户调查。调查范围覆盖长江中下游地区的湖北省、安徽省、江苏省和上海市共 31 个县(区)191 个村落,共收集有效问卷 1 038 份(见表 3 - 1),除去流转了全部田地的转出户,其中仍在从事农业的经营主体问卷 617 份(见表 3 - 3)。这 191 个村落在经济水平上涉及了我国经济发达地区、经济较发达地区和经济欠发达地区,在地貌特征上涉及了平原地区、丘陵地区和山区,在农业区划上主要涉及农业生产水平较高的长江中下游区(长三角农业区 V_1、皖南平原山地农业区 V_2、长江中游平原农业区 V_3)和黄淮海区(豫苏皖平原农业区 IV_2)①,样本分

---

① 本书的农区区划的依据是刘彦随等 2018 年发表的《中国农业地域分异与现代农业区划方案》,其中一级农业区(长江中下游区、黄淮海区)的划分与全国农业区划委员会编写的《中国综合农业区划(1981)》相同,二级农业区(长三角农业区 V_1、皖南平原山地农业区 V_2、长江中游平原农业区 V_3 豫苏皖平原农业区 IV_2)的划分与《中国综合农业区划(1981)》相比有所变化,更能表征农业发展的现代特征。

布情况见图 3-1。

表 3-1　研究区域样本分布情况

地区	省	农业区	市	县	问卷数量（份）
中部	湖北省	长江中游平原农业区（V₃）	武汉市	东西湖区、新洲区、江夏区	55
			孝感市	孝南区	16
				小计	71
	安徽省	豫苏皖平原农业区（IV₂）	蚌埠市	怀远县	10
			宿州市	埇桥区、萧县	60
			阜阳市	界首市	40
		皖南平原山地农业区（V₂）	滁州市	凤阳县	51
			合肥市	肥西县、巢湖市	78
			马鞍山市	和县、向山区	19
			芜湖市	鸠江区、三山区、镜湖区、无为县、繁昌县、芜湖县、南陵县	244
			宣城市	绩溪县、郎溪县	117
			池州市	东至县	12
			安庆市	太湖县	13
				小计	645
东部	江苏省	长三角农业区（V₁）	常州市	溧阳市、武进区、新北区	133
			上海市	金山区、奉贤区、浦东新区、松江区	189
				小计	322
				合计	1 038

本书在选择长江中下游地区作为研究区域时主要考虑了如下因素：

第一，从农业发展水平来看，长江中下游地区是我国重要的粮食主产区和商品粮基地。历史上，该区域的江西九江、江苏无锡、安徽芜湖、湖北沙市并称为古代四大米市，当前，该区域仍占全国五分之一以上的粮食产量和粮食种植面积，为保证我国粮食供给起到了非常重要的支撑作用。调查案例地所在的4个农业区代表了不同的现代农业发展特征及趋势：上海市、常州市所处的长三角农业区（V₁）是兼具生产、教育、游憩、生态等多功能的现代农业

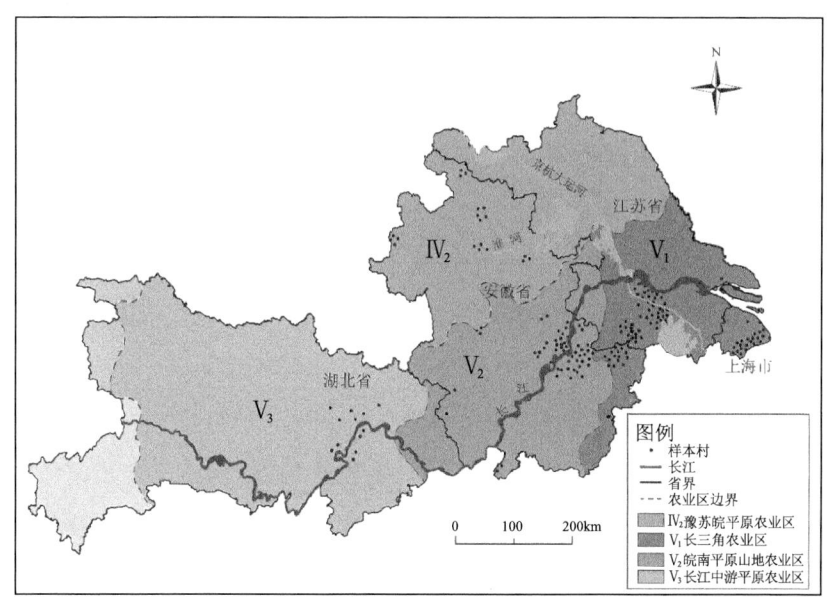

图 3 - 1　研究区域样本分布图

园区,有利于发展外向型、市场化高效农业;皖南平原山地农业区(V₂)具有粮
油、林茶等特色农产品生产功能,突出农业就业与社会保障功能;武汉市、孝
感市所处的长江中游平原农业区(V₃)在粮食、经济作物和各类水产品与畜产
品上皆有优势,可推广农业生态化、立体式种养等模式;蚌埠市、宿州市和阜
阳市所在的豫苏皖平原农业区(Ⅳ₂)以种植业为主,有利于发展绿色农业,推
进农业规模化、集约化生产(刘彦随,2018)。

　　第二,从经济发展水平来看,长江流域内部经济发展不平衡,中东部差异
较大。长江流域的经济重心在中下游地区特别是下游地区,其中以东部地区
上海、江苏经济水平最高,而中部的湖北、安徽经济水平则相对较低。在农地
流转方面,上海市为我国农地流转率最高的地区,也是农地流转制度创新的
前线。所以分析处于不同经济发展阶段的长江中下游典型区域的农地流转
差异,有助于探索差异化的土地管理政策,兼顾效率与公平,缓解区域不平衡
不充分发展的矛盾。

第三,从农地流转发展水平来看,长江中下游地区是农地制度改革和农地流转最为活跃的地区。长江中下游地区一直是农地制度改革的前沿,第一次的"两权分离"的农地制度改革也发生在该区域的小岗村。该区域活跃的农地流转市场也提供了多个具有全国代表性的农地流转的典型案例,具有深入研究的重要价值,其中包括安徽宿州埇桥区的全国首项土地信托模式、安徽宣城市郎溪县的家庭农场模式、安徽合肥市肥西县的土地入股流转模式、安徽省芜湖市大浦企业主导模式和上海市松江区的家庭农场模式等。

此外,对调研区域和数据获取仍有两个问题需要说明:

第一个问题,本书采取的是典型调查和随机调查结合的方式,未能遵循严格的分层抽样方法,有如下几个原因:首先,获得满足定量分析所需样本数难度很大。从统计分析角度来看,样本量越大越有利于获得稳定和精确的结果,但由于调研主题的限制,一个村落内不同类型的主体数量有限,比如资本农场、家庭农场此类规模经营主体一个村落仅有几户,无法根据抽样框进行严格抽样。其次,由于农户入户调研本身的难度,比如调研信息量较大,访谈时间较长,农户普遍文化水平不高等原因,所以需要调查人员对农户进行一对一的访问才可完成问卷,每份问卷需要花费1个小时左右时间,所以调查小组需要寻找既符合调研要求同时愿意配合长时间调查的农户,故很难做到严格抽样。综上,最终调研小组采取的方式是:第一步根据调研目的,筛选具有典型意义的乡镇和村落,同时选取该典型区域周边更广泛的范围作为补充和对照;第二步前往调查村落的村委会了解当地农地流转情况和不同类型的主体分布,主要是获得规模经营主体的信息(如图3-2,村委会提供给调查小组的规模主体信息);第三步尽量做到空间均匀分布,在该村落寻找符合要求的调研对象,开展定量问卷调查或访谈。

第二个问题,本书选取的安徽省、湖北省、江苏省和上海市共31个县(区)191个村落在全国范围内到底有多大的代表性?不可否认,笔者调查的村落仅仅是全国近70万村落中零星几个,而我国经济社会发展水平存在巨大差

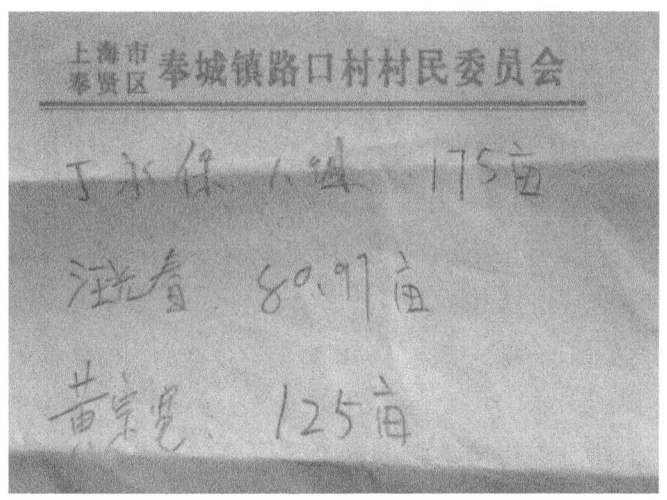

图 3 - 2　调研照片资料:上海市奉贤区奉城镇路口村
村委会提供的规模经营主体名单

异,所以从严格意义上本书的调研点无法代表其他地方和整个国家的情况。
然而,也正如第一个问题所述农户入户调研的难度大,笔者无法完成对全国
大范围的调查,所以在综合社会经济条件、自然条件,农地流转的不同组织形
态以及农户入户调研的可实施性后慎重选取本书如上的案例点。最后,通过
调研也发现调研地点农户分化、农地流转和农地利用特征以及农户收入的变
化在全国都是广泛存在的,而东部地区和中部地区也一定程度上代表了不同
农地流转市场发展阶段。因此,从这个意义上说,尽管各案例地的农地流转
具有一定的特殊性,但同时也具有较大的代表性。

3.2　研究区域农业经营主体分化及特征

根据本书第二章 2.2 节对农户分化的理论分析,确定了对样本农户进行
分类的依据,即将农地经营规模和雇佣劳动力的比例二者结合作为划分不同

农业经营主体的标准(表3-2)。结合研究区域特点和不同种植结构的差异,传统农户为经营规模20亩以下(大田作物)、10亩以下(经济作物、混合作物,后文简称"经混作物")的主要依靠家庭自有劳动力的主体;种田大户为经营规模在20至50亩(大田作物)、10至20亩(经混作物)的主要依靠家庭自有劳动的主体;家庭农场为经营规模在50亩及以上(大田作物)、20亩及以上(经混作物)的主要依靠家庭自有劳动的主体;资本农场为经营规模在300亩及以上(大田作物)、100亩及以上(经混作物)的主要依靠雇佣劳动力的主体。根据以上分类标准,得到研究区域农业经营主体的分化情况如表3-3、图3-3。

表3-2 研究区域农业经营主体分化标准

		传统农户	种田大户	家庭农场	资本农场
经营规模(亩)	大田作物	<20	[20,50)	≥50	≥300
	经济作物	<10	[10,20)	≥20	≥100
雇佣劳动用工占总劳动用工比例*		—	—	—	>0.5

　*注:根据此划定标准家庭农场是指大田作物经营规模超过50亩,经济作物经营规模超过20亩,但除去满足资本农场划定条件(经营规模超过300亩/100亩,且雇佣劳动力比例超过0.5)的农业经营主体。调查中除了资本农场其他主体的雇佣劳动时间超过家庭劳动时间的现象也十分常见,如老龄传统农户的种植几乎完全依靠租用机械(包含雇佣劳动力)。所以根据调研实际,笔者仅对具有一定经营规模的资本农场设定了雇佣劳动力比例超过0.5的标准。

表3-3 研究区域农业经营主体分化情况

		东部地区	中部地区	总体样本
传统农户(户)	大田	8	113	121
	经混	21	112	133
	小计	29	225	254
种田大户(户)	大田	6	16	22
	经混	35	38	73
	小计	41	54	95
家庭农场(户)	大田	106	33	139
	经混	67	26	93
	小计	173	59	232

续　表

		东部地区	中部地区	总体样本
资本农场（户）	大田	13	8	21
	经混	14	1	15
	小计	27	9	36
合计（户）		271	347	617

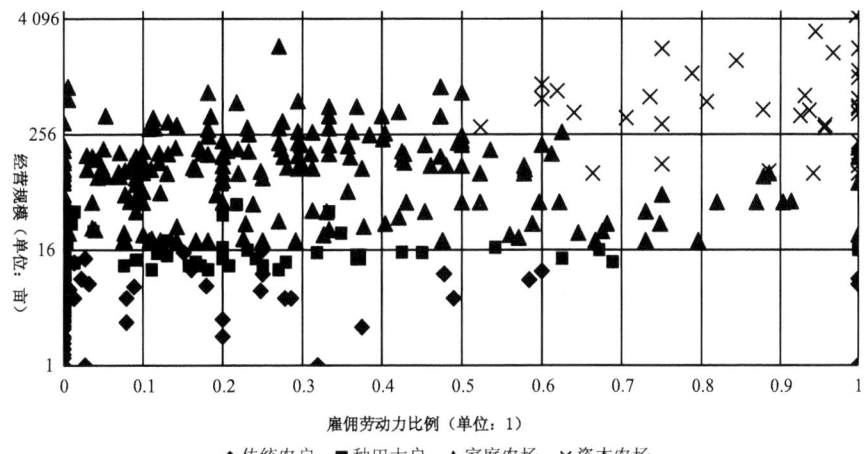

图 3-3　研究区域农业经营主体分化情况

　　从表 3-3 中可以看出,在 617 户农业经营主体中传统农户为 254 户,占总样本的 41.17%,其中经营大田作物的 121 户(47.64%),经营经混作物的 133 户(52.36%);种田大户为 95 户,占总样本比例为 15.40%,其中经营大田作物的 22 户(23.16%),经营经混作物的 73 户(76.84%);家庭农场为 232 户,占总样本数的 37.60%,其中经营大田作物的 139 户(59.91%),经营经混作物的 93 户(40.09%);资本农场为 36 户,占总样本数的 5.83%,其中经营大田作物的 21 户(58.33%),经营经混作物的 15 户(41.67%)。从农户分化的地区差异可以看出,东部各主体中经营经混作物的比例多高于中部地区,其中东部地区的种田大户中经营经混作物的比例尤其高。

　　下文笔者将展示不同类型农业经营主体的家庭基本特征。首先,表 3-4

描述了传统农户的家庭基本特征。由表可见,传统农户户主平均年龄为55.08岁,其中东部地区经营经混作物的农户户主平均年龄最低,为49.65岁,而东部地区经营大田作物的农户户主平均年龄最高,为60.00岁,可见传统农户普遍年龄偏高,农业劳动力老年化的情况凸显;传统农户户主平均受教育年限为6.55年,低于初中教育水平,说明农业劳动力普遍受教育程度较低,中部地区略高于东部地区;传统农户家庭人口规模平均为4.21人,家庭结构以二代直系家庭(户主夫妇同儿子儿媳)、三代直系家庭(户主夫妇与已婚儿子儿媳及其孙子女、户主夫妇同父母及其子女)为主,区域之间差异不大;传统农户家庭劳动人口平均为2.85人,务工劳动人口平均为1.14人,务农人口略多于务工人口,研究区域仍普遍存在兼业的现象,其中经营经混作物的家庭非农就业人数较少;传统农户家庭经营的土地规模平均为6.01亩,播种面积平均为8.95亩,其中经营大田作物的家庭土地平均规模和播种面积分别为7.04亩、9.47亩,略高于经营经混作物的家庭的5.08亩和8.48亩,整体来看传统农户的复种指数为1.49,高于全国平均水平1.24,中部地区的土地经营规模略高于东部地区;传统农户总收入平均为41 528.48元,非农收入为22 994.28元,农业收入为15 183.49元,说明非农收入目前是传统农户的更主要收入来源,其中东部地区的家庭收入高于中部地区。

在详述传统农户的家庭特征后,种田大户、家庭农场和资本农场家庭特征情况分别见附表A1-1至A1-3。在此,笔者对不同农业经营主体的家庭特征进行横向比较:

首先可以发现不同类型农业经营主体的户主平均年龄和受教育程度存在一定的差距,户主年龄由高到低分别为传统农户、种田大户、家庭农场和资本农场,户主受教育程度由高到低分别是资本农场、家庭农场、种田大户和传统农户。这与调查实际相符,年龄较大和受教育水平较低的农户在大规模经营上表现出劳动力和组织管理能力的劣势,使得他们更多停留在传统农业生产方式上。其次,从家庭成员劳动人数和务工人数的比例上可以发现,务工人

表3－4　传统农户的家庭特征

	中部地区			东部地区			总体样本		
	大田	经混	小计	大田	经混	小计	大田	经混	总计
户主年龄（岁）	51.56	59.10	55.40	60.00	49.65	52.61	52.15	57.67	55.08
户主受教育程度（年）	7.06	6.33	6.69	2.25	6.80	5.50	6.73	6.40	6.55
家庭人口数（人）	4.62	3.80	4.21	4.25	4.19	4.21	4.60	3.86	4.21
家庭劳动人口数（人）	3.29	2.51	2.90	3.13	2.24	2.48	3.28	2.47	2.85
家庭务工人口数（人）	1.50	0.85	1.173	2.25	0.38	0.90	1.55	0.77	1.14
家庭经营土地规模（亩）	7.16	4.94	6.05	5.34	5.86	5.72	7.04	5.08	6.01
家庭经营播种面积（亩）	9.39	8.81	9.10	10.68	6.71	7.80	9.47	8.48	8.95
家庭总收入（元）	48 874.07	27 407.315	38 188.40	36 624.50	78 945.23	67 270.55	48 064.18	35 544.88	41 528.48
家庭非农收入（元）	35 620.59	14 109.11	24 912.65	27 500.00	723.81	8 110.34	35 083.69	11 995.64	22 994.28
家庭农业收入（元）	10 250.83	8 843.013	9 550.05	8 149.50	78 221.43	58 891.24	10 111.90	19 797.50	15 183.49

口占比从高到低分别是种田大户、传统农户、家庭农场和资本农场,这表明规模经营主体农业经营的专业化程度更高。再次,从经营规模和总收入上来看,呈现出资本农场＞家庭农场＞种田大户＞传统农户,这符合调查实际。最后,从区域差异上来看,中部地区各农业经营主体的经营规模皆高于东部地区,而东部地区各农业经营主体的农业收入却皆高于中部地区,因东部地区经营经混作物的比例高于中部地区,而经混作物的收入普遍高于大田作物。

3.3 研究区域农地流转市场分析

本节通过农业经营主体中参与流转的农户横截面数据,对调研区域农地流转市场状况和特点进行描述,重点分析农地流转的规模范围、市场化程度、稳定性、交易成本和社会资本五个方面,以揭示"三权分置"背景下农地流转市场的新特征,以及对不同农业经营主体可能产生的影响,从而为后文不同农业经营主体的农地利用行为及逻辑分析奠定基础。

3.3.1 农地流转的规模和范围分析

土地细碎化被认为是中国农业效率和农业现代化的阻碍因素,随着更活跃的城乡迁移,农地流转成为农业经营主体扩展经营规模的重要方式。农户家庭农地流转的规模和范围在一定程度上反映了区域农地流转市场的规模和活跃程度。

(1) 农地流转的面积分析

农地流转的户均面积见表3-5。从农业经营主体的类别来看,资本农场的流转规模最大,其次是家庭农场、种田大户,传统农户的流转规模最小;从经营的作物来看,大田作物的流转规模要大于经混作物;从样本区域来看,中部地区的农业经营主体的流转规模略高于东部地区。由此看出,当下农地流转的规模在不同主体间差异较大,既有小规模的流转,也有超大规模的流转,资本农场的平均流转面积已经达到 788.03 亩,其中大田作物达到 884.43 亩,经混作物也达到了 653.07 亩。而东部地区的自然经济条件更好,土地较中部地区更为稀缺,故流转规模略小于中部地区。

与其他学者的研究结果相较,研究区域的农地流转的比例和规模正在扩张,其中小农参与农地流转的比例有所扩大,而规模经营主体的经营面积则显著扩张。比如,张照新(2002)用全国 96 个村组 2002 年的调查数据计算得到户均交易规模在 2.5 亩左右,叶剑平等(2006)在 2005 年全国 17 个省的调查发现参与流转的农户平均每户转让出 3.5 亩土地,随后其 2011 年的调查表明外地工商企业在农村包地的比例是 39.45%,平均规模是 560 亩(叶剑平和田晨光,2013)。

表 3-5　农地流转的平均规模情况　　　单位:亩

	中部地区			东部地区			总体样本		
	大田	经、混	小计	大田	经、混	小计	大田	经、混	合计
传统农户	7.16	4.94	6.05	5.34	5.86	5.72	7.03	5.08	6.01
种田大户	31.47	13.51	18.83	29.83	11.76	14.41	31.02	12.67	16.92
家庭农场	223.01	121.60	178.32	198.82	56.92	143.86	204.56	75.00	152.62
资本农场	971.00	214.00	886.89	831.15	684.43	755.07	884.43	653.07	788.03

(2)农地流转契约对象(来源分析)

研究区域农地流转的契约对象见表 3-6。从农业经营主体来看,传统农户的契约对象以外村为主,外村占比 65.35%,而种田大户、家庭农场和资本农场的契约对象以本村为主,分别占比为 58.82%、57.41%、58.33%;从样本区域来看,中部地区的农业经营主体契约对象以本村为主,占比为 55.03%,东部地区的农业经营主体契约对象以外村为主,占比为 51.67%。由此看出,当下农地流转的主要契约对象仍是相对熟悉的本村人。调研发现无论转入方还是转出方都希望优先与本村人签订契约,东部地区相比中部地区,与外村签订契约的比例高出 6.70 个百分点,这也印证了本书第二章中关于"农民农"(或"代耕农")的论述,发达地区吸引了更多"外出包地"的"职业农民"。然而在调研中也发现了部分区域政府限制外来户包地的现象,例如上海松江区政府主张家庭农场为本地人经营,出现外地人难以继续承包的情况。

叶剑平等(2006)在 2005 年全国 17 个省的土地流转市场调查中发现,农户将土地流转给本村的比例是 87.6%,钱龙等(2015)在 2012 年对贵州省 39 个村的调查中发现转给本组村民的有 365 笔,占比 67.22%,转给本村外组的比例达到 17.13%,说明农地流转主要是"村内部的交易市场"。与以往的研究相比,本书的调研数据说明,从地缘关系来看,农地流转的范围相较以前更为广泛,东部地区的村外部交易甚至超过了本村。

表 3-6 农地流转的对象来源情况

		中部地区		东部地区		总体样本	
		本村	外村	本村	外村	本村	外村
传统农户	户	39	71	10	18	48	90
	%	35.21	64.79	37.04	62.96	34.65	65.35
种田大户	户	23	4	17	24	40	28
	%	85.19	14.81	41.46	58.54	58.82	41.18
家庭农场	户	33	10	91	82	124	92
	%	76.74	23.26	52.60	47.40	57.41	42.59
资本农场	户	9	0	12	15	21	15
	%	100	0	44.44	55.56	58.33	41.67

3.3.2 农地流转的市场化程度分析

农地流转的市场化程度直接关系土地配置方式、规模经营效益、土地利用效率以及农户的公平与权益。因此下文将从农地流转的组织方式、流转方式、流转价格和是否需要政府审批四个方面来考察研究区域农地流转的市场化程度。

（1）农地流转组织方式

本书将农地流转的组织方式划分为"农户自发型"和"政府主导型"两类。农户自发型是指在没有第三方参与或参与但不以赢利为目的的条件下,农户配置家庭经济资源时寻求家庭长期效用或效益最大化,且坚持在同等条件下熟人优先流转的模式(于传岗,2014)。政府主导型是指基层政府既充当农地流转中介平台,又以其强制力、行政命令等方式干预农地流转过程,成为农地流转中实际决策人和产权代理人的流转方式(刘鸿渊,2010;董国礼等,2009)。

研究区域的农地流转的组织方式见表3-7。从农业经营主体来看,传统农户、种田大户的农地流转的组织方式以自发为主,自发流转分别占参与流转的传统农户和种田大户的57.25％、60.29％,而家庭农场、资本农场的组织方式以政府主导为主,政府主导占参与流转的家庭农场、资本农场的比例分别为58.33％、72.22％;从样本区域来看,东部地区政府主导的比例(53.53％)略高于中部地区(49.74％),而总体样本政府主导的比例为51.96％。由此看出,政府主导的农地流转与农户自发的农地流转已经势均力敌,并且占比仍有上升的趋势。在调查中政府主导的农地流转通常和村集体的"整村推进""土地整治""美丽乡村"等农业综合改革项目密切相关,案例3-1"平铺模式"和案例3-2"松江模式"分别代表了两种典型的政府主导模式。

表 3-7　农地流转的组织方式情况

		中部地区		东部地区		总体样本	
		政府	自发	政府	自发	政府	自发
传统农户	户	44	66	15	13	59	79
	％	40.00	60.00	53.57	46.43	42.75	57.25
种田大户	户	11	16	16	25	27	41
	％	40.74	59.26	39.02	60.98	39.71	60.29
家庭农场	户	33	10	93	80	126	90
	％	76.74	23.26	53.76	46.24	58.33	41.67

		中部地区		东部地区		总体样本	
		政府	自发	政府	自发	政府	自发
资本农场	户	6	3	20	7	26	10
	％	66.67	33.33	74.07	25.93	72.22	27.78

案例 3－1　平铺模式——基于土地整理项目的集体引导农地流转

以"平铺模式"为代表的基于土地整理项目集体引导的农地流转租赁模式非常普遍。平铺镇位于芜湖市繁昌县东南部,耕地面积 3.3 万亩,辖 15 个村(居)委会、243 个村民组,人口 30 973 人(其中农村人口 29 390)。在平铺镇国家级土地整理项目实施前,郑渡村民组耕地共有 200 多块,且地势低洼、大小不一,耕作条件差,生产率低。在平均每亩投入 2 000 多元进行土地整理后,该村民组耕地已基本形成现代农田格局,全村民组 192.80 亩土地分为 36 块,其中 10~12 亩田块约占 1/3,5~8 亩田块约占 1/3,3~5 亩田块约占 1/3。由于土地整理后,原有田块位置和面积已经无法恢复原状,加之原先耕地因具体位置、质量的不同而分为好、中、差等次等原因,郑渡村民组也不愿意将已经整理好的耕地再重新分配为小地块。这种情况普遍存在于土地整理项目实施后,因此,各级政府积极推进农村土地承包经营权流转工作,并成立了土地承包经营流转服务中心①。

平铺探索了一套"确权不确地"的土地流转方式,对于整理区的土地所有权,仅确权到村民小组,不确定到具体地块,而农户的原土地承包面积作为权益收益面积,在项目区发放相应的"繁昌县平铺镇＿＿＿＿村国家土地治理项目区耕地权益证明书"。该证明书在维持二轮土地承包经营权属不变的前提下,仅作为国家土地整理项目区内农户享有耕地承包权益的证明。同时,在山河村进行土地承包经营权权益证书抵押贷款试点,确保农户在确实缺少资金的情况下有用权益证书抵押贷款的权利。项目区内农户委托村集

---

① 繁昌县平铺镇农村土地承包经营权流转服务中心成立于 2009 年 3 月。

体对外流转土地,再由村集体对外发布流转信息、签订流转合同和实施监管(见图 3-4)。

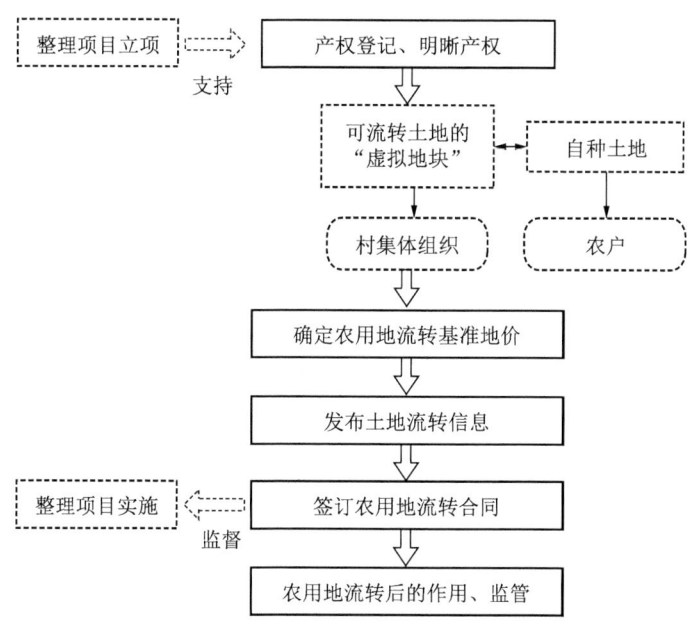

图 3-4 政府项目支持的集体参与农用地流转程序图

此种流转方式大大加速了平铺镇的土地流转速度和规模:2009 年项目二期工程山河、新塘两村 7 700 亩土地全部流转,2011 年马仁村国家农业综合开发项目区 1 500 亩农田全部流转。

图 3-5 调研照片资料:平铺镇土地流转服务中心

政府的职责包括对土地流转交易的信息搜集、发布、合同签订、签证以及监管等①,比如会严格审查新承包人资质及实力,对流转土地连片达100亩以上(含100亩)的,由村级上报,经镇会同有关部门审查。同时要求承包人在报名时按每亩50元的标准向中心缴纳保证金,若确定为土地流转对象后,在签订土地经营权流转合同时,按实际流转面积将报名时所缴纳的50元/亩担保金转为土地承包风险金,待合同正常履行到期后退还。实际上,流转服务中心除了上述职责,尤其村级土地流转服务站一个重要的职责是"招商引资"。在农业收益低、土地流转市场不景气时,如何将土地"租出去"成了村集体非常苦恼的事情。同时,村集体还承担了"兜底"的工作,若流转大户"跑路",村民则都会找村集体讨要说法。所以当下村集体的做法往往有两种:第一,要求承包大户缴纳风险保证金;第二,"先租田再种地"。而这种操作把一些资金实力不足但想种田的农户拒之门外。

案例3-2 松江模式——家庭农场"委托代理"集体引导农地流转

上海市松江模式的家庭农场一直以来都是学界和政界的关注重点,因此,我们对松江区泖港镇的家庭农场模式进行了深入调研。

从2007年起,上海松江区开始实践百亩左右规模的家庭农场模式。具体

---

① 镇级土地流转中心的职责:1.负责制定土地承包经营权流转服务中心的规程,指导流转服务站开展工作;2.受理土地流转双方的流转委托申请,及时进行信息登记和发布,免费提供土地流转合同文本,指导流转双方在平等协商的基础上就流转期限、价格、方式、用途和违约责任等达成一致意见,及时办理土地承包合同的签订和签证;3.调查统计本乡镇农场土地使用现状,建立农村土地资源库,对流转合同履行情况实施动态跟踪管理;4.及时收集、整理、发布土地流转供求信息,承担土地流转中介服务工作;5.依法调解、仲裁农场土地承包及流转引起的矛盾纠纷,维护农村社会稳定;6.负责对各村级流转站的业务培训指导;7.负责专户存储流转双方的土地流转风险押金;8.认真完成镇土地流转中心领导组交办的相关工作。

村级土地流转站的职责:1.宣传、引导有土地流转意愿的农民进行有序流转,引导土地承包经营业主参与土地规模经营流转;2.及时收集、整理、上报可流转土地信息;3.协助乡镇土地承包经营权流转服务中心做好土地流转的实地勘察、丈量和评估工作;4.协调土地流转各方当事人关系,指导土地有序流转,宣传土地承包经营权流转政策;5.协助乡镇土地流转服务中心及时办理承包经营权证的变更登记;6.积极热情为外来业主和企业做好各项服务工作;7.建立村级土地流转台账和土地流转储备库,做好土地流转资料档案管理工作;8.依法调解本村内的土地流转纠纷,稳妥化解矛盾。

做法是:村民与村委会签订土地流转委托协议将土地委托给村委会,再由村委会委托家庭农场主经营,流转双方签订土地流转合同(流程见图3-6)。土地的规范流转保证了家庭农场的顺利发展。从家庭农场推广之初的村民观望,到笔者调研时的村民"竞选"上岗,松江区的家庭农场摸索出了一条规范、可持续流转的道路。

村集体规定家庭农场主的"竞选"条件较为严格,对户主户籍、从业年龄、生产经营能力和经验、家庭劳动力等都做详细的规定。农地流转的期限为 3 年,每到 3 年时就会重新进行竞选,有意参加竞选的村民需向村委会提出书面申请和提交审核材料,村领导组织村民议事会(党员、老干部和有社会威望的村民组成)进行民主投票,得票高者进行公示、签约,最终当选新一轮的家庭农场主。而经营状况良好的农场主,可获得延长流转年限(10 年)的奖励。

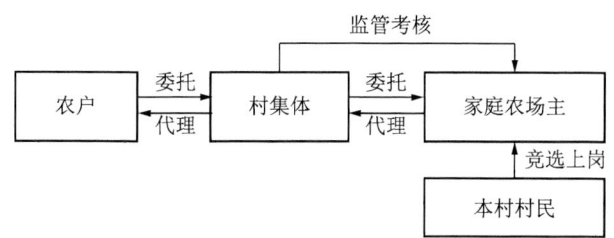

图 3-6　"委托代理"集体引导农地流转

松江区家庭农场的经营规模一般控制在 100 至 150 亩,全区粮食作物耕种收综合机械化水平达 88.7%,供种、供肥、机械化收割等农业社会化服务体系完善,镇农业技术中心在每个环节还会提供专业的技术指导,随时用手机短信的形式对农场主进行提醒。随着松江区不断探索土地的可持续发展,每个家庭农场经营者,每年春季都要执行三分之一土地深翻、三分之一土地种植紫云英绿肥、三分之一种麦子的规定(三三制),以减少化肥和农药的使用,休耕养地。

此外,如前所述松江区家庭农场可以享受市、县、区三级农业补贴,包括每亩水稻直补、水稻农资综合直补等各类补贴 400 元左右,家庭农场考核奖励 200 元,合计约 600 元/亩(见第二章2.2.2 图 2-8)。家庭农场考核奖励 200 元/亩最初为土地流转补贴,自 2013 年起松江区将补贴改为考核奖励,完成了每项考核任务才可以领取奖励(图 3-7、图 3-8)。2016 年松江全区 966

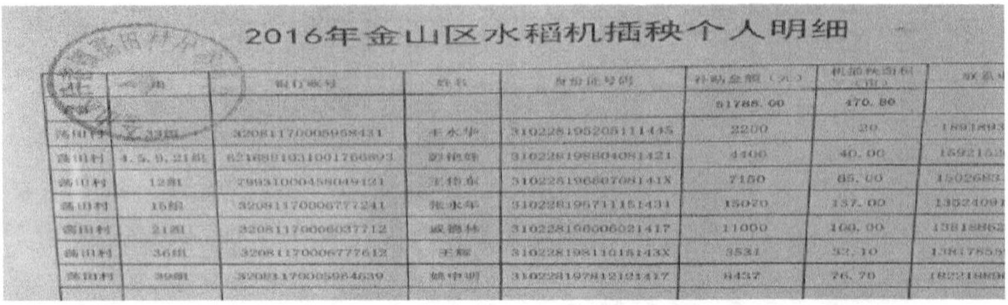

2016年金山区水稻机插秧个人明细

村	组	银行账号	姓名	身份证号码	补贴金额（元）	机插秧面积（亩）	联系电
					51788.00	470.80	
蒋田村	33组	320811700005958431	王水华	310228195208111445	2200	20	1891893
蒋田村	4.5.9.21组	6216891031001766893	[illegible]	310228198804081421	4400	40.00	1592152
蒋田村	12组	79931000458049121	[illegible]	31022819660708141X	7150	65.00	1502683
蒋田村	16组	3208117000677241	张永年	310228195711151431	15070	137.00	1352409
蒋田村	21组	32081170006037712	戚德林	310228196006021417	11000	100.00	1381886
蒋田村	36组	32081170006777612	王辉	31022819811018143X	3531	32.10	1381785
蒋田村	39组	32081170005984639	姚中明	310228197812121417	8437	76.70	1822188

图 3－7　调查照片资料：2016 年金山区水稻机插秧补贴发放明细表

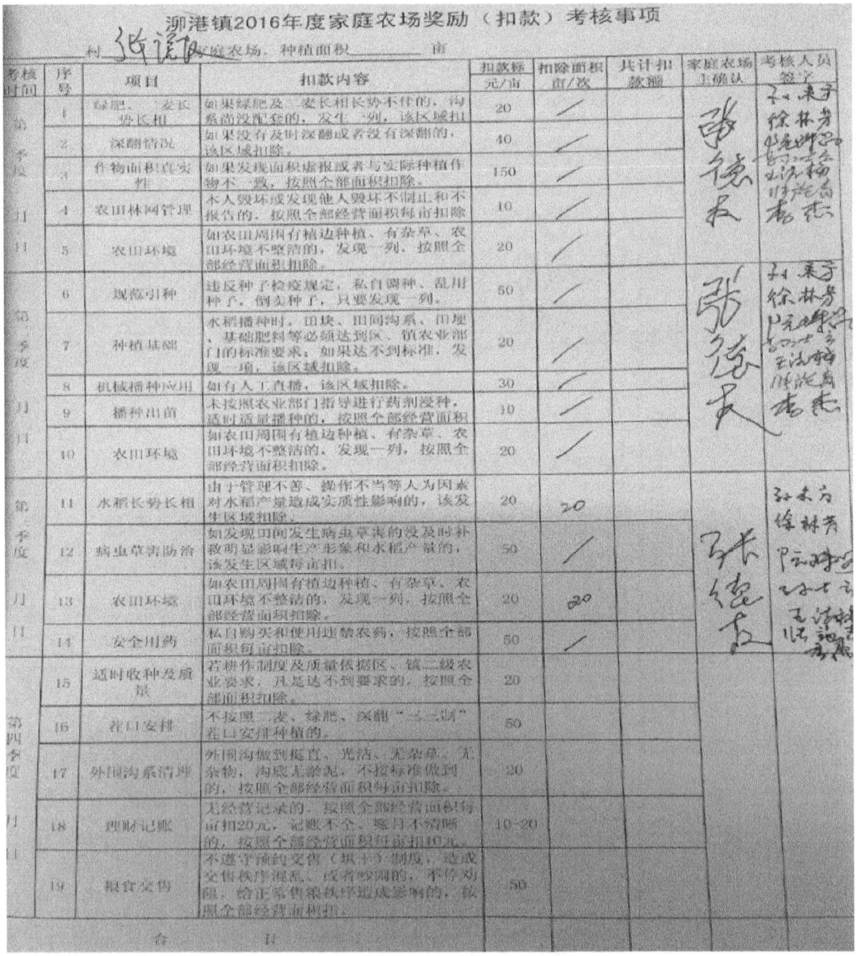

泖港镇2016年度家庭农场奖励（扣款）考核事项

村　　家庭农场，种植面积＿＿＿＿亩

考核时间	序号	项目	扣款内容	扣款标准元/亩	扣除面积亩/次	共计扣款额	家庭农场主确认	考核人员签字
第一季度　月　日	1	绿肥、二麦长势长相	如果绿肥及二麦长相长势不佳的，沟系尚没配套的，发生一列，该区域扣	20	/			
	2	深翻情况	如果没有及时深翻或者没有深翻的，该区域扣除。	40	/			
	3	作物面积真实性	如果发现面积虚报或者与实际种植作物不一致，按照全部面积扣除。	150	/			
	4	农田林网管理	本人毁坏或发现他人毁坏不制止和不报告的，按照全部经营面积每亩扣除	10	/			
	5	农田环境	如农田周围有植边种植、有杂草、农田环境不整洁的，发现一列，按照全部经营面积扣除。	20	/			
第二季度　月　日	6	规范引种	违反种子检疫规定，私自调种、乱用种子，倒卖种子，只要发现一列。	50	/			
	7	种植基础	水稻播种时，田块、田间沟系、田埂、基础肥料等必须达到区、镇农业部门的标准要求，如果达不到标准，发现一项，该区域扣除。	20	/			
	8	机械播种应用	如有人工直播，该区域扣除。	30	/			
	9	播种出苗	未按照农业部门指导进行药剂浸种，适时适量播种的，按照全部经营面积	10	/			
	10	农田环境	如农田周围有植边种植、有杂草、农田环境不整洁的，发现一列，按照全部经营面积扣除。	20	/			
第三季度　月　日	11	水稻长势长相	由于管理不善、操作不当等人为因素对水稻产量造成实质性影响的，该发生区域扣除。	20	20			
	12	病虫草害防治	如发现田间发生病虫草害的没及时补救明显影响生产形象和水稻产量的，该发生区域每亩扣。	50	/			
	13	农田环境	如农田周围有植边种植、有杂草、农田环境不整洁的，发现一列，按照全部经营面积扣除。	20	20			
	14	安全用药	私自购买和使用违禁农药，按照全部面积每亩扣除。	50	/			
第四季度　月　日	15	适时收种及质量	若耕作制度及质量依据区、镇二级农业要求，凡是达不到要求的，按照全部面积扣除。	20				
	16	茬口安排	不按照二麦、绿肥、深翻“三三制”茬口安排种植的。	50				
	17	外围沟系清理	外围沟做到横直、光洁、无杂草、无杂物，沟底无淤泥，不按标准做到的，按照全部经营面积每亩扣除。	20				
	18	理财记账	无经营记录的，按照全部经营面积每亩扣20元，记账不全、账目不清晰的，按照全部经营面积每亩扣10元。	10-20				
	19	粮食交售	不遵守预约交售（某卡）制度，造成交售秩序混乱、或者哄闹的，不停劝阻，给正常售粮秩序造成影响的，按照全部经营面积扣。	50				
合计								

图 3－8　调研照片资料：上海市松江区泖港镇 2016 年家庭农场奖励（扣款）考核事项

户家庭农场,占全区粮田面积的 95%,户均经营面积 143.3 亩,水稻亩产 585 公斤,家庭农场户均收入 2016 年达到 12 万元左右。相比其他地区的家庭农场,松江区的家庭农场主"幸运"了很多。一方面,农业补贴很大程度上降低了其生产成本,弥补了土地流转的租金,此外,完善的农业社会化服务体系让家庭农场主"种田不觉得累"。另一方面,松江区家庭农场水稻统一收购价为 1.55 元/斤,部分家庭农场创建了自己的品牌,采用预定方式出卖大米,售价可达 6~10 元/斤。从成本与收益两方面,松江区的家庭农场模式都显现了制度的红利。松江模式展示了发达地区以家庭为农业经营单位的实践,也展示了政府在农地流转中应该如何合理发挥其职能。

(2)农地流转方式

《中华人民共和国农村土地承包法》中提及的流转方式有:转包、出租、互换、转让①。随着各地农地流转实践的不断发展,逐渐出现了土地股份合作社、土地信托、土地银行、家庭农场等新的流转方式。笔者认为不同的农地流转方式其实表达了交易主体之间的产权关系、契约关系、组织关系的差异。根据研究区域的实际,笔者将其归纳为:租赁、入股、代耕和其他(包括信托、联营等)四个类型。

研究区域农地流转的方式见表 3-8。从农业经营主体来看,各类型的农业经营主体的流转方式皆以出租为主,占比最低为传统农户,为 78.26%,占比最高为家庭农场,达到 94.91%。土地入股的流转方式在各农业经营主体的应用最低,仅仅一户家庭农场采取了入股流转的方式。代耕、其他经营方式(调查中涉及信托、合作经营等)在各农业经营主体的应用也不普遍,二者在传统农户中的应用比例较其他经营主体略高。从样本区域来看,中部地区流转方式占比由高到低分别是出租(74.60%)、其他(19.05%)、代耕(5.82%)、

---

①　《中华人民共和国农村土地承包法》第三十二条:通过家庭承包取得的土地承包经营权可以依法采取转包、出租、互换、转让或者其他方式流转。

入股(0.53%)。东部地区流转方式占比出租最高为97.42%、其他方式为2.60%，入股和代耕的比例为0%。由此可见，出租是目前占据了绝对主导的流转方式，出租的形式比较多样，如实物租金(稻谷)、浮动租金(根据粮食价格调整)、稳定型租金(合同期内价格不变)、上涨型租金(合同期内价格逐渐上涨)等。代耕作为较为传统(通常是免租金或者较低的"亲情价")的流转方式慢慢被市场竞争所淘汰。入股流转方式因为操作困难和风险不可控也应用困难。笔者实地调查了若干媒体宣传的"土地股份合作社"，发现其运营实质仍是出租形式(见下案例3-4)。笔者也调查了一些新兴的如土地信托、技术入股等流转方式，但数量较少，推广较难(见下案例3-3)。

表3-8   农地流转方式情况

		中部地区				东部地区				总体样本			
		出租	入股	代耕	其他	出租	入股	代耕	其他	出租	入股	代耕	其他
传统农户	户	80	0	6	24	28	0	0	0	108	0	6	24
	%	72.73	0.00	5.45	21.82	100.00	0.00	0.00	0.00	78.26	0.00	4.35	17.39
种田大户	户	18	0	2	7	40	0	0	1	58	0	2	8
	%	66.67	0.00	7.40	25.93	97.56	0.00	0.00	2.44	85.30	0.00	2.94	11.76
家庭农场	户	36	1	2	4	169	0	0	4	205	1	2	8
	%	83.72	2.33	4.65	9.30	97.69	0.00	0.00	2.31	94.91	0.46	0.93	3.70
资本农场	户	7	0	1	1	25	0	0	2	32	0	0	4
	%	77.78	0.00	11.11	11.11	92.59	0.00	0.00	7.41	88.89	0.00	0.00	11.11

Liu(2018)指出在2013年，东部地区的股份合作形式发展很快，已超过10%，中、西部地区股份合作占比也达到6.11%和3.81%。而笔者调查中发现在一些东部发达地区实行了"入股分红"，但分红的来源是集体建设用地租赁而非农地(见图3-9)。所以目前真正意义上的农地"土地银行""土地入股"和"土地信托"等仍凤毛麟角。

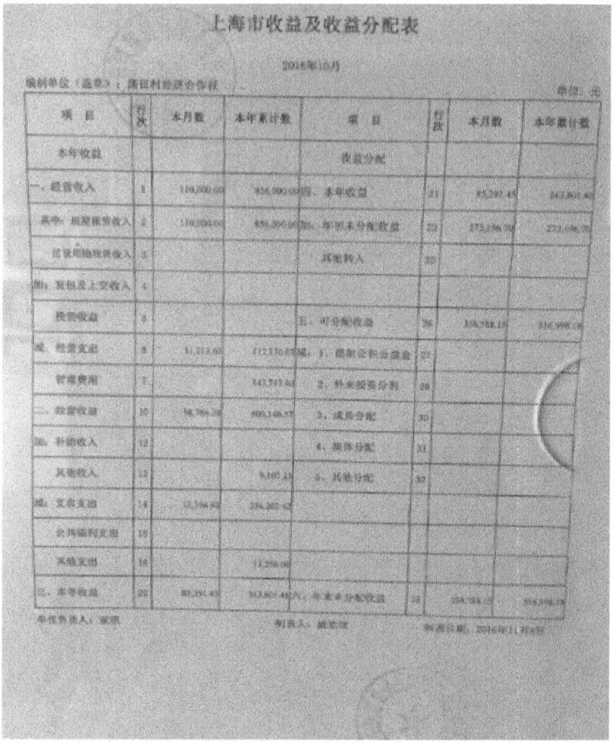

图 3-9　调研照片资料:上海市金山区荡田村土地收益分配

案例 3-3　"宿州模式"——中国首单农地经营权流转信托计划

宿州市是农业大市,2013 年中信信托有限责任公司与宿州市埇桥区政府合作,设立了中国首单农村土地承包经营权流转信托计划,引发业界广泛关注。笔者也对"宿州模式"展开了实地调研。

事实上,宿州埇桥区塔桥、朱庙两个行政村 5 400 亩的土地经营权在委托给中信信托公司之前,早在 2011 年即作为宿州市、埇桥区两级政府招商引资的重点项目流转给了安徽帝元农业公司。此次流转由政府牵头,400 多户农民将农地经营权集中委托给村委会,再逐级委托至镇政府、区政府,最终委托给帝元农业公司开发经营,租金为 1 000 斤麦子/亩(当时折合 1 000～1 100元/亩),流转期限为 20 年。帝元农业允诺如此高的租金,看中的是埇桥区作为国家批准的 24 个农村改革试验区、全国首批 52 个国家现代农业示范区之一的身份和随之带来的政策红利。

帝元公司拟在流转土地上建设"帝元现代农业循环经济园",计划投资 10.5 亿元,流转土地 2.6 万亩,已流转的 5 400 亩只是第一期。但 10 亿资金对帝元公司过于庞大,且当时农村集体用地经营权尚不能作为银行贷款抵押物,加之农业投资风险大、投资期长,他们的运营遇到了困难。

为了解决资金问题,在 2013 年,土地经营权被重新委托给中信信托公司,由其设计相关理财产品,变身为"金融产品"。而帝元公司则成为中信公司的服务商和项目运营商,仍继续完成现代农业循环经济产业示范园的建设。示范园运营的收益分配如下:对于示范园的运营收益,帝元公司自营部分直接收取回报,而招商部分则作为服务商收取中信信托 50 元/(亩·年)的管理费。对于示范园的土地收益,中信信托和埇桥区政府按照三七分成,埇桥区政府再将土地收益全部分配给农民。所以对于村民,将转变传统固定租金为"基准收益＋浮动收益"的方式,不仅保证每年每亩 1 000 斤麦子的地租,还可参与土地增值收益的分配。

但根据调查,自信托项目签订以来,除了蔬菜大棚和种植项目正在开展外,畜禽养殖、农产品深加工、生物质能源等项目均未实施,项目因为手续不完善而无法融资落地。目前示范园的运转主要依靠帝元公司自有资金以及政府补贴,帝元公司负责人告诉笔者,示范园成立至今帝元投资已近 1 亿元,但还没有利润,公司只能继续追加投资。除了公司的投入,当地政府自 2011 年起也提供了相应的补贴,首先承担了 40% 的土地租金,其次发放农业补贴近 4 000 万元。

所以在笔者调查时,由于项目仍未赢利,农民也没有享受到任何分红。对于农民来说,土地流转的方式仍是租赁,他们并不知道自己还有"70% 的收益权"。什么是土地信托,村民们搞不太清,也并不关心,他们更关注的是究竟能拿到多少钱。

不仅如此,帝元公司与当地农民还存在不少矛盾,帝元公司向笔者表达了对当地农户的一些不满。比如聘请当地农民作为工人时,因为季节性用工按天结算,所以当地的农民故意拖延工作,以期获得更多的工资,同时他们还反映收割时被当地农户阻挠等。从"宿州模式"的案例可见,土地信托由于土地管理和农业经营的种种限制,并没有想象中的顺利。

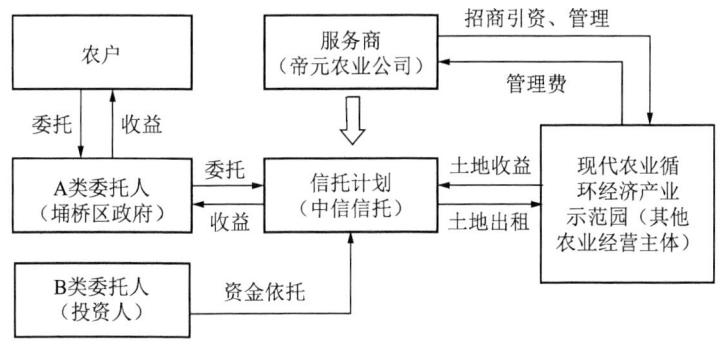

图3-10 "宿州模式"示意图①

案例3-4 安徽省合肥市新民土地股份合作社

新民土地股份合作社位于合肥市肥西县官亭镇新民社区,是安徽省首家同时也是全国第一家通过工商注册的土地股份合作社。该土地股份合作社成立的背景是新民村2012年开展了整村推进和土地整理项目,经过整理后该村地税面积由原4 400亩增至10 400亩,一方面整理后无法按照原有的田块进行确证、确权、确地,同时新建的新民社区位置也远离耕地,村民耕作十分不便。为此,新民社区借鉴外地"确权不确地"的经验,借着"东风"(2014年安徽工商和农委发布《关于推行农村新型股份合作社登记的实施意见》)率先成立了土地股份合作社。

---

① 农户与村委会签订《农村土地承包经营权委托转包合同》,再由村委会与朱仙庄镇政府签订《委托管理协议》,之后镇政府与埇桥区政府签订《委托管理协议》,最后由埇桥区政府出面作为信托财产的A类委托人与作为受托人的中信信托签订为期12年的"农村土地承包经营权集合信托计划信托合同",并向埇桥区农村土地流通部门办理信托登记备案。

新民土地股份合作社的运营方式为:农民将土地入股合作社,合作社对外出租,"外租内股"的模式,合作社与企业签订合同,农户参与分红。负责人介绍新民合作社经过工商注册后,是一个合法、有营业执照的组织,更有利于招商引资。此外,新民合作社实行保底分红,即农民不承担经营风险,在保证租金的情况下根据企业效益再进行分红。

图 3-11 调研照片资料:新民社区规划图

经过整理后,新民社区的耕地地理位置和土地条件较为优越,已吸引了多家园林苗木企业,如安徽三江园林苗木公司、金新农林苗木公司、安徽万利生态园林景观公司等。合作社与这些企业签订了合同,约定550元/亩的年租金,租金每三年上涨7%,再根据企业经营情况分红。笔者访谈了万利生态园林景观公司和三江园林苗木公司的负责人,因为苗木公司前期投入较高,树苗仍未成熟售出,所以暂未有收益,农民目前也只有租金并不能

享有分红。两位公司的负责人对"入股分红"并不支持,称若农户参与分红则应该同样承担风险,而他们深知农民并不会愿意承担风险,所以他们并不看好该形式。经调查,首个安徽的土地股份合作社目前也仍以租赁方式运行,并未能实现真的入股。

图 3-12 调研照片资料:新民社区和社区内农业企业

（3）农地流转价格

农地流转价格是众多学者研究的热点,其形成机制、影响因素被广泛讨论(黄祖辉和王朋,2008;申云等,2012;田先红等,2013)。此处笔者将关注研究区域不同农业经营主体、不同区域的农地流转价格特点及差异。

研究区域的农地流转价格见表 3 - 9。从农业经营主体来看,平均流转价格从高到低依次是种田大户(1 115.88 元/亩)>家庭农场(929.50 元/亩)>资本农场(825.00 元/亩)>传统农户(804.01 元/亩);从作物种类来看,经营经混作物的主体流转契约价格显著高于经营大田作物的主体;从样本区域来看,东部地区的流转价格明显高于中部地区。目前农地流转价格平均值为910.16 元/亩,其中中部地区为 601.56 元/亩,东部地区为 1 124.34 元/亩,大田作物为 698.29 元/亩,经混作物为 1 122.03 元/亩。笔者调查结果与土地流转信息平台公布的 2016 年全国土地流转平均价格大致相符①。由此可见,总体上农地流转价格逐渐提高,发达地区的"地租"更高,经混作物的契约价格也显著高于大田作物。不断走高的土地租金抬高了农业经营主体的生产成本,一定程度上促使各类经营主体"非粮化"发展。

表 3 - 9　农地流转价格情况　　　　　　　　　　　单位:元/亩

	中部地区			东部地区			总体样本		
	大田	经混	小计	大田	经混	小计	大田	经混	合计
传统农户	586.24	664.95	632.75	700.00	1 787.50	1 476.79	603.42	929.08	804.01
种田大户	505.27	654.29	588.72	713.33	1 561.43	1 437.32	578.71	1 302.24	1 115.88
家庭农场	511.94	554.55	523.10	819.27	1 357.01	1 028.74	749.22	1 243.85	929.50
资本农场	625.00	600.00	572.22	753.85	1 021.43	892.59	704.76	963.33	825.00

（4）农地流转是否需要政府审批

不少文献注意到政府管制对农地流转的影响。叶剑平等(2000)发现,33%的农户认为其通过村委会备案即可转包或者出租承包土地;赵阳(2007)

---

① 2017 年,土地流转的方式和价格出来了[OL],http://www.tdzyw.com/2017/0707/43786.html.

发现,30％的农户认为"应该经村集体同意"方可流转土地;洪名勇(2009)发现,仅有8％的农户在承租时需要征求村委会的同意。部分学者指出这种管制限制了农地流转,使得让渡权(交易权)不完整,交易价格不能真正反映农地资源稀缺程度影响(张红宇,2002;钱忠好,2002;赵阳,2007)。本书在此也梳理了研究区域农地流转的政府管制情况。

研究区域的农地流转是否需要上级政府审批[①]的情况见表3－10。从农业经营主体来看,资本农场进行农地流转需要政府审批的比例最高,为47.22％,而家庭农场最低,为29.63％,种田大户需要政府审批的比例略高于传统农户;从样本区域来看,整体区域需要政府审批的比例为33.62％,其中东部地区为31.22％,略低于中部地区的37.03％。由此看出,目前农地流转的市场自由度较高,大多农地流转交易后在当地村集体进行登记备案即可,无须再经上级政府审批同意。

表3－10　农地流转政府审批情况

		中部地区		东部地区		总体样本	
		是	否	是	否	是	否
传统农户	户	42	68	6	22	48	90
	％	38.18	61.82	21.43	78.57	34.78	65.22
种田大户	户	11	16	14	27	25	43
	％	40.74	59.26	34.15	65.85	36.76	63.24
家庭农场	户	13	30	51	122	64	152
	％	30.23	69.77	29.48	70.52	29.63	70.37
资本农场	户	4	5	13	14	17	19
	％	44.44	55.56	48.15	51.85	47.22	52.78

3.3.3　农地流转的稳定性分析

发展经济学文献关注的较多是产权稳定性对农户投资,特别是长期投资的影响(Besley,1995;Feder & Onchan,1987)。而农地流转是农业经营主体

---

① 是指承包户和农户之间签订协议是否需要经过上级政府审批通过,才可以进行交易。

通过正式合约或者关系型契约(口头协议)等方式获得让渡的农地经营权,契约的稳定性表征的是产权的稳定性。学者研究表明农地流转的契约稳定性可以降低双方的交易成本、保障双方利益,有助于农地流转效率提升(胡新艳等,2015)。下文用农地流转的合同类型、合同期限来表达其契约交易的稳定性。

(1) 农地流转的合同类型

农地流转作为一种典型交易行为,其合同选择也受到了许多学者的关注。钟涨宝和汪萍(2003)对浙江和湖北的研究表明,79.17%的流转契约为口头契约;叶剑平等在 2005 年的调查发现 86%的转出户未签订书面合同,在2011 年的调查发现仍仅有 32.76%的农地流转签订了书面合同,其中不足 5%的书面合同通过政府中介机构完成(叶剑平等,2006;2013);2014 年农业部公布全国农地流转签订书面合同的比例达 60%。

笔者结合以往的研究,按照合同的正式程度(书面、口头)和拟定合同的主体分为了 4 个类型,研究区域农地流转合同类型的情况见表 3 - 11。从农业经营主体来看,传统农户和种田大户的合同类型以"农户拟定的书面合同""口头协议"为主。家庭农场和资本农场以"村集体拟定的书面合同"为最主要的合同类型,占比分别是 42.60%、52.78%,"口头协议"在家庭农场和资本农场间仍占据一定的比例,分别为 19.44%和 5.56%。从样本区域来看,整体上各类合同占比由高到低依次是"农户之间拟定的书面合同(38.86%)""村集体拟定的书面合同(29.48%)""口头协议(24.23%)""农业公司拟定的书面合同(7.42%)"。

中部地区和东部地区在合同类型上存在一定差异,东部地区"村集体拟定的书面合同"在四种类型中比例最高,为 48.33%,而中部地区"农户之间拟定的书面合同"在四种合同类型中比例最高,为 55.03%。由此可见,目前研究区域的农地流转的合同逐渐规范化,口头协议的比例逐渐降低,而东部地区相比中部地区村集体拟定的书面合同成为主流。

与农业部 2014 年公布的数据对比来看,本书研究区域的书面合同比例已达 75.77%,高出其 15.77%。政府主导下村集体拟定的书面合同也占据了相当比例,政府对农地流转契约管理日渐加强,强调流转过程的规范化。

表 3-11　农地流转合同类型情况

		中部地区				东部地区				总体样本			
		类Ⅰ	类Ⅱ	类Ⅲ	类Ⅳ	类Ⅰ	类Ⅱ	类Ⅲ	类Ⅳ	类Ⅰ	类Ⅱ	类Ⅲ	类Ⅳ
传统农户	户	36	66	6	2	10	6	7	5	46	72	13	7
	%	32.73	60.00	5.45	1.82	35.71	21.43	25.00	17.86	33.33	52.18	9.42	5.07
种田大户	户	11	11	4	1	10	15	0	16	21	26	4	17
	%	40.74	40.74	14.81	3.71	24.39	36.59	0.00	39.02	30.88	38.24	5.88	25.00
家庭农场	户	11	21	10	1	31	47	4	91	42	68	14	92
	%	25.58	48.84	23.26	2.32	17.92	27.17	2.31	52.60	19.44	31.48	6.48	42.60
资本农场	户	0	6	2	1	2	6	1	18	2	12	3	19
	%	0	66.67	22.22	11.11	7.41	22.22	3.70	66.67	5.56	33.33	8.33	52.78

注:合同类型:类Ⅰ.口头协议;类Ⅱ.农户拟定的书面合同;类Ⅲ.农业公司拟定的书面合同;类Ⅳ.村集体拟定的书面合同。

(2) 农地流转的合同期限

合约期限是农地流转稳定性的重要表征之一,学界也对此十分关注。张照新(2002)研究发现,农地流转中近半数未约定期限,而约定期限中一年期的最多,为 44.1%。叶剑平和田晨光(2013)在 2011 年 17 省的调查发现,仍有半数农地流转未约定固定期限,承包期限的中位数是 10 年。

为了方便分析,笔者将农地流转的期限划分为三个类别:没有约定固定期限、短期(5 年及以下)、长期(5 年以上),结果见表 3-12。从农业经营主体来看,传统农户的契约以长期为主,达到 52.17%,而种田大户和家庭农场的契约以短期为主,资本农场的短期和长期的比例各占 50.00%;从样本区域来看,整体上占比"短期">"长期">"无固定时间",其中中部地区以长期流转为主,长期比例为 46.56%,东部地区以短期为主,短期比例为 73.60%。

由此可见,农地流转的期限在 5 年以内的居多,而东部地区的契约时间显著短于中部地区。根据调查,农户在约定契约期限时通常以 3～5 年为期,合同到期后会根据市场情况调整土地租金,双方再续签或者结束合同关系。调查发现,一方面,非正式的合约(无固定时间)的比例大大减少,另一方面,长期合同的比例大大提高。然而"长期合同"对于农业经营主体是把"双刃剑",一些地方将超长期的土地租赁作为招商引资的"卖点",以期获得农业经营主体的青睐,带来稳定的农地流转关系。然而,也有一些农业经营主体因市场或其他原因经营不善,"长期合同"成了捆绑其必须支付租金的枷锁。不少农业经营主体由于亏损、无力种植,但也无法退租,只能被迫选择抛荒(图 3 - 13)。

表 3 - 12　农地流转期限情况

		中部地区			东部地区			总体样本		
		不固定	短期	长期	不固定	短期	长期	不固定	短期	长期
传统农户	户	4	42	64	1	19	8	5	61	72
	%	3.64	38.18	58.18	3.57	67.86	28.57	3.63	44.2	52.17
种田大户	户	7	12	8	0	24	17	7	36	25
	%	25.93	44.44	29.63	0.00	58.54	41.46	10.30	52.94	36.76
家庭农场	户	5	27	11	3	141	29	8	168	40
	%	11.63	62.79	25.58	1.74	81.50	16.76	3.70	77.78	18.52
资本农场	户	0	4	5	0	14	13	0	18	18
	%	0.00	44.44	55.56	0.00	51.85	48.15	0.00	50.00	50.00
合计	户	16	85	88	4	198	67	20	283	155
	%	8.47	44.97	46.56	1.49	73.60	24.91	4.37	61.79	33.84

图 3 - 13　调研照片资料:位于道路左侧已流转的土地被抛荒的场景

3.3.4 农地流转的交易成本分析

学者对农地流转中的交易成本问题有所关注,邓大才(2007)指出对于中国承包地流转来说交易成本主要是农户之间的、国家制度安排诱致的,或村庄介入导致的。何郑涛等(2015)表明对家庭农场而言,交易成本包括搜寻成本、信息成本、议价成本、决策成本、监督成本及违约成本。然而目前学者对农地流转中交易成本的定量测度较少。笔者在调查问卷中设计了两个问题:一是农地流转过程中是否有中介参与,中介是否收费;二是农地流转的时间(交易实现所需花费的时间),即用农地流转花费的中介费用、时间来表征其交易成本。

(1)农地流转中是否有中介

农地流转中是否有中介情况见表 3 - 13。从农业经营主体来看,传统农户、种田大户和家庭农场的农地流转大多未有中介,而 50.00% 的资本农场通过中介进行流转;从样本区域来看,整体农地流转不通过中介的比例较高,为 62.45%,中部地区与东部地区差异不大,二者皆是不通过中介的比例较高,分别为 63.49%、61.71%。可以看出,目前农地流转中介介入较少。但在笔者调查中,村集体往往担当起"中介"的角色。除了村集体之外,还有部分农户个人作为中介人,若流转双方最终达成了协议,"中介人"可获得转入方一次性每亩 50 元左右的谢金。

表 3 - 13　农地流转中介情况

		中部地区		东部地区		总体样本	
		是	否	是	否	是	否
传统农户	户	48	62	5	23	53	85
	%	43.64	56.36	17.86	82.14	38.41	61.59
种田大户	户	8	19	12	29	20	48
	%	29.62	70.38	29.27	70.73	29.41	70.59
家庭农场	户	9	34	72	101	81	135
	%	20.93	79.07	41.62	58.38	37.50	62.50

		中部地区		东部地区		总体样本	
		是	否	是	否	是	否
资本农场	户	4	5	14	13	18	18
	%	44.44	55.56	51.85	48.15	50.00	50.00
合计	户	69	120	103	166	172	286
	%	36.51	63.49	38.29	61.71	37.55	62.45

（2）完成一次农地流转花费的时间

为了方便分析，本书将完成一次农地流转所需要花费的时间分为三个类别：三个月内、三个月至六个月、六个月以上，结果见表 3-14。从农业经营主体来看，所有主体农地流转花费的时间大部分集中在三个月内，仅有少量主体交易时间在六个月以上，其中资本农场相对其他主体花费时间较多，花费时间六个月以上占资本农场数的 8.33%；从样本区域来看，整体上农地流转花费时间集中在三个月内，占全部主体的 95.20%，中部地区和东部地区差异不大。由此看出，农业经营主体花费在寻找流转对象上的时间和费用较少，尤其在本村内，通常是"打个招呼"即可进行流转。研究区域农地流转早已兴起并被老百姓熟知，所以承包大户并不需要对农户做过多的解释，一般只需租金合适便可较快达成共识。

表 3-14　农地流转过程所需时间

		中部地区			东部地区			总体样本		
		三个月以内	三至六个月	六个月以上	三个月以内	三至六个月	六个月以上	三个月以内	三至六个月	六个月以上
传统农户	户	107	2	1	26	1	1	133	3	2
	%	97.27	1.82	0.91	92.86	3.57	3.57	96.38	2.17	1.45
种田大户	户	23	3	1	39	1	1	62	4	2
	%	85.19	11.11	3.70	95.12	2.44	2.44	91.18	5.88	2.94
家庭农场	户	41	1	1	168	2	3	209	3	4
	%	95.35	2.33	2.33	97.11	1.16	1.73	96.76	1.39	1.85

续　表

		中部地区			东部地区			总体样本		
		三个月以内	三至六个月	六个月以上	三个月以内	三至六个月	六个月以上	三个月以内	三至六个月	六个月以上
资本农场	户	8	0	1	24	1	2	32	1	3
	%	88.89	0	11.11	88.89	3.70	7.41	88.89	2.78	8.33
合计	户	179	6	4	257	5	7	436	11	11
	%	94.71	3.17	2.12	95.54	1.86	2.60	95.20	2.40	2.40

通过是否有中介、完成交易花费的时间两个问题可观察农地流转契约缔结中的交易成本,然而契约缔结完成后,执行阶段的交易成本也左右了农地流转中各主体行为。为了降低契约缔结后的农地流转交易成本,村集体有时会主动搜寻实力较强的规模经营主体,从而降低小农经营不善的风险,同时也减少谈判的次数。

> 村里面担心直接发包给农户有风险,比如农户经营不善,尤其是外地农户经营不善,跑掉了,希望直接和公司进行签约。因为农民经济能力低,要卖掉粮食才能有钱交租金。农地流转给村里面带来了很大的压力,各个方面,大大小小的事情太多。村民在农地流转中一旦遇到问题就过来找村里,村里的干部从年头忙到年尾,工作还不尽如人意。没有流转前大家的精力很好,工作效率高,可以把村民服务得很满意。(新陶村鲁书记)

另外,村集体也具有降低交易成本的作用。对于农业经营主体,尤其是如家庭农场、资本农场此类规模经营主体,他们更希望可以和村集体打交道,而不是分散的农户。在缔结契约时,可以通过村集体的游说和动员,取得那些不愿意流转的农户的土地;在缔结契约之后,也可以通过村集体约束农户,从而更方便、更自由地利用农地。对于农户,村集体则履行"担保责任",如若农业经营主体经营不善交不起租金,或者破坏了耕地,农户都可以找村集体"要说法"。而对村集体"担保责任"的要求又促使其去寻找有经济实力的规模农业经营主体。

村集体在大规模农地流转中做协调工作,例如:种植大户需要从本村农户养殖水塘抽水种植,村集体会出面协调种植大户与本村农户之间的利益关系,或种植大户继续抽水并给予本村农户一定补偿,或村集体寻找合适的水源供种植大户抽水;种植大户一般在元月 15 号之前缴纳承包金,但有时种植大户情况困难,会延迟两到三个月缴纳承包金,村集体负责向农户解释。(山河村书记)

目前我们村大规模经营的主体生产经营状况都比较好,集中流转的土地有利于基础设施建设,这些大规模的企业和农场,可以为本村增加人气,也可以为本村的特困户提供帮助。村里面支持流转的人主要是在外务工的或者见过世面的,而不支持流转的是 55 岁以上的年纪较大的人,对于不愿意流转的村民,我们村委主要就是做思想工作,找亲戚朋友子女对其进行劝说。村里发生过几起纠纷,比如因经营不善给不起租金与村民产生纠纷,还有一起是种植树木三年未给租金,通过村委的调节以及村民的上诉,最终承包方愿意支付一年的租金使得这起纠纷得以解决。还有一个是改变土地性质,村民要求补偿,但另一方觉得补偿金不合理,村民上诉了,现在这个纠纷还未解决。(东八村书记)

村集体最看重的因素还是大户是不是有足够的实力经营土地,人品如何,是不是能及时交租金,不破坏土地性质,最希望流转给上述因素都具备的大户。未来农地流转的工作村里会实行产权制度改革,土地所有权、承包权、经营权细化上网,使之明确、透明化,要做到平台加土地结

合,把土地信息挂在网上,吸引社会上有先进技术和先进经验的人来村里种植土地。(沈弄村书记)

3.3.5 农地流转的社会资本分析

社会资本的作用主要体现在资源配置和形成非正式制度方面,它能够有效地弥补市场缺陷(Bowles et al.,2010)。Bourdieu(1986)认为社会资本是社会网络成员或群体拥有的实际和潜在的资源总和。Putnam 等(1994)认为"社会资本是能够通过协调的行动来提高经济效率的网络、信任和规范"。Coleman(1988)认为社会资本是个人以社会结构资源为特征的社会资产。目前社会资本的度量尚未形成统一的标准,本书认为不能一味套用西方关系社会网络的度量方式,而应更确切地反映出目前中国农地流转实践中的社会联系。目前,村集体对农地流转的推动作用日益增强,能否调动资源获得涉农的奖励和补贴也一定程度上反映了其社会关系强弱。因此,本书采用家庭是否有村干部、是否获取了农地流转的补贴或者奖励来测量其社会资本。

(1) 家庭是否有村干部

研究区域农户家中是否有村干部的情况见表 3-15。从农业经营主体来看,家中有村干部的比例由高到低分别是种田大户、传统农户、资本农场和家庭农场;从样本区域来看,整体家中有村干部的比例为 7.46%,中部地区(9.22%)略高于东部地区(5.19%)。

由此可见,农户家中有村干部的比例不高,且结果显示具有较大经营规模的家庭农场、资本农场中有村干部的比例并不比传统农户和种田大户的比例高,这表明家庭中有村干部并不是"承包更多土地"的充要条件。但是,村干部在农地流转中的作用也不容小觑,如在案例 3-2 松江区家庭农场的竞选时,有村干部的家庭会有更高的社会威望,在竞选中有一定的优势。在峨山镇千军村的调查中,被访人也称流转大户鲁老板"会做人",与村书记联系紧密。

表 3 - 15　农户家庭是否有村干部情况

		中部地区		东部地区		总体样本	
		是	否	是	否	是	否
传统农户	户	21	204	1	28	22	232
	％	9.33	90.67	3.45	96.55	8.66	91.34
种田大户	户	9	45	1	40	10	85
	％	16.67	83.33	2.44	97.56	10.53	89.47
家庭农场	户	1	58	11	162	12	220
	％	1.69	98.31	6.36	93.64	5.17	94.83
资本农场	户	1	8	1	26	2	34
	％	11.11	88.89	3.70	96.30	5.56	94.44
合计	户	32	315	14	256	46	571
	％	9.22	90.78	5.19	94.81	7.46	92.54

（2）政府是否给予了鼓励和补贴

表 3 - 16 反映了研究区域农业经营主体转入土地后获得奖励的情况。从农业经营主体来看,资本农场获得奖励的比例最高,达到 50％,其次为种田大户、家庭农场,最低为传统农户;从样本区域来看,整体转入户获得奖励的比例为 30.75％,其中中部地区为 41.18％,高于东部地区的 27.38％。在案例 3 - 1 至 3 - 4 中,政府的奖励和补贴起到了不同的作用,有时可督促家庭农场更好的经营,有时成了政府招商引资的优惠条件。这些奖励和补贴通常需要达到一定的规模条件才可申报,无形中提高了农业经营主体获得奖励的门槛,"二包户"等现象又导致奖励和补贴不能真正到种田人的手中。简而言之,政府对规模经营主体的支持力度高于小农经营者,存在补贴归属和分配不合理现象。

事实上,农地流转后的补贴归属和分配非常值得关注,不仅是政界、学界,也是农业经营主体非常关心的话题。2014 年中央 1 号文件明确提出新增加的农业补贴要向专业大户、家庭农场、农业合作社倾斜,然而在现实的农地流转中,农业补贴的归属通常差异很大,比如部分地区农户的粮食直补由原集体成员所有,另一部分地区由转入土地的农业经营主体所有。又比如土地租金较高的区域,农业补贴又作为"补偿"归转入土地的农业经营主体所有。综上,农业补贴对于不同类型的农业经营主体的作用到底是什么?作用有多大?这些问题都值得我们进一步深思。

表 3 - 16　农地流转政府奖励情况

		中部地区		东部地区		总体样本	
		是	否	是	否	是	否
传统农户	户	8	10	2	20	10	30
	%	44.44	55.56	9.09	90.91	12.50	87.50
种田大户	户	7	8	12	29	19	37
	%	46.67	53.33	29.27	70.73	43.48	56.52
家庭农场	户	14	29	46	127	60	156
	%	32.56	67.44	26.59	73.41	27.84	72.16
资本农场	户	6	3	12	15	18	18
	%	66.67	33.33	44.44	55.56	50.00	50.00
合计	户	35	50	72	191	107	241
	%	41.18	58.82	27.38	72.62	30.75	69.25

注:只统计转入户获得的与农地流转直接相关的奖励。

3.3.6　农地流转市场特征分析

与"中国农地使用权市场初步形成,但是发育缓慢,农地交易价格未充分显化,不正式的农地流转多"(叶剑平,2006)的特点相比,目前研究区域的农地流转已发生了显著的变化,表现为以下几个方面。

(1)农地流转市场逐渐健全,并迅速扩张,形成多元农业经营主体参与的新格局。

首先,参与流转的农户比例大大提高,且流转比例和面积都显著提高,农地流转市场已从"初步形成"到如今的"迅速扩张"。其次,与过去依靠小农从事农业生产活动的经营方式不同,传统农户、种田大户、家庭农场和资本农场等参与到农地流转中,形成了多元农业经营主体参与的新格局。其中,规模经营主体不断壮大,表现在其流转规模和范围不断扩张。调研中很多村落"外地工商资本包地"成为主导,所包土地占到村里总量的80%以上。因此,在鼓励和扶持新型农业经营主体时,对快速扩张的资本型农业仍需谨慎。

(2) 基于人情网络的农地流转方式弱化,农地交易价格显化,契约规范性逐渐增强。

在"亲属熟人"间、以"代耕"为主要方式的、具有"口头协议""无偿"和"无固定期限"等特点的基于人情网络的农地流转已弱化,农地流转市场化程度显著提高。"有偿租赁"是最被广泛采纳的农地流转方式,农地流转的交易价格也逐渐攀升,东部地区的租赁价格高值达"5 000元/亩"。正式"书面契约"成为首选,尤其在政府主导的农地流转中契约交易的规范性逐渐增强。虽然农地流转市场化程度不断提高,但社会资本也仍发挥着重要作用。

(3) 涉农项目、补贴成流转"助推器"和"调节器",集体主导型流转逐渐增多。

"高标准基本农田建设""增减挂钩""土地综合整治""整村推进新农村建设"等项目成了农地流转的契机:一方面,经过整理后农业基础条件大大改善,更适宜开展土地规模化经营,实现农业科技化、机械化、精细化生产;另一方面,方便动员施工区全体农户参与农地流转,也同时解决了施工完毕的土地权属问题。因此,涉农项目成了农地流转的"助推器",项目实施后村民将土地委托给村集体,再由村集体对外发包的做法已非常普遍。在集体主导型流转中,村集体具有"招商引资""中介桥梁""担保保证""沟通协调"等多重功能。在一定程度上集体主导的农地流转降低了交易费用,使农地流转契约更稳定,但如一些学者所担忧,农户失去了自主选择权(吴一恒等,2018)。尤其,一些村集体为了转移管理成本和责任,往往选择一个实力强劲的农业经营主体作为代理人,互惠条件则是国家的农业补贴。

(4) 农地流转市场的区域差异仍显著。

调查结果表明,东部地区和中部地区的经济发展水平存在梯度差异,自然区位条件也不尽相同,因此导致了地区间在农地流转规模、速度、流转方式、流转聚集程度等方面都存在差异。例如,东部地区的交易价格显著高于中部地区,但交易的平均规模却低于中部地区;东部地区集体主导的农地流转和需要政府审批的比例皆高于中部地区;东部地区的"村集体拟定的书面合同"比例最高,合同期限以短期为主,而中部地区以长期为主。总体来说,东部地区的土地市场发育相对更成熟一些,表现在更活跃的土地交易和更规范的交易过程。

3.4　本章小结

本章分析了研究区域农业经营主体分化和农地流转市场的情况,其核心是展示农业经营主体的本底特征和农地流转的外界环境特征及差异,为第四章分析多元农业经营主体的农地利用行为响应提供基础。本章结论如下:

(1)在调查的 617 户农业经营主体中,东部地区按照不同农业经营主体的数量由多到少依次为:家庭农场、种田大户、传统农户、资本农场;中部地区按照不同农业经营主体的数量由多到少依次为:传统农户、家庭农场、种田大户、资本农场。此外,东部地区从事经混作物的比例较之中部地区更高。

(2)不同农业经营主体的家庭特征存在明显差异,表现在规模经营主体的户主年龄较低,受教育水平、专业化水平更高。此外,东部地区的农业经营主体的收入水平均高于同类中部地区的农业经营主体。

(3)本章从农地流转的规模范围、市场化程度、稳定性、交易成本和社会资本五个方面考察了研究区域的农地流转市场:

① 研究区域的农地流转规模和范围在"三权分置"时期有了迅速的扩张。从规模来看,中部地区略大于东部地区,规模经营主体的流转面积显著扩张;从地缘关系来看,农地流转不再是"村内部的交易",东部地区农地流转对象

的外村占比已经超过了本村。

② 研究区域的农地流转市场化程度提高。在组织方式上,政府主导的农地流转与农户自发的农地流转已经势均力敌,政府在农户自发流转时处于休眠状态,而在"三权分置"时期却发挥了重要的作用。在流转方式上,"有偿租赁"是最被广泛采纳的方式,农地流转的交易价格逐渐攀升,发达地区的"地租"更高,"入股""信托"等方式并不普遍。

③ 研究区域的农地流转稳定性增强。农地流转的合同逐渐规范化,口头协议的比例逐渐降低,东部地区相比中部地区村集体拟定的书面合同成了主流,占比为 48.33％。非正式和无固定时间合约的比例大大减少,研究区域农地流转契约期限通常是 3~5 年,长期合同的比例也大大提高。

④ 研究区域农地流转通过中介进行的比例是 37.55％。村集体担当起"中介"的角色,在流转中具有一定降低交易成本的作用。农地流转交易的时间多在三个月内,达成租金等共识后即可流转,尤其村内部成员间的交易更为迅速。

⑤ 研究区域农地流转家庭中有村干部的比例并不高,家中有村干部并不是"承包更多土地"的充要条件。资本农场获得农地流转奖励的比例最高,达到 50.00％,政府对规模经营者的支持力度高于小农经营者,农地流转奖励补贴的归属与分配值得关注。

(4) 研究区域农地流转呈现以下特征:农地流转市场逐渐健全,并迅速扩张,形成多元农业经营主体参与的新格局;基于人情网络的农地流转方式弱化,农地交易价格显化,契约规范性逐渐增强;涉农项目、补贴成流转"助推器"和"调节器",集体主导型流转逐渐增多;农地流转市场的区域差异仍显著。

第4章 "三权分置"下多元农业经营主体的农地利用行为

4.1 多元农业经营主体的农地利用方式

农地流转带来的农地利用方式的改变主要体现在三个方面:第一,种植规模的变化;第二,种植结构的变化;第三,集约度的变化。农地细碎化一直被视为家庭联产承包责任制的弊端;农地流转后农地的"非农化""非粮化"问题亦是被关注的重点;农地集约度也体现了农地资源利用强度,反映是否"抛荒"、粗放经营等问题。所以下文将从上述三方面逐一介绍调研区域的结果(集约度表现为复种指数,为了避免重复将在 4.2.2 节详细展示)。

4.1.1 土地规模调整

"三权分置"时期农地流转后显著的表现是土地的规模化和集中化。农地流转后农业经营主体土地规模调整情况见图 4-1。从农业经营主体来看,传统农户在农地流转后土地经营规模减少,从流转前户均 8.5 亩变为流转后户均 6.01 亩,种田大户略有增加(从 10.46 亩增长至 16.92 亩),而家庭农场和资本农场的规模增长迅猛;从样本区域来看,农业经营主体规模从流转前户均 9.27 亩增长至流转后户均 108.45 亩,中部地区从户均 14.23 亩增长至 60.18 亩,东部地区从户均 2.92 亩增至 170.49 亩。可以看出,农地流转后传统农户的土地经营规模萎缩,种田大户的土地规模略有增长,而家庭农场和资本农场的经营规模迅猛扩大。

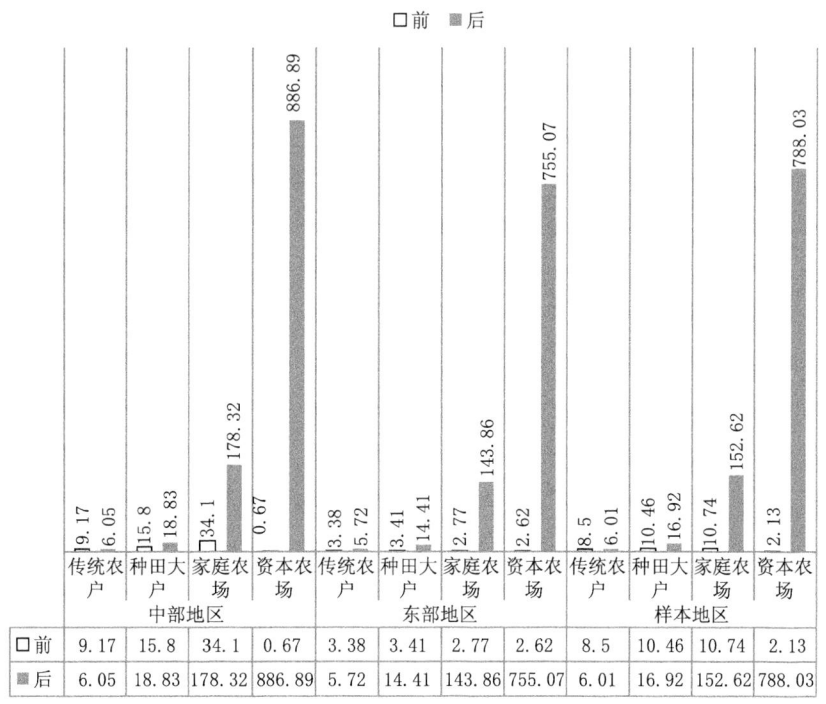

图 4 - 1　农业经营主体的土地规模调整

	传统农户	种田大户	家庭农场	资本农场	传统农户	种田大户	家庭农场	资本农场	传统农户	种田大户	家庭农场	资本农场
		中部地区				东部地区				样本地区		
□前	9.17	15.8	34.1	0.67	3.38	3.41	2.77	2.62	8.5	10.46	10.74	2.13
■后	6.05	18.83	178.32	886.89	5.72	14.41	143.86	755.07	6.01	16.92	152.62	788.03

4.1.2　种植结构调整

农地流转后各农业经营主体调整种植结构情况见表 4 - 1。从农业经营主体来看,资本农场调整种植结构的比例最高,为 66.67％,其次为家庭农场,为 58.33％,再次是传统农户,为 50.00％,最后是种田大户,为 46.43％;从样本区域来看,56.32％的农业经营主体都进行了种植结构的调整,其中东部地区调整的比例为 57.79％,高出中部地区 6.03 个百分点。由此可见,农地流转后多数农业经营主体都进行了种植结构的调整,地区间差异不大,东部地区调整的比例略高于中部地区。

表 4-1 农业经营主体调整种植结构情况

		中部地区		东部地区		样本地区	
		是	否	是	否	是	否
传统农户	户	3	15	17	5	20	20
	%	16.67	83.33	77.27	22.73	50.00	50.00
种田大户	户	4	11	22	19	26	30
	%	26.67	73.33	53.66	46.34	46.43	53.57
家庭农场	户	29	14	97	76	126	90
	%	67.44	32.56	56.07	43.93	58.33	41.67
资本农场	户	8	1	16	11	24	12
	%	88.89	11.11	59.26	40.74	66.67	33.33
合计	户	44	41	152	111	196	152
	%	51.76	48.24	57.79	42.21	56.32	43.68

注:此表仅统计农地转入主体的种植结构调整情况,未流转或者农地转出主体不在统计范畴。

表 4-2 农业经营主体调整种植结构方向情况

		中部地区			东部地区			样本地区		
		扩大粮食作物	扩大经济作物	其他	扩大粮食作物	扩大经济作物	其他	扩大粮食作物	扩大经济作物	其他
传统农户	户	1	1	1	1	11	5	2	12	6
	%	33.33	33.33	33.33	5.88	64.71	29.41	10.00	60.00	30.00
种田大户	户	2	2	0	10	10	2	12	12	2
	%	50.00	50.00	0.00	45.45	45.45	9.09	46.15	46.15	7.69
家庭农场	户	24	3	2	36	60	1	60	63	3
	%	82.76	10.34	6.90	37.82	34.62	40.65	47.62	50.00	2.38
资本农场	户	6	1	1	3	13	0	9	14	1
	%	75.00	12.50	12.50	18.75	81.25	39.39	37.50	58.33	4.17
合计	户	33	7	4	50	94	8	83	101	12
	%	75.00	15.91	9.09	32.89	61.84	5.26	42.35	51.53	6.12

注:此表统计对象仅为进行种植结构调整的转入主体,即表 4-1 中回答"是"的主体。

农地流转后各农业经营主体如何调整种植结构的情况见表 4-2。从农业经营主体来看,各主体皆以扩大经济作物面积为主,其次是扩大粮食作物面积,最后是其他方式(如减少作物种植面积、增加养殖水面面积等);从样本区域来看,整体上流转后扩大经济作物的面积仍是第一选择,占到 51.53%,东部地区该比例更高,为 61.84%,而中部地区则是扩大粮食作物面积的比例更高,为 75.00%。由此可见,整体而言,农地流转后的"非粮化"现象十分普遍。在选择了结构调整的农业经营主体中超过半数的主体都进行了扩大经济作物面积的结构调整,而该现象在发达地区更为显著。

为了更直观了解农业经营主体的种植结构情况,笔者统计了 2016 年位于东部地区的常州市武进区共 99 个注册家庭农场和位于中部地区的宣城市郎溪县共 683 个注册家庭农场的基本信息①。

首先,本书关注常州市武进区的家庭农场。从家庭农场经营面积来看,种养结合家庭农场面积占所有家庭农场总面积的 33%,粮食类占 28%,水产类占 20%,园艺类占 19%(见图 4 - 2);从家庭农场数量来看(见图 4 - 3),种养结合家庭农场数量占所有家庭农场数量的 44%,水产类为 26%,粮食类为 18%,园艺类为 12%。可以直观看出,武进区的规模经营主体中从事粮食种植的比例并不高。

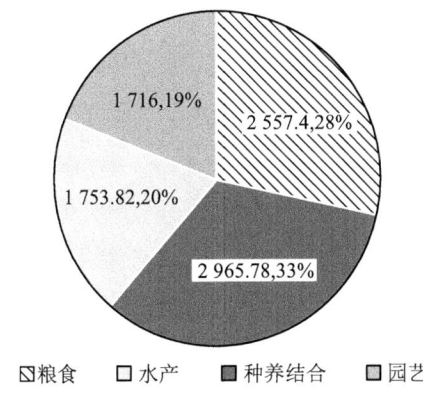

图 4 - 2 常州武进区注册家庭农场的产业面积分布(2016 年)(单位:亩)

---

① 此处的家庭农场概念与本书的"家庭农场"不完全一致,此处是指被工商部门注册并认定的家庭农场。资料来源于对常州市武进区和宣城市郎溪县农委的调查。

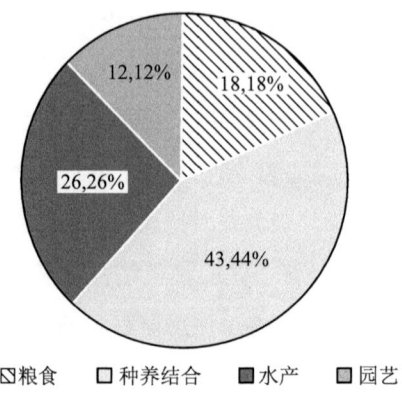

图 4-3　常州武进区注册家庭农场的产业数量分布（2016 年）

接着，本书再将注意力转向宣城市郎溪县的家庭农场。从家庭农场的经营面积来看，如图 4-4，粮油类家庭农场面积占所有家庭农场总面积的 51%，其次为水产类和园艺类（皆为 16%），接着分别为茶叶类（7%）、烟叶药材类（5%）、蔬菜类（3%）和畜禽养殖类（2%）；从家庭农场的数量来看（见图 4-5），粮油类的家庭农场数量占所有家庭农场数量的 39%，水产类为 16%，园艺类为 15%，畜禽养殖类为 11%，烟叶药材和茶叶类为 8%，蔬菜类为 3%。可以看出，郎溪县粮油种植类的家庭农场数量最多，面积约占全部家庭农场面积的一半。

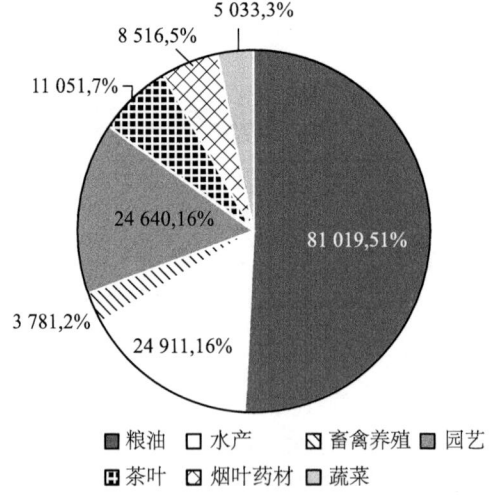

图 4-4　宣城市郎溪县注册家庭农场的产业面积分布（2016 年）（单位：亩）

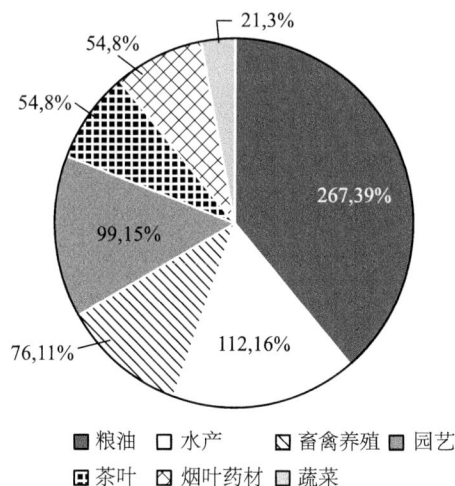

图 4 - 5 宣城市郎溪县注册家庭农场的产业数量分布（2016 年）

综上,从武进区和郎溪县家庭农场的信息我们不难看出,除了粮食作物,其他经营的类型如水产、园艺等成了家庭农场重要的选择,尤其是在相对发达的东部地区。武进区粮食类家庭农场的数量仅占 18%,发达地区的粮油种植日渐减少,农业经营主体转而生产高经济价值的其他农产品成为趋势。

4.2 多元农业经营主体的农地投入

多元农业经营主体的农地投入行为会影响农地利用过程中的劳动力、土地和资本资源配置,影响技术效率和规模效率,进一步影响农地利用效率。本节将对多元农业经营主体的劳动力投入配置、土地投入配置、资本投入配置的决策做深入的分析和探讨。

4.2.1 劳动力投入配置

表 4 - 3 反映了不同农业经营主体的劳动力投入的特征,表中家庭劳动时间为所有从事农业生产的家庭成员劳动投入时间之和,雇工劳动时间指农业

表4-3 农业经营主体的劳动力投入配置

（单位：工日，工日/亩）

		中部地区			东部地区			样本区域		
		大田	经混	小计	大田	经混	小计	大田	经混	合计
传统农户	家庭劳动时间	470.13	342.66	406.68	311.25	531.43	470.69	459.63	372.47	413.99
	雇工劳动时间	6.60	1.64	4.13	0.00	142.64	103.29	6.17	23.91	15.45
	总劳动时间	518.95	391.45	455.48	288.75	674.07	567.78	503.73	436.07	468.30
	地均家庭劳动时间	124.50	56.65	90.72	65.88	109.71	97.62	120.62	65.03	91.51
	地均雇工劳动时间	1.46	0.30	0.88	0.00	15.58	11.28	1.36	2.71	2.07
	地均总劳动时间	130.36	64.60	97.63	60.26	125.29	107.35	125.73	74.19	98.74
种田大户	家庭劳动时间	493.75	291.16	351.19	591.67	545.86	552.56	520.45	413.27	438.09
	雇工劳动时间	22.88	14.47	16.96	13.50	155.40	134.63	20.32	82.04	67.75
	总劳动时间	516.63	334.05	388.15	605.17	701.26	687.20	540.77	510.11	517.21
	地均家庭劳动时间	13.58	14.90	14.51	11.33	48.12	42.74	12.97	30.83	26.69
	地均雇工劳动时间	0.66	0.88	0.81	0.32	11.44	9.81	0.57	5.94	4.70
	地均总劳动时间	14.25	16.87	16.09	11.65	59.56	52.55	13.54	37.34	31.83

续　表

		中部地区			东部地区			样本区域		
		大田	经混	小计	大田	经混	小计	大田	经混	合计
家庭农场	家庭劳动时间	417.27	462.85	437.36	561.08	597.91	575.35	526.94	560.15	540.25
	雇工劳动时间	146.76	46.73	102.68	202.76	788.27	429.52	189.46	580.96	346.40
	总劳动时间	564.03	509.58	540.03	763.84	1 386.18	1 004.87	716.41	1 141.11	886.65
	地均家庭劳动时间	2.35	10.46	5.93	2.72	18.19	8.71	2.63	16.03	8.00
	地均雇工劳动时间	0.54	0.59	0.56	1.04	18.54	7.82	0.92	13.52	5.97
	地均总劳动时间	2.89	11.05	6.49	3.76	36.73	16.53	3.56	29.55	13.98
资本农场	家庭劳动时间	370	0	328.89	428.46	320.36	372.41	406.19	299	361.53
	雇工劳动时间	3 208.75	1 800	3 052.22	2 433.08	14 352.14	8 613.33	2 728.57	13 515.33	7 223.06
	总劳动时间	3 578.75	1 800	3 381.11	2 861.54	14 627.50	8 985.74	3 134.76	13 814.33	7 584.58
	地均家庭劳动时间	0.42	0	0.37	0.64	1.77	1.22	0.55	1.65	1.01
	地均雇工劳动时间	5.70	16.36	6.89	2.55	24.90	14.14	3.75	24.33	12.32
	地均总劳动时间	6.12	16.36	7.26	3.18	26.67	15.36	4.30	25.98	13.33

生产中各环节外请劳动力的总工日,总劳动时间是指户内家庭劳动时间与雇工劳动时间的总和。地均家庭劳动时间、地均雇工劳动时间和地均总劳动时间是指单位面积(播种面积)上的劳动工日。

对四类农业经营主体的劳动力投入特征进行横向比较:首先,从总劳动时间和地均总劳动时间的对比可以看出,总劳动时间:资本农场>家庭农场>种田大户>传统农户,而地均总劳动时间上则反之,资本农场的地均总劳动时间最低,为13.33工日/亩。其次,从家庭劳动时间和雇工劳动时间的对比上,雇工劳动时间占总劳动时间的比例由高到低分别是资本农场、家庭农场、种田大户和传统农户。再次,从经营作物差异来看,传统农户的劳动时间较多集中在大田作物上,而种田大户、家庭农场和资本农场的劳动时间则较多集中在经济作物或者混合经营上。最后,从区域差异上来看,东部地区较中部地区总劳动时间和地均总劳动时间较高,其中雇工劳动时间占总劳动时间的比例显著高于中部地区,这与东部地区以经营经混作物为主有较强关系。

以上展示了不同农业经营主体的劳动力时间的配置,但未能揭示劳动力质量的配置,比如劳动力的性别、年龄等。笔者调查发现,在当下的农村往往形成了这样的劳动力配置场景:50岁以下的青中年从事非农工作,50~65岁的中老年经营自己的耕地,65岁以上的老人为农场提供劳力。随着农业机械化水平的上升,农业生产中重体力的环节大大减少,使得50~65岁这个年龄段的农户,甚至更年长的农户仍可以较为独立完成农业生产活动。为了更细致呈现并对比多元农业经营主体的劳动力配置(劳动力配置时间、质量和结构等)特征,笔者以同区域从事种植水稻的传统农户、种田大户、家庭农场和资本农场作为案例开展更深入分析,见案例4-1(α)至4-4(α)。

案例4-1(α) 李女士,传统农户。

李女士的承包田位于安徽省芜湖市繁昌县平铺镇的新林村,该村于2008年开始土地平整项目,平整后的土地目前由10家规模经营主体和少数未流转的传统农户进行耕作。李女士属于传统农户,拥有承包地 8 亩。李女士今年已经 69 岁,其丈夫已经 70 岁了,三个儿子都在外务工。李女士和丈夫两人经营 8 亩地,种植一季水稻,一季小麦,丈夫每年还在本村及周边打零工(盖房子),孩子在农忙时无暇回来帮忙。李女士家庭水稻种植劳动力投入的情况见表 4-4。

李女士夫妇在水稻种植过程中,整地翻耕、收割和运输都需要外请劳动力。李女士夫妇整地时请人使用耕田机作业(一般按照 100 元/亩的价格收费,如果田块不平整,费用则更高);收割时除了自家劳动力,请了 2 个小工帮忙收割,付了 150 元/人的费用,收割的同时则用拖拉机将水稻运向市场,拖拉机收费是 100 元/次。其他环节李女士夫妇依靠自有劳动力,播种 2 天;施肥 2 次,一次一天;喷洒农药 5~6 次,一次一天;田间灌溉时李女士夫妇须到田里放水,水稻生长过程需要 15 次左右,每次一天;除虫除草是指施用除草剂等之后,仍需人工除草的时间,李女士夫妇用了 4~5 天。

李女士夫妇共同管理一季水稻和一季油菜,除了上述劳动时间,田间管理是一直持续的,"经常要去田里看一看",夫妇每人约 9 个月的时间用于务农。李女士种田的目的是"养鸡给闺女、孙子们吃","有点事情做做","年纪大了还是要给承包户种的"。李女士这样的老年夫妇代表了大部分传统农户。

表 4-4 传统农户李女士的水稻种植家庭劳动力投入(8 亩)

支出项目	劳动力投入		支出项目	劳动力投入	
	家庭劳动力	外请劳动力		家庭劳动力	外请劳动力
整地翻耕	—	800 元(耕田机)	喷洒农药	5~6 天	—
播种	2 天	—	灌溉管理	15 天	—
插秧	—	—	除虫除草	4~5 天	—
施肥	2 天	—	采摘收割	0.5 天	300 元(人工,2 个工)
			运输	—	100 元(拖拉机)

注:资料来源于笔者的调研小结。

案例 4 - 2(α)　史先生,种田大户。

史先生的承包田位于安徽省芜湖市繁昌县峨山镇的千军村,该村 2011 年至 2012 年期间进行了土地整理,2012 年开始进行大规模的土地流转,村委会将 1 000 余亩土地流转给唯一的大户"鲁老板",流转合同签至第二轮土地承包期结束,即 2025 年。1 000 余亩土地再由鲁老板分包,史先生从鲁老板那里流转了 17.14 亩土地,是鲁老板分包户中面积最小的一户。史先生自家有 4 亩承包地,加上 17.14 亩转入的土地,史先生利用其中 15 亩种一季水稻,再种一季小麦或者油菜,剩下的田地种植西瓜,史先生和妻子都是 68 岁,全年务农,没有其他职业。史先生家庭经营水稻的劳动力投入的情况见表 4 - 5。

史先生夫妇在水稻种植过程中只有整地和插秧外请了劳动力,史先生拥有多台小型机械,包括小型耕田机、收割机和拖拉机。在整地环节,史先生先外请耕田机除杂草,再使用自己的小型耕田机翻耕。史先生采用了手工插秧的方式,请小工进行插秧,一个人一天只能完成 0.3 亩左右,请小工花费 3 000 元。其他环节均使用自家劳动力,施肥和喷洒农药同时进行,合计 5 天;千军村的水源不好,需要抽水灌溉,灌溉时期用水是史先生也是其他农户最易产生纠纷的问题,灌溉需要 15～20 次;史先生介绍手工插秧后几乎没有杂草;最后收割和运输环节,史先生使用自有小型收割机和拖拉机,共花费 5 天左右。除了上述时间,去田间"看一看,望一望,是不是生病了,是不是没水了"这样的田间管理时间累计约 1 个月。

史先生的小型机械面临淘汰的处境:一方面机械老旧,每年花在水泵、拖拉机等机械上维修金额"至少 1 500 元",另一方面,小型机械的耕作效率不高,也无法满足"秸秆还田"的要求。粮食保护价格的下调和土地租金、农资价格、人工费等的上涨,使得史先生种粮的积极性大大下降。

史先生除了种植水稻、小麦和油菜等传统作物,跟随着同村其他大户还尝试种了 3 年菊花,第一年因为种植经验不足没有好的收成,第二年和第三年又因为市场同质竞争导致售价过低,所以史先生的菊花连续 3 年亏损。史先生这样的老年夫妇也代表了大多数种田大户的现状。

表 4-5 种田大户史先生的水稻种植家庭劳动力投入（15 亩）

支出项目	劳动力投入		支出项目	劳动力投入	
	家庭劳动力	外请劳动力		家庭劳动力	外请劳动力
整地翻耕	10 天（小型耕田机）	300~400 元	喷洒农药	5 天	—
播种	—	—	灌溉管理	15~20 天	—
插秧	—	3 000 元	除虫除草	—	—
施肥	5 天	—	采摘收割	1~2 天（小型收割机）	—
			运输	3~4 天	—

注:资料来源于笔者的调研小结。史先生的施肥和喷洒农药同时进行,家庭劳动力投入合计5 天。

案例 4-3（α） 王先生,家庭农场。

王先生的承包田位于安徽省芜湖市芜湖县六郎镇周圩村,该村 2011 年开始土地流转,共流转 4 800 亩农田,流转农地占全部农地的 90%,由绿晟公司和汇丰公司主要承包。王先生转入的 547 亩土地是直接从农户手中流转过来的,不需要经过村里,与农户签订了承包合同,流转时间是从 2013 到2023 年,租金为 600 元/亩。王先生今年 52 岁,和妻子一起经营 547 亩土地,包括 247 亩普通水稻和 300 亩稻虾田,套种 10 亩西瓜。王先生夫妻全年务农,儿子和儿媳在本地教书,周末会回家帮忙务农,王先生家庭经营水稻的劳动力投入情况见表 4-6。

王先生夫妇在水稻种植中一直都需外请劳动力,自家拥有 3 台耕田机、2台插秧机、2 台植保机(人工植保机)、1 台大型排灌站、20 台小型排灌站、2 台收割机、1 台拖拉机,购置这些机械含建设育秧工厂共花费了 70 万元,国家补贴 30 万元,这些机械很少对外开展服务。由于每个环节都要外请劳动力,所以王先生只统计了一年需要人工费 16 万余元。王先生的家庭农场基本实现了全机械化操作,但仍需请小工,主要原因是土地不平整,仍有很多"小田"。王先生称若能"小田变大田",用机械代替人工,则生产成本可进一步下降。但由于村民不允许破坏田埂(权属边界),王先生无法对田块进行改良,所以王先生夫妇希望村里可以收回土地再流转给他们,这样可对农田有更多改造的权利。王先生也面临用工难题,村里的留守劳动力多是 70 岁以上的老人,农忙时劳动力不足。王先生表示 600 元/亩的租金对于其压力很大,"没有钱赚,想退租",不过涉及太多人家,退不掉。另外,由于前期投入过大,王先生还是希望可以继续承租部分土地,只是市场并不乐观,成本过高。王先生的这样的家庭农场代表了大多数家庭农场的现状。

表 4-6　家庭农场王先生的水稻种植家庭劳动力投入(547 亩)

支出项目	劳动力投入		支出项目	劳动力投入	
	家庭劳动力	外请劳动力		家庭劳动力	外请劳动力
整地翻耕	8 天 (3 台大型耕田机)	常年	喷洒农药	10 天(2 台植保机)	常年
播种	—	—	灌溉管理	10 天(1 台大型排灌站, 20 台小型泵站)	常年
插秧	9 天(2 台插秧机)	常年	除虫除草		
施肥	4 天(2 台植保机)	常年	采摘收割	9 天(2 台收割机)	常年
			运输	9 天	

注:资料来源于笔者的调研小结。

1. 王先生经营普通水稻田 247 亩,稻虾田 300 亩。"稻虾共养(作)"的一种渔农复合种养系统模式,以小龙虾为主产品,水稻为副产品。王先生每年 3~4 月放虾苗,一个月后可以起虾(留种虾),6 月 20 日左右开始插秧,10 月收割水稻,然后种植一季红花草,拖拉机翻耕后作为肥料留在稻虾田。

2. 每个环节常年都需要外请劳动力,王先生没有分别统计每个环节外请劳动力的天数,外请分为常年雇佣劳动力和临时劳动力两种,临时劳动力平均 100~150 元/亩(普通稻田 100 元/亩,稻虾田 150 元/亩),按天结算,男性 120 元/天,女性 80 元/天,常年雇工 3 位,主要管理稻虾田,工资为 3 万~4 万/年。

案例 4-4(α)　吴先生,资本农场。

吴先生原是北京的一名律师,2013 年辞去了工作踏入农村,他注册了湖北香润生态农业科技有限公司,公司基地位于湖北省孝感市孝南区陡岗镇朝阳村,公司从村集体流转了 2 000 亩土地,租金为 800 元/亩,村集体提留 100 元/亩(作为中间人,负责协调农户),剩余农户得 700 元/亩。2 000 亩流转土地中 1 500 亩为香润公司自营(包括 500 亩清洁种植的纯有机水稻,1 000 亩绿色认证的非有机水稻),而另外 500 亩吴先生以 900～1 000 元/亩的价格进行转包,皆为蘑菇、草莓、西瓜等经济作物,"二包户"可以获得的优势是不用一家一户与本地农户交涉,同时可以对外使用香润公司的品牌。香润公司与村集体的交易是先支付租金后种地,而香润公司和"二包户"之间的交易是先种地后支付租金。

公司购置了拖拉机、收割机和播种机等大型机械,花销共 200 万元。公司常年雇工 50 余人,其中生产管理人员 5 人,其他销售、行政人员多人。公司实现了水稻全程机械化种植,生产效率得到了很大提升,耕田机作业 60～70 亩/天,无人植保机作业 300 亩/天,但仍需要人工管理水源、植保等。例如,一台无人植保机作业时需要配备 2 人辅助操作,为无人机加药水和充电。吴先生还注册了香润农机专业合作社,对外开展开展农机服务,其中植保服务队的服务范围覆盖全国。

公司的水稻通过了"农产品有机认证",其品牌"吴稻长黄毛站"获得湖北省"荆楚优品"称号。吴先生测算过,公司普通绿色水稻的成本为 1 400～1 500 元/亩,亩产为 900～1 000 斤,售价为 9 元/斤。而有机水稻的成本,因为是与科研院所合作,所以吴先生无法测算具体成本。有机水稻的亩产为 700 斤/亩,售价为 49 元/斤,定制订购价最低为 16 元/斤。

吴先生认为"大规模经营是个伪命题,若没有品牌,规模越大死得越快"。吴先生正在尝试将土地流转变为"订单农业",即按照公司的标准向接单的农户提供种子、肥料和技术,并回购。吴先生目前已经和 52 户农户签订协议,合作规模达 800 亩,无偿提供 10 斤/亩种子,100 斤/亩复合肥,按照 2 元/斤的价格收购水分含量在 14% 以下的稻谷。对于公司而言,订单农业摆脱了土地流转租金的压力,高昂的人工费用,大规模经营的自然风险和管理风险。吴先生说,由于劳动关系不同,订单农业农户会全身心投入,比公司雇佣农户种的更好。吴先生试图脱离农业种植环节,向种植环节的上游提供农资和技术,种植环节的下游深加工和销售延伸。

表 4-7　资本农场吴先生的水稻种植家庭劳动力投入（1 500 亩）

支出项目	劳动力投入		支出项目	劳动力投入	
	家庭劳动力	外请劳动力		家庭劳动力	外请劳动力
整地翻耕	—	4 天（4 台大型耕田机）	喷洒农药	—	1 天（20 台工蜂 2 无人机）常年雇工 5 人
播种	—	6 天（直播机）	灌溉管理	—	10 天，国家投资排灌设施常年雇工 5 人
插秧	—	6 天（插秧机）	除虫除草	—	20 天，人工
施肥	—	1 天（20 台工蜂 2 无人机）	采摘收割	—	3 天（4 台大型收割机）
			运输		3 天

注:常年农业生产雇工 5 人,农忙时临时用工人数为 200 人。

图 4-6　调研照片资料:吴先生的资本农场的植保、收割和晾晒机械化操作

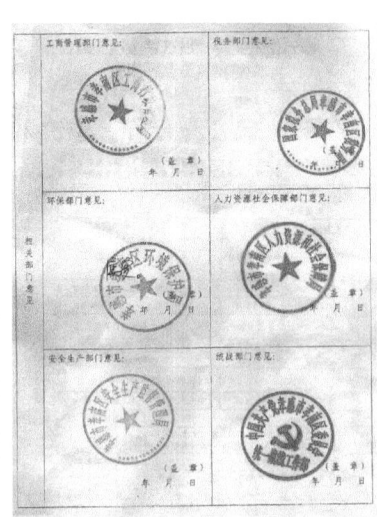

图 4-7　调研照片资料:香润公司精准扶贫推荐表和订单农户(扶贫对象)

表4-8 水稻种植户的劳动效率

生产环节	传统农户		种田大户		家庭农场		资本农场	
	机械	效率	机械	效率	机械	效率	机械	效率
整地翻耕	人工/租用拖拉机	人工约4亩/（人·天）	小型耕田机	约30亩/（天·台）	耕田机	60~70亩/（天·台）	耕田机	60~70亩/（天·台）
播种插秧	无	人工约0.5亩/（人·天）；机械直播、抛秧15~20亩/天	无	人工约0.5亩/（人·天）；机械直播、抛秧15~20亩/天	直播机、插秧机	60亩/（天·台）	直播机、插秧机	60亩/（天·台）
除虫除草	无	人工约4亩/（人·天）	无	人工约4亩/（人·天）	无	人工约4亩/（人·天）	无	人工约4亩/（人·天）
施肥	无	15~20亩/天	小型施肥机	15~20亩/天	人工/植保机	400~500亩/天，70亩/小时	无人植保机	300亩/天
喷洒农药	人工喷雾器	10~20亩/天	人工喷雾器	10~20亩/天	人工/植保机	200亩/天	无人植保机	300亩/天
灌溉管理	小水泵	15~25亩/天	小水泵	15~25亩/天	排灌站	100亩/天	排灌站	100亩/天
采摘收割	人工/租用收割机	60亩/天	小型收割机	30亩/天	收割机	60亩/天	收割机	80亩/天
田间管理	无	1~2小时/天	无	1~2小时/天	无	1~2小时/天	无	1~2小时/天

注：资料来源于笔者对此类农业经营主体的调研小结，不能代表所有此类主体的劳动效率。

通过上述 4 个水稻种植户的案例,笔者总结了不同类型水稻种植户在主要生产环节上劳动效率的差别:首先在机械使用上,传统农户和种田大户借助农机租赁市场也在重体力的整地翻耕、收割环节实现了机械化,而家庭农场、资本农场除了个别需要人工的环节,如除虫除草、田间管理等,基本都实现了全程机械化;在人工效率上,不同类型的主体效率差异不大,但存在雇佣劳动力会在完成额定劳动时间后就停止工作的现象;从机械的工作效率上来看,家庭农场和资本农场的机械工作效率高于种田大户,由于其经营规模较大,可以使用一些大型机械。整体而言,从传统农户到资本农场,机械化程度越来越高,劳动效率显著提高。然而,调查也发现机械的作业质量有时不如人工,比如机械播种会导致杂草丛生,引起农药化肥施用量的提高,机械收割时亦存在一定程度的浪费。

4.2.2　土地投入配置

本章 4.1 节展示了不同农业经营主体的农地利用方式,包括土地经营规模变化和种植结构调整,本节将从土地投入的角度再次切入。表 4-9 反映了不同农业经营主体的土地投入的特征,表中土地规模是指农业经营主体可以用来耕作的土地面积,播种面积是指实际播种的土地面积,复种指数是指农业经营主体的播种面积与土地规模的比值,该指标反映了农业经营主体土地利用的强度。

对四种农业经营主体的土地投入特征进行横向比较:首先,传统农户、种田大户、家庭农场和资本农场的土地规模和播种面积依次增大,资本农场的土地规模和播种面积的平均值分别达到了 788.03 亩、1 193.75 亩。其次,按照复种指数由高到低分别是传统农户(1.55)、家庭农场(1.42)、资本农场(1.41)、种田大户(1.40),传统农户的土地利用强度相比其他主体略高,而其他主体之间相差不大。再次,从作物种类来看,除了传统农户中经营经混作物的复种指数高于大田作物,其他主体均为经营大田作物的复种指数高于经混作物。

最后,从区域差异来看,中部地区的土地规模、播种面积和复种指数均高于东部地区同类的农业经营主体,这与东部地区经混作物比例较高有关。

表 4-9　农业经营主体的土地投入配置　　　（单位:亩）

		中部地区			东部地区			样本区域		
		大田	经混	小计	大田	经混	小计	大田	经混	合计
传统农户	土地规模	7.16	4.92	6.05	5.34	5.86	5.72	7.04	5.08	6.01
	播种面积	9.39	8.81	9.10	10.68	6.71	7.80	9.47	8.48	8.95
	复种指数	1.27	1.86	1.57	2.00	1.18	1.41	1.32	1.76	1.55
种田大户	土地规模	31.47	13.51	18.83	29.83	11.76	14.41	31.02	12.67	16.92
	播种面积	42.22	22.93	28.65	53.50	11.96	18.04	45.30	17.67	24.07
	复种指数	1.35	1.71	1.60	1.87	1.02	1.14	1.49	1.38	1.40
家庭农场	土地规模	223.01	121.60	178.32	198.82	56.92	143.86	204.56	75.00	152.62
	播种面积	315.27	137.09	236.75	319.42	62.51	219.92	318.43	83.36	224.20
	复种指数	1.50	1.60	1.57	1.58	1.04	1.37	1.58	1.19	1.42
资本农场	土地规模	971.00	214.00	886.89	831.15	684.43	755.07	884.43	653.07	788.03
	播种面积	1 904.50	110.00	1 705.11	1 378.62	693.36	1 023.30	1 578.95	654.47	1 193.75
	复种指数	1.88	0.51	1.72	1.62	1.03	1.31	1.71	0.99	1.41

同上节,在此透过案例 4-1 至 4-4 再次深入农业经营主体的个案中,观察他们是如何进行土地资源配置的。从图 4-8 看出,除了上述不同主体之间的土地规模、利用强度差异,从传统农户到资本农场经营作物种类也更丰富。资本大户吴先生有 25% 的土地进行了转包,其他经营主体的土地皆为自营。

调查发现资本农场土地转包经营的状况十分普遍。笔者通过案例 2-2 中的繁华公司,考察资本农场的土地分包情况。如第二章 2.2.2 中介绍,鲁先生从村集体流转了 1 800 亩耕地,其中 700 亩自营,分别为 500 亩蔬菜基地和 200 亩水稻田。鲁先生告知笔者剩余 1 100 亩水稻田分包给了 4 户农户,但通过笔者与其"二包户"的访谈得知鲁先生的"二包户"共有 6 个,因其中两户规模很小合计约 40 亩,所以鲁先生只列举了规模较大的 4 户(见表 4-10,分别约为 380 亩、360 亩、180 亩和 150 亩)。实际上鲁先生的资本农场自营规模并不大,而"二包户"甚至"三包户"是真正的种粮人。

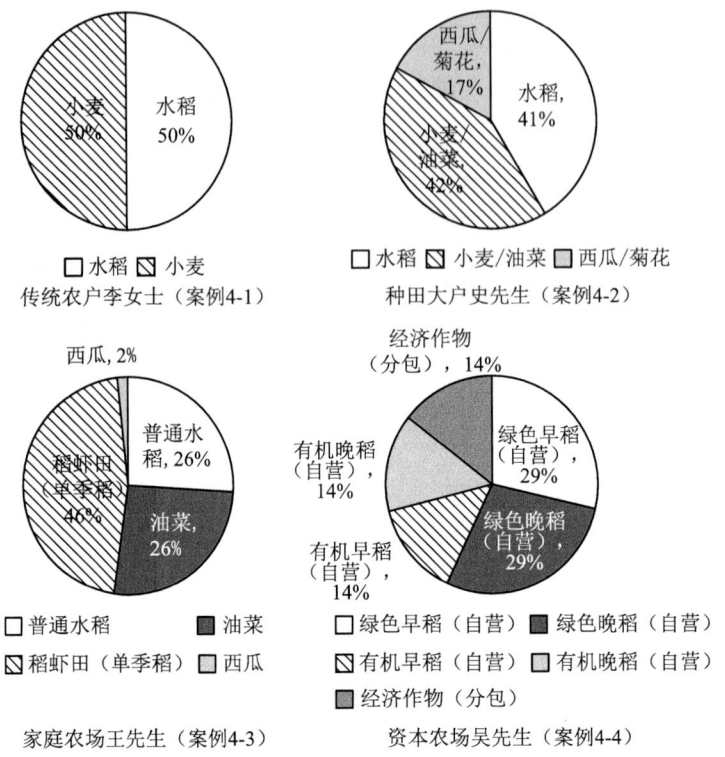

图 4-8　农业经营主体的土地投入配置(案例 4-1 至 4-4)

表 4-10　鲁先生的资本农场土地分包情况

一级承包	二级承包		
鲁先生 1 800 亩 自营 700 亩 (蔬菜瓜果 500 亩,水稻 200 亩)	本地农户张先生	约 380 亩	水稻
	本地农户李先生	约 360 亩	水稻
	本地 4 人合租	180 亩	水稻
	外来农户(安徽巢湖)	约 150 亩	水稻
	种田大户史先生	17.14 亩	水稻
	种田大户宋先生	约 20 亩	水稻

注:资源来源于笔者调查访谈的整理。

4.2.3　资本投入配置

　　继讨论劳动力投入、土地投入配置后,最后笔者从资本投入配置的角度考察不同经营主体的农地投入特征。附表 A1-4 至 A1-7 和表 4-11 反映了不同农业经营主体的资本投入的特征,生产资料流动资本是指生产经营过程中当年消耗的各种生产资料费用之和,主要包括化肥费、种子费、农药费、农膜费、排灌费等。租赁机械流动资本是指生产过程中当年租用其他单位或个人的拖拉机、播种机、收割机等农业机械进行机耕、机播、机收、脱粒和运输等作业时发生的费用(包括机械操作人员的人工费用)。固定资产折旧是指沟渠建设、大棚搭建等基础设施投资,以及购买各种大型农业机械按照 10 年期进行折旧后的金额①。雇工工资是指当年在生产过程中各环节外请劳动力所需付的工资。土地租金是指当年需要支付的土地流转费用。总资本是指生产经营过程中当年所消耗的所有费用之和,即上述 5 项(生产资料流动资本、租赁机械流动资本、固定资产折旧、雇工工资、土地租金)之和。地均生产资料流动资本、地均租赁机械流动资本、地均固定资产折旧、地均雇工工资和地均土地租金分别表示单位播种面积上该项资本投入的强度。

对四种农业经营主体的资本投入特征进行横向比较:

首先,从资本投入的总规模来看,各项规模指标(生产资料流动资本、租赁机械流动资本、固定资产折旧、雇工工资、土地租金和总资本)均为资本农场>家庭农场>种田大户>传统农户(见附表 A1 - 4 至 A1 - 7)。

其次,从资本投入的强度来看,地均生产资料流动资本投入最低为传统农户的 714.03 元/亩,最高为家庭农场的 1 450.85 元/亩;地均租赁机械流动资本投入由高到低分别是传统农户、种田大户、家庭农场和资本农场;地均固定资产折旧最高为种田大户的 52.33 元/亩,最低为家庭农场的 22.12 元/亩;地均雇工工资投入由高到低分别是资本农场、家庭农场、种田大户和传统农户;地均土地租金最高为家庭农场的 661.96 元/亩,最低为传统农户的 144.57元/亩;地均总资本投入由高到低分别为家庭农场(2 796.60 元/亩)、资本农场(2 657.13 元/亩)、种田大户(2 490.48 元/亩)和传统农户(1 335.01 元/亩)。

---

① 根据调查区域的农业机械的种类和使用的实际情况,调研了解到农户的农业机械的使用年限一般在 10 年,因此此处我们将固定资产原值按照 10 年期进行折旧。

其次,从资本投入的结构来看:对于传统农户、种田大户和家庭农场,生产资料是占比最高的成本,但比值依次下降,分别为 69.06%、55.11% 和 43.66%,而生产资料是资本农场占比第二的成本(31.31%);土地租金是资本农场最主要的成本,占比达 34.00%,也是家庭农场和种田大户占比第二的成本,分别为 36.59%、19.23%;机械租赁是传统农户占比第二、种田大户占比第三的成本,在其他两类主体中占比较低;雇工工资是资本农场和家庭农场占比第三的成本,分别为 30.05%、11.61%。整体上,传统农户和种田大户的主要成本仍是生产资料和机械租赁费用,而家庭农场和资本农场的土地租金、雇工工资成为主要成本(见表 4-11、图 4-10)。

最后,从种植结构来看,整体上经营经混作物的主体的资本投资规模和强度都高于经营大田作物的主体,其中经营经混作物的农业经营主体的机械租赁投入比例低于大田作物,而雇工工资的投入比例要显著高于大田作物,

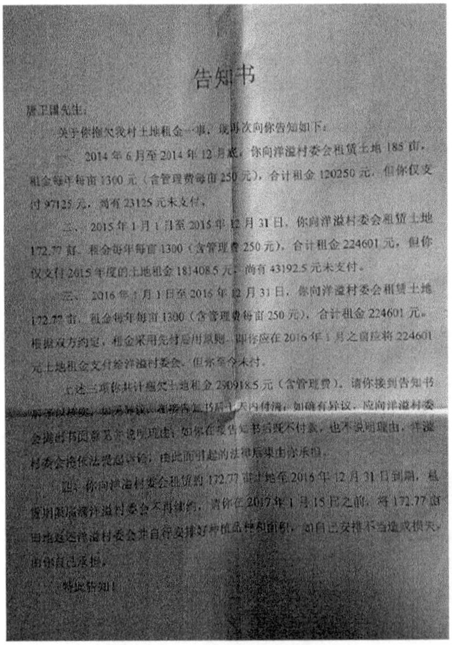

图 4-9a　上海市洋溢村致唐
先生的"土地租金拖欠告知书"

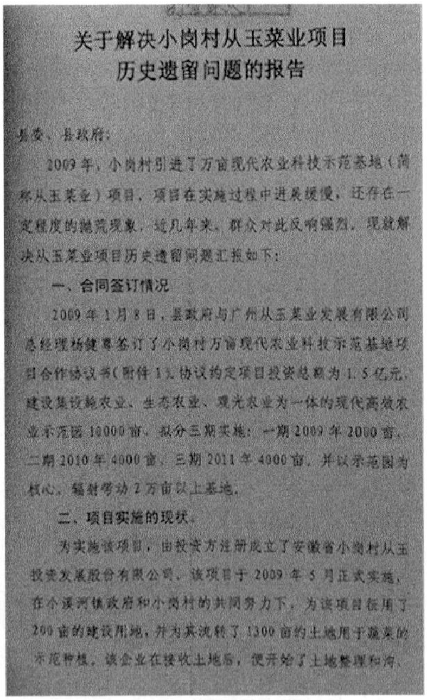

图 4-9b　关于解决小岗村从玉
菜业项目历史遗留问题的报告

图 4-9　调研照片资料:农业经营主体亏损案例

这说明了经营经济作物仍采用劳动密集型的生产模式。从区域差异上来看，东部地区的投入规模和强度都显著高于中部地区，这与东部地区更多经营经济作物有较强关系。

综上，现阶段的农地资本投入配置发生了显著的变化。总体上表现出规模经营主体(家庭农场、资本农场)地均生产资料、机械租赁、固定资产折旧下降，而其雇工资本、土地租金成本却大幅上升。在调查中发现不少规模经营主体不堪高昂的土地成本，存在拖欠土地租金的问题。这也是规模经营主体与当地农户之间产生纠纷的主要原因。图 4-9a 展示了上海浦东新区洋溢村唐先生收到的一封"土地租金拖欠告知书"。图 4-9b 展示了小岗村在引进现代农业项目时出现的困难，多家农业企业亏损难以为继。

表 4-11　农业经营主体的资本投入配置　　　　　(单位：%)

		中部地区			东部地区			样本地区		
		大田	经混	小计	大田	经混	小计	大田	经混	小计
传统农户	生产资料流动资本占比	68.50	71.82	70.15	61.91	60.04	60.56	68.06	69.96	69.06
	租赁机械流动资本占比	18.13	18.13	18.13	24.24	0.54	7.08	18.53	15.35	16.87
	固定资产折旧占比	5.53	7.09	6.31	4.53	3.44	2.64	5.20	6.52	5.89
	雇工工资占比	4.40	2.67	3.54	0.00	12.94	9.37	4.11	4.29	4.21
	土地租金占比	3.43	0.28	1.87	13.29	23.04	20.34	4.09	3.88	3.98
种田大户	生产资料流动资本占比	50.06	68.19	62.82	29.38	47.64	44.97	44.42	58.34	55.11
	租赁机械流动资本占比	14.48	17.11	16.33	13.74	0.95	2.82	14.28	9.37	10.50
	固定资产折旧占比	7.41	8.83	8.41	1.63	1.43	1.47	5.83	5.29	5.41
	雇工工资占比	6.38	3.39	4.28	5.86	18.84	16.94	6.24	10.80	9.74
	土地租金占比	21.67	2.46	8.16	49.38	31.14	33.81	29.23	16.21	19.23
家庭农场	生产资料流动资本占比	54.82	68.79	60.97	29.61	50.65	37.76	35.60	55.72	43.66
	租赁机械流动资本占比	5.96	9.84	7.67	8.92	1.40	6.00	8.22	3.76	6.43
	固定资产折旧占比	1.13	2.85	1.89	2.29	0.63	1.65	2.02	1.25	1.71
	雇工工资占比	4.55	9.26	6.62	8.53	20.96	13.30	7.58	17.62	11.61
	土地租金占比	33.55	9.25	22.84	50.64	26.45	41.28	46.59	21.64	36.59

续　表

		中部地区			东部地区			样本地区		
		大田	经混	小计	大田	经混	小计	大田	经混	小计
资本农场	生产资料流动资本占比	35.14	20.98	33.56	30.17	30.93	30.56	32.06	30.27	31.31
	租赁机械流动资本占比	4.00	0.00	3.56	5.20	1.37	3.21	4.74	1.28	3.30
	固定资产折旧占比	1.23	0.35	1.14	2.24	0.64	1.41	1.86	0.61	1.34
	雇工工资占比	18.00	51.31	21.71	20.18	44.59	32.83	19.35	45.03	30.05
	土地租金占比	41.62	27.36	40.04	42.20	22.48	31.98	41.99	22.80	34.00

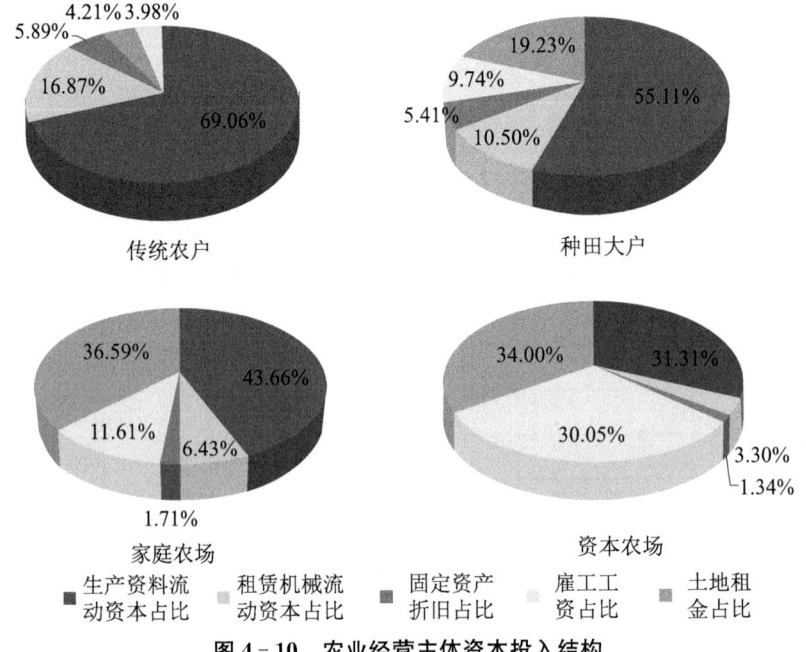

图 4-10　农业经营主体资本投入结构

为了更直观、深入了解不同农业经营主体的个体生产经营状况，笔者继续观察案例 4-1(β) 至 4-4(β) 的水稻资本投入情况。

案例 4 - 1(β):

表 4 - 12 传统农户李女士的水稻种植资本投入(8 亩)

支出项目	成本(元/亩)	支出项目	成本(元/亩)
农地流转费	0	灌溉水电费	0
化肥	300	耕田机租赁	100
农药	200	收割机租赁	45
有机肥	0	管理费	0
农膜	0	保险	0
种子	100	拖拉机运输	100/8=12.5
		其他人工费	0
		合计	757.5

注:资料来源笔者调查。拖拉机运输按照次数收费,李女士卖粮时需拖拉机运输,一次收费 100 元。

李女士种植自己的承包田,故没有农地流转的费用,由于有自流水源,所以不需要"打水",没有灌溉费用。如前所述,李女士除了整地和收割环节请机械,其他环节均依靠家庭劳动力,没有产生其他人工费用。其中,在收割环节李女士请了两个工,每人 150 元,几个小时完成了收割工作。李女士的种子是通过同村的"承包大户"(安徽巢湖人,老年夫妇经营上百亩农地,租了李女士的邻居住宅)"代购"的杂交稻。种子比普通的水稻种子市场价高,李女士称承包大户的种子质量更好,且自己购买的种子数量较少,通过承包大户购买会更方便。综上,李女士的流动资本投入为平均每亩 757.5 元,不计家庭劳动力的机会成本的前提下,生产一季水稻 8 亩合计花费约 6 060 元。

案例 4 - 2(β):

表 4 - 13 种田大户史先生的水稻种植资本投入(15 亩)

支出项目	成本(元/亩)	支出项目	成本(元/亩)
农地流转费	425 斤粮食=552.5 元	灌溉水电费	27.5
化肥	175	耕田机租赁	350/15=23.3
农药	10	收割机租赁	0

续　表

支出项目	成本(元/亩)	支出项目	成本(元/亩)
有机肥	0	管理费	0
农膜	0	保险	0
种子	80	拖拉机运输	0
		其他人工费	3 000/15＝200
		合计	1 068.3

史先生从鲁老板那里流转来的 17.14 亩土地,其中 15 亩用来种植水稻—小麦或者水稻—油菜,租金为 425 斤粮食/(亩·年),这也是鲁老板从村里流转的价格,并没有加收额外租金。所以史先生对于这个租金与鲁老板并无纠纷,觉得那都是"集体的事情",自己并无权利决定。如前所述,史先生拥有多台小型机械,所以外请劳动力主要是"手工插秧"(其他人工费)费用,亩均花费 200 元,但是手工插秧节省了相当一部分的农药成本,且水稻的品质会略好。上述成本没有计算固定资产折旧费和机械维修费,综上,史先生的流动资本投入为平均每亩 1 068.3 元,扣除土地成本则为 515.8 元,比李女士的家庭低 241.7 元/亩,同样不计家庭劳动力的机会成本的前提下,史先生生产一季水稻 15 亩合计花费约 16 024.5 元。

案例 4－3(β):

表 4－14　家庭农场王先生的水稻种植资本投入(普通水稻 247 亩)

支出项目	成本(元/亩)	支出项目	成本(元/亩)
农地流转费	600	灌溉水电费	7 500/547＝13.7
化肥	200	机械折旧	128
农药	100	管理费	0
有机肥	0	保险	0
农膜	26.6	拖拉机运输	0
种子	100	其他人工费	100
		合计	1 268.3

　　王先生从农户手中流转过来的土地平均价格为 600 元/亩,共流转了 547 亩,其中 247 亩为普通水稻田,300 亩是稻虾共生的稻虾田。因为粮食价格的下调,租金将要降到 500 元/亩,王先生称租金仍偏高,但是得慢慢降,不然老百姓不答应。为了便于比较各农业经营主体流动资本投入的情况,笔者在表4-14 列举了王先生普通水稻田的成本投入。王先生的机器设备齐全,所以耕田机、收割机和拖拉机费用均为 0。王先生购置机器和建造育秧工厂等共投入 100 万元,其中自费 70 万元,国家补贴 30 万元。除了育秧工厂的 30 万元补贴,王先生曾经拿过"大户补贴"(政府鼓励大规模流转设立)2 万元,家庭示范农场的一次性奖励 3 万元,目前的补贴只有 40 元/亩的秸秆还田补贴。综上,王先生种植水稻的流动资本投入为平均每亩 1 140.3 元,如果机械固定资产按照 10 年折旧,成本为 1 268.3 元/亩,扣除土地成本则为 668.3 元,不计家庭劳动力的机会成本的前提下,王先生生产一季水稻 247 亩合计花费约313 270.1 元。

案例 4-4(β):

表 4-15　资本农场吴先生的水稻种植资本投入(普通水稻 1 000 亩)

支出项目	成本(元/亩)	支出项目	成本(元/亩)
农地流转费	700	灌溉水电费	20
化肥	200	机械折旧费	133.33
农药	100	管理费	100
有机肥	0	保险	0
农膜	0	拖拉机运输	0
种子	0	其他人工费	250
		合计	1 503.3

　　吴先生支付的农地流转费用为 800 元/亩,其中 100 元/亩是村集体的管理费。吴先生同样也实现了种植全环节机械化,机械购置费用为 200 万元,按照十年期进行折旧,机械折旧费 133.33 元/亩。吴先生有 5 名固定生产管

理人员,农忙时临时用工量年可达 200 人工,亩均人工工资达 250 元/亩。综上,吴先生的资本农场平均为 1 503.3 元/亩,合计约 1 503 300 元。

上述案例 4 - 1(β)至 4 - 2(β)展示了水稻种植户的资本投入配置,在前文已知种植大田作物与经济作物的农户存在很大差异。因此,笔者以常州市新北区西夏墅镇蒋家村张女士(草坪种植户)为例,展示从事经济作物主体资本投入配置状况。

案例 4 - 5 草坪种植户,张女士。

表 4 - 16 资本农场张女士的草坪种植资本投入(600 亩)

支出项目	成本(元/亩)	支出项目	成本(元/亩)
农地流转费	1 000	灌溉水电费	55 000/600＝91.7
化肥	750	租赁起草机	0
农药	100	租赁割草机	0
有机肥	0	管理费	0
农膜	0	其他人工费	400 000/600＝666.7
种子	300	固定资本折旧	20
		合计	2 928.4

注:资料来源于笔者的调研。

张女士的草坪经营规模达到 600 亩,坐落于常州市新北区西夏墅镇蒋家村,流转费用为 1 000 元/亩。草坪种植是当地流行的经济作物,从 2010 年左右陆续开始扩张,规模从几亩到几百亩不等,因为相对成本低,售价高,颇受欢迎。张女士雇用了 8 个长期雇工负责管理,起草等环节通常需要 20 个劳动力同时作业,人工费用一年在 40 万元左右。除了上述表格中的流动资本,草坪种植需要前期平整土地和铺设灌排设施,费用大致为 1 万元/亩,也陆续购置了多台机器,包括 1 台人座割草机 2.5 万元,价值 2 万元的起草机 3 台,另有多台施肥机、拖拉机等机械。综上,张女士的流动资本投入平均为 2 928.4 元/亩,合计花费约为 1 757 040 元。

图 4 - 11　调研照片资料:草坪种植场景

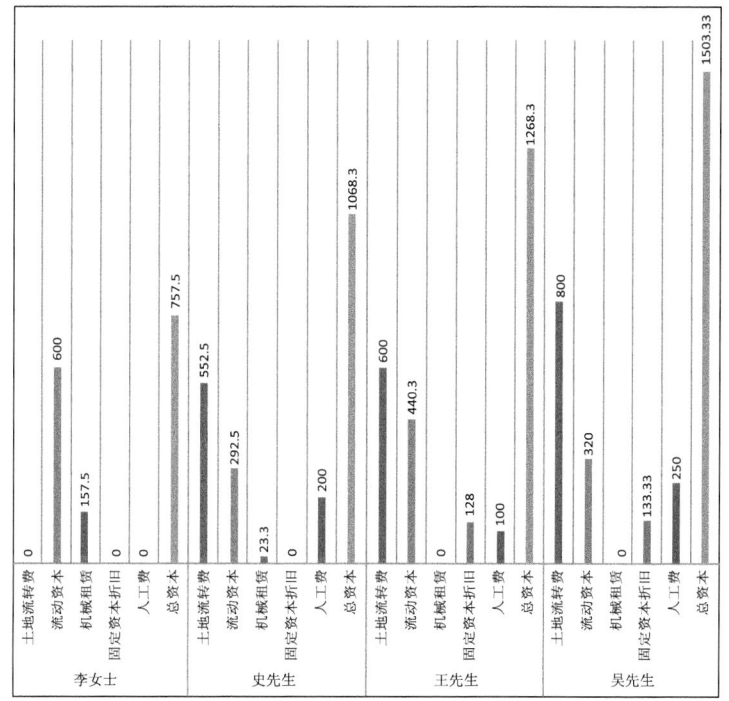

图 4 - 12　水稻种植户农地投入结构情况(案例 4 - 1 至 4 - 4)

从上述水稻种植户的案例可以看出,从传统农户、种田大户、家庭农场到资本农场,亩均资本投入越来越高;若扣除土地成本,其资本投入分别降至 757.5 元/亩、515.8 元/亩、668.3 元/亩和 703.33 元/亩,种田大户史先生的资本投入成本最低;若扣除劳动力成本,其资本投入分别降至 757.5 元/亩、868.3 元/亩、1 168.3 元/亩和 1 253.33 元/亩,传统农户的资本投入成本最低。

可见,从资本投入成本而言,规模经营主体家庭农场和资本农场并不占优势,尤其在土地租金和人工成本高涨的情形下,很多规模经营主体被迫放弃农地流转。

4.3　多元农业经营主体的农地产出

本章 4.2 节从投入的角度展示了不同主体农地利用的差异,此节从产出的角度进一步分析。生产率可被简单地定义为产出与投入的比率(the ratio of output to input),对农业经营效益的考察可从三个层面展开,一是土地生产率,二是劳动生产率,三是资本生产率。对于产出,可以从产量和产值两个方面衡量,从产量方面来讲,是指同一种农作物的产出多少,本书在此仅对水稻种植户的样本进行讨论;从产值来讲,是指产量与价格的乘积,本书将全部农业经营主体的产值纳入讨论。

4.3.1　土地生产率

从土地要素考虑生产率具有重要意义,提高土地生产率一直是保障粮食和食物安全的重要内容。土地生产率是指单位面积内土地的总产出,表 4 - 17 和图 4 - 13 分别列举了以产值(所有作物产值)和产量(水稻产量)作为总产出的土地生产率。

表 4 - 17　农业经营主体的土地生产率(产值)　　　(单位:元/亩)

	中部地区			东部地区			样本区域		
	大田	经混	小计	大田	经混	小计	大田	经混	合计
传统农户	1 210.99	1 034.93	1 132.04	709.93	12 246.39	9 063.92	1 177.86	2 805.16	2 029.95
种田大户	1 122.37	968.80	1 014.30	1 006.37	12 623.78	10 923.67	1 090.73	6 556.80	5 290.98
家庭农场	1 052.74	1 774.08	1 370.62	1 358.84	13 948.99	6 234.79	1 286.17	10 545.25	4 997.78
资本农场	1 094.63	4 000.00	1 417.45	1 020.06	9 181.24	5 251.78	1 048.47	8 835.82	4 293.20
合计	1 188.74	1 146.06	1 156.05	1 270.79	12 862.23	7 152.38	1 224.76	6 257.89	3 780.05

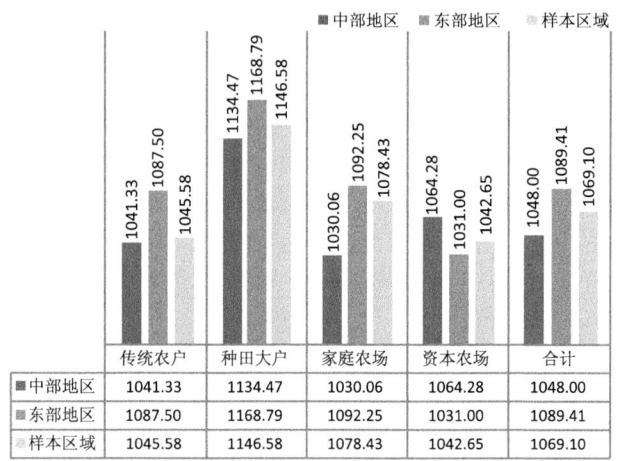

图 4 - 13 水稻种植户的土地生产率(产量,单位:斤/亩)

	传统农户	种田大户	家庭农场	资本农场	合计
中部地区	1041.33	1134.47	1030.06	1064.28	1048.00
东部地区	1087.50	1168.79	1092.25	1031.00	1089.41
样本区域	1045.58	1146.58	1078.43	1042.65	1069.10

　　从产值来看,各主体的土地产出情况见表 4-17。从农业经营主体来看,土地生产率由高到低分别是种田大户(5 290.98 元/亩)、家庭农场(4 997.78元/亩)、资本农场(4 293.20 元/亩)和传统农户(2 029.95 元/亩);从种植结构和区域差异来看,整体上经混作物的土地生产率(6 257.89 元/亩)显著高于大田作物(1 224.76 元/亩),其中东部地区从事经混作物种植的各农业经营主体的土地生产率都显著高于中部地区,而中部地区从事大田作物的农业经营主体的土地生产率除了家庭农场,都高于东部地区。由此可见,在土地生产率上各主体差异较大,经营经混作物的农业经营主体的土地生产率明显高于经营大田作物的主体。

　　从产量来看,种田大户的土地生产率最高,其次是家庭农场,随后是传统农户,最后才是资本农场。一直以来,小农的高土地生产率是众多学者的共识,小农通过精耕细作、投入巨大的精力,获得较高的单位产出。本书也一定程度上支持了上述观点,但是有所不同,当下本书界定的种田大户保留了学者所述的小农高土地生产率的特征,而传统小农则不然,具体的原因有待进一步研究。

　　因此,土地生产率结果延伸的政策含义是,如果国家的政策目标是保障粮食或者食物安全,以种田大户为代表的小农农业仍是实现这一目标的有效安排,他们仍具有土地生产率上的优势,家庭农场也表现出相当的潜力。

4.3.2　劳动生产率

学者指出劳动生产率的提高是现代农业的重要体现之一,也是提高农民收入的重要路径。因此,考察多元农业经营主体的劳动生产率具有重要的政策含义。

表4-18　农业经营主体的劳动生产率(产值)　(单位:元/工日)

	中部地区			东部地区			样本区域		
	大田	经混	小计	大田	经混	小计	大田	经混	合计
传统农户	30.36	14.95	14.93	45.81	125.27	103.35	31.38	81.35	57.54
种田大户	283.81	256.00	264.24	89.55	321.81	287.83	230.83	287.56	274.42
家庭农场	740.12	605.79	680.92	626.17	630.21	627.74	653.22	623.38	641.26
资本农场	1 278.02	244.44	1 163.17	670.04	531.27	609.90	901.65	505.60	711.60
合计	250.70	191.59	220.55	571.34	456.62	513.13	391.44	307.22	348.58

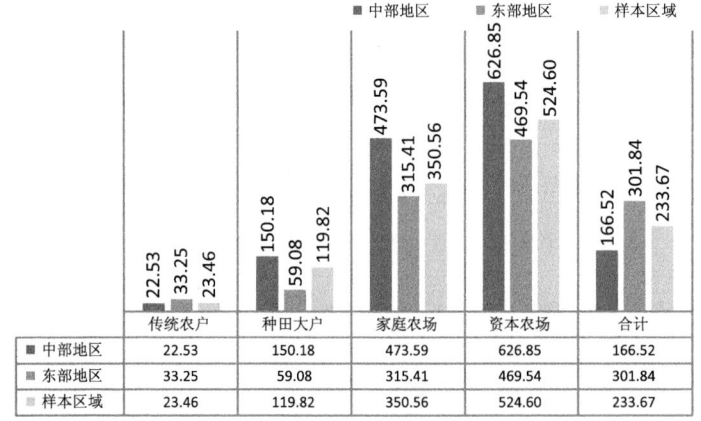

图4-14　水稻种植户的劳动生产率(产量,单位:斤/工日)

从产值来看,农业经营主体的劳动产出情况见表4-18。从农业经营主体来看,劳动生产率由高到低分别是资本农场(711.60元/工日)、家庭农场(641.26元/工日)、种田大户(274.42元/工日)和传统农户(57.54元/工日);从种植结构和地区差异来看,整体上大田作物的劳动生产率(391.44元/工日)略高于经混作物(307.22元/工日),而东部地区无论是经营大田作物或者是经混作物的农业经营主体的劳动生产率都高于中部地区。由此可见,不同农业经营主体的劳动生产率差异较大,整体上资本农场较之传统农户劳动生产率提高了11倍有余,其中大田作物提高了27倍,经混作物提高了5倍。

从产量来看,不同农业经营主体呈现出的规律与从产值看相一致,仍然是资本农场>家庭农场>种田大户>传统农户。无论是从产值还是产量角度,可以看出经营规模与劳动生产率呈正相关。这表明在当下,小农仍存在不计自身劳动力成本的"自我剥削",而政府涉农项目的投资、土地整治与集中,给规模经营主体提供了便利,一方面机械代替人力,采用较为先进的技术进行生产,另一方面劳动力要素释放,"内卷化"和"过密化"得以缓解,劳动生产率得到了巨大的提升。

因此,劳动生产率结果延伸的政策含义是,提高农户劳动生产率是增加农户收入的关键。一方面,在农业经营主体内部,目前传统农户、种田大户的劳动生产率与家庭农场、资本农场相比差距非常大,适度的规模经营可以提高劳动产出率。另一方面,从城乡差距来看,如果国家政策目标是提高农业经营主体收入,规模经营是未来的发展方向。

4.3.3 资本生产率

资本生产率是指单位资本内土地的总产出,反映了农业生产中资金利用的效率。需要说明的是,资本投入指农业经营主体在生产经营过程中当年所消耗的所有费用之和,包含了雇工工资,而未包含家庭自身劳动力的机会成本。

表 4-19 农业经营主体的资本生产率(产值) (单位:1)

	中部地区			东部地区			样本区域		
	大田	经混	小计	大田	经混	小计	大田	经混	合计
传统农户	3.04	2.43	2.74	2.60	1.73	1.97	3.01	2.32	2.65
种田大户	2.51	2.17	2.27	1.37	2.42	2.26	2.20	2.29	2.27
家庭农场	1.58	2.11	1.81	1.39	2.42	1.79	1.43	2.33	1.79
资本农场	1.44	1.33	1.42	0.89	2.08	1.51	1.10	2.03	1.49
合计	2.63	2.32	2.47	1.41	2.28	1.85	2.09	2.30	2.20

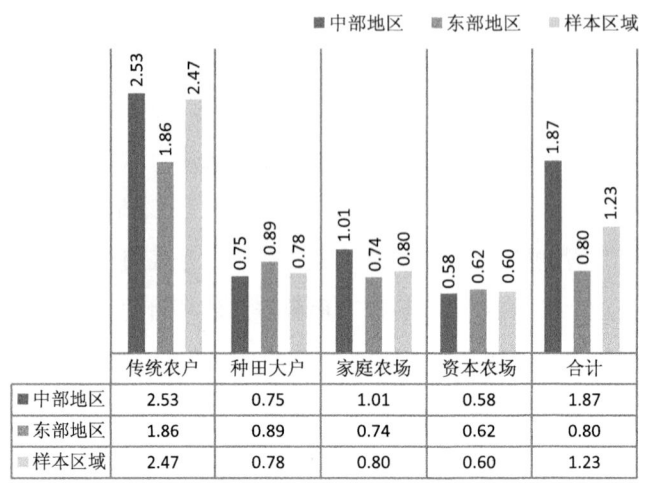

	传统农户	种田大户	家庭农场	资本农场	合计
■ 中部地区	2.53	0.75	1.01	0.58	1.87
■ 东部地区	1.86	0.89	0.74	0.62	0.80
样本区域	2.47	0.78	0.80	0.60	1.23

图4-15　水稻种植户的资本生产率(产量，单位:斤/元)

从产值来看,农业经营主体的资本产出情况见表4-19。从农业经营主体上来看,资本生产率由高到低分别是传统农户(2.65)、种田大户(2.27)、家庭农场(1.79)和资本农场(1.49);从种植结构和地区差异来看,整体上经营经混作物的农业经营主体的资本生产率高于经营大田作物的主体,其中东部地区经营经混作物的农业经营主体的资本生产率是经营大田作物的1.62倍,而中部地区经营经混作物的农业经营主体的资本生产率略低于经营大田作物的主体。由此可见,不同农业经营主体的资本生产率也呈现较强的规律性,传统农户最高而资本农场最低,与前文分析的劳动生产率的变化规律完全相反。

从产量来看,资本生产率由高到低分别为传统农户、家庭农场、种田大户和资本农场。在过去农民经常被定义为"落后的",因此一般认为农民经济学是非理性的。但舒尔茨(1987[1964])颠覆了这一观点,他认为农民与其他经济主体一样,会精于成本收益追求利润最大化,其"贫穷而有效率"的假说影响深远。本书的结论不能证伪舒尔茨的理性小农观点,传统农户有较高的资本生产率,而规模经营主体如前所述拥有很高的劳动生产率,这有赖于机械替换劳动力等,但机械投入、雇佣劳动力、租赁土地都加剧了其成本,资本生产率大大降低。

因此,资本生产率结果延伸的政策含义是,规模农场相对于"贫困而有效率"的小农经营者的优势并不体现在资本生产率,如果我们承认小农是部分地或者有条件地追求利润最大化,那么,农业政策的重点应该转向识别和消除阻碍小农进一步提高效率的障碍上。

最后,我们回到贯穿本章的水稻种植户案例4-1至4-4,以及草坪种植户案例4-5。通过访谈笔者得到案例4-1传统农户李女士的水稻亩产在875斤左右,总产量约7 000斤,售价为1.1元/斤,如前所述,李女士夫妇在其8亩水稻田在水稻种植上投入共6 060元,毛收益为7 700元。

案例4-2史先生水稻亩产在900斤左右,总产量约为13 500斤,其中7 000~8 000斤用于销售,售价约在1.25~1.3元/斤,收益为9 000~10 400元。史先生种植水稻田15亩,夫妇共同经营,只有插秧请了人工,所有投入共16 024.5元。笔者此处将史先生用于自家消费的水稻亦作为其产出进行折算,按照平均产量和售价计算得到其毛收益为17 212.5元。

案例4-3王先生其普通水稻亩产约为1 200斤,总产量296 400斤,售价约为1.26元/斤,毛收益为373 464元。如本章4.2.1所述,王先生的普通水稻为247亩,夫妻共同全年务农,其子女周末回乡帮忙,所有环节均需请工,共投入成本共313 270.1元。

案例4-4吴先生的绿色水稻亩产为900~1 000斤/亩,总产量约为950 000斤,售价为9元/斤,毛收益为8 550 000元。吴先生的资本农场普通水稻面积为1 000亩,长期雇工5人,临时用工达4 000工日,投入成本共1 503 300元。

案例4-5张女士从事草坪种植,单位产量为0.003斤/亩,售价是12元/斤,张女士的600亩的草坪毛收益为9 600 480元。张女士雇佣8个常年雇工,临时雇工达30人,临时用工总计7 500工日,经营草坪的投入共为

1 757 040元。

综上,得到不同类别的经营主体的生产率如表4-20。个案得到的生产率与前文宏观层面统计结果不尽相同,实际上展示了实际经营中生产率的差异较大,案例4-4中吴先生的水稻售价为9元/斤,是其他水稻种植户的七八倍,若未能形成品牌溢价,则无论从产出或者成本来看吴先生的资本农场并无优势。而草坪种植户张女士的土地生产率是从事水稻种植的传统农户李女士的16倍,种田大户李先生的14倍,家庭农场王先生的11倍,资本农场吴先生的近2倍。从个案到前文统计结果可以得到一致的是:从传统农户到资本农场,其劳动生产率得到了显著的提升,家庭农场和资本农场都正向现代农业转型。

表4-20　水稻种植户的土地、劳力和资本生产率(案例4-1至4-5)

	传统农户 (李女士)	种田大户 (史先生)	家庭农场 (王先生)	资本农场 (吴先生)	张女士草坪种植户 (经济作物对照)
土地生产率(元/亩)	962.50	1 147.5	1 512.0	8 550.0	16 000.8
劳动生产率(元/工日)	14.26	31.88	259.35	1 474.13	921.35
资本生产率(元/元)	1.27	1.07	1.19	5.69	5.46

4.4　多元农业经营主体的农地利用
主要特征和行为逻辑

4.4.1　传统农户

传统农户的经营规模不大,生产产品多数满足家庭内部消费,很少数参与市场。在农地流转率较高的地区,传统农户往往经营的是细碎的、少量的耕地,但是因为传统农户的数量众多,其需求也不容忽视。传统农户将土地作为其生计保障,而"种地无利、增收乏力"使仍从事农业生产的传统农户感到无奈,较低的资本投入和不计劳动成本的劳力投入以替代其他要素,使其具有高资本生产率和低劳动生产率。然而,因为传统农户缺乏承担风险的能力,其耕作的仍是一些经济价值较低的农产品,其土地生产率亦不高。如案例 4.1 中所述,传统农户的农地利用逻辑是能够获得一些"安全的"(农户自留的稻田不打农药)农产品供自家消费,并且能够实现自我价值。当传统农户将土地出租后,其获得的土地租金一般略低于传统农户自营土地的收益,但可以避免种植风险和获得休闲时光。所以,当传统农户年迈后,或者面临较高的土地租金时,他们更倾向转出土地(图 4-16)。

虽然传统农户慢慢脱离了土地,但其仍依赖于土地产生的租金,土地之于他们始终是保障,只是换了一种形式。值得注意的是,这种形式的转换多是不可逆的,传统农户的土地在流转后其原先的权属边界被破坏,长期流转也使转出户不再拥有合适的生产工具、丧失了劳动技能。所以,当承租主体无法继续负担原有的土地租金时,也就是其土地租金不能再保障传统农户生活时,传统农户也很难再回归农田了。

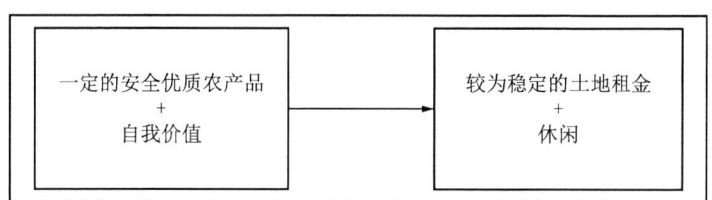

图 4-16　传统农户的行为逻辑

4.4.2　种田大户

种田大户除了自己的承包地,依靠村庄的互惠机制或者从农地流转市场取得一定的土地经营。种田大户以自家劳动力为主,在农地流转的竞争中,没有资本的优势,其优势在于具有"匠人精神"[①],耕作技术、地方性知识等共同构成了劳动的质量,种田大户可以精心照料土地,以确保好的产出和稳定

———————

① 匠人精神(craftsmanship)指的是劳动对象以可持续的方式实现较高的生产结果的能力。——杨·杜威·范德普勒格

的增长。前文可见,种田大户拥有高土地生产率和资本生产率,较低的劳动生产率,这些共同勾勒出种田大户的农地利用特征(见图4-17)。种田大户既要满足家庭消费,也追求利润,与市场关系较为紧密。但"小农思维"与"企业家思维"的不同在于其焦点不同,小农主要关注的是不断提高产出,从而提高每个劳动对象的附加价值,所以其扩大经营规模的前提是依靠自身已有的力量。然而,由于其他主体的参与,农地流转的竞争愈发激烈,以人情为主的农地流转方式终结,从种田大户到家庭农场的升级越来越困难。

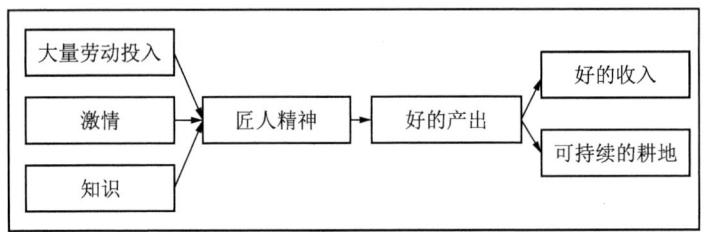

图 4-17 种田大户的行为逻辑

4.4.3 家庭农场

家庭农场是一种新型的农业经营形式,与种田大户相似的是,他们仍以家庭劳动力为主要劳动力,与种田大户不同的是,其土地主要通过农地流转市场获得,而非来源于人情网络。因此,其土地规模的扩大不再受亲缘、地缘关系的限制,而更多取决于资金实力。如前所述,研究区域家庭农场的平均规模为150亩左右,他们比种田大户先完成了资本积累,因此在这场土地竞争中取得了领先优势。具有一定"企业家思维"的他们,不再满足于家庭自给,会追求更多的农业生产剩余,与市场关联紧密(图4-18)。他们会购置大型机械,也会雇佣临时劳动力,从"劳动密集型"向"资金密集型"转变,从强调土地生产率到更加强调劳动生产率转变。因此,家庭农场具有高土地生产率、高劳动生产率和低资本生产率的特征。同时,他们积极申报各项农业项目和补贴,降低单位成本。通过合理利用劳动力达到最佳经营规模,取得收入是家庭农场的经营逻辑。

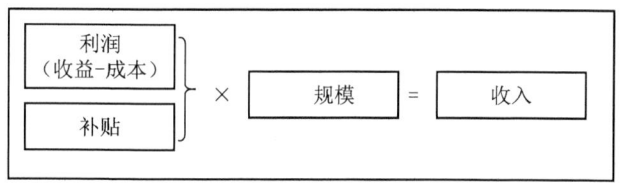

图 4－18　家庭农场的行为逻辑

4.4.4　资本农场

与家庭农场相似,聚集生产要素发挥规模效应是资本农场的行为逻辑之一,同时各种国家的涉农补贴也是资本农场追逐的对象。但实际上,现实中这种逻辑面临了多重困境:(1)生产经营的市场风险和自然风险的不可控;(2)雇工量超过预期,季节性短缺,用工成本超支;(3)土地租金成本高;(4)监管困难等。这些问题伴随规模的扩大,更为放大凸显。其规模化经营带来的单位成本的降低,被日渐增高的雇工、土地租赁成本耗尽,具有低土地生产率、高劳动生产率和低资本生产率的特征。一些资本农场一方面通过转包、分包分散自己的经营风险,一方面试图退出种植环节,扩展生产环节前后产业链以追求利润:向生产上游延伸,如案例 2－1HB 种业进行农资、农技创新;或者向生产下游延伸,如案例 4－4 香润公司进行品牌化营销,提高农产品的附加价值,以"订单农业"的方式将"种田大户""家庭农场"纳入资本体系中,完成中间种植环节。香润公司的做法似乎与学者曾经广泛讨论的"企业＋小农"的订单农业相同,但区别在于"小农"的内涵。在原来学者的语境中,"小农"指的多是分散的传统农户,而现在加入资本链条中的更可能是规模较大的"家庭农场"和"种田大户"。事实上,还有很大部分的农业经营主体,如

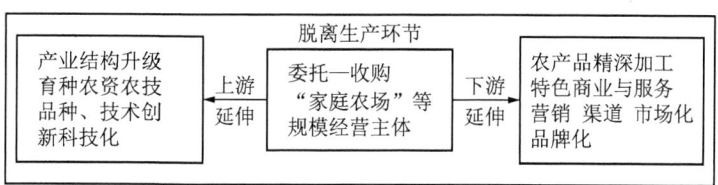

图 4－19　资本农场的行为逻辑

本章 4.1.2 阐述,试图调整产业结构,所以"非农化""非粮化"成为他们追求利润的必然选择。

表 4-21　农业经营主体的农地利用特征

农业经营主体	传统农户	种田大户	家庭农场	资本农场
土地产权	基于成员权、通过家庭承包获得的原始经营权	基于成员权、通过家庭承包获得的原始经营权＋通过市场流转获得的继受经营权	通过市场流转获得的继受经营权	通过市场流转获得的继受经营权
农地利用方式	经营规模缩小,种植作物往往是传统的大田作物	经营规模略有增长,较少调整种植结构	经营规模大幅扩张,积极调整种植结构,勇于尝试新品种和新技术	经营规模大幅扩张,积极调整种植结构,勇于尝试新品种和新技术
土地投入	自营	自营 租赁以代耕方式,非正式契约为主	自营为主 租赁以有偿、正式契约为主	自营＋转包 几乎皆为租赁方式,正式契约
劳动力投入	全部为家庭劳动力	全部为家庭劳动力	家庭劳动力为主,少量存在长期雇工,多为季节性使用雇佣劳动力	主要或者完全依赖雇佣劳动,资本农场主组织管理农场
资本投入	少量,主要用于流动生产资料和机械租赁。基础设施投入依赖国家投资	少量,主要用于流动生产资料和土地租金。基础设施投入依赖国家投资	较多,主要用于土地租金和流动生产资料。基础设施投入依赖国家投资	较多,主要用于土地租金和雇工工资。基础设施投入主要依赖国家投资
生产率	低土地生产率,低劳动生产率,高资本生产率	高土地生产率,低劳动生产率,高资本生产率	高土地生产率,高劳动生产率,低资本生产率	低土地生产率,高劳动生产率,低资本生产率
生产目的与逻辑	简单再生产(为了满足食物的需要),不计劳动成本	以简单再生产和追求利润二者为经营目的,主要还是为了满足家庭内部消费,追求劳动产出最大化,劳动存在自我剥削的特性	以追求利润为经营目的,扩大再生产会考虑自家劳动力,或者雇工在监督范围内	以追求利润为经营目的,逐渐退出种植环节,深入生产环节前后产业链
性质	自给自足型,与市场关联度低	自给自足型/追求利润型(传统农业),与市场关联紧密	追求利润型(传统农业/现代农业),与市场关联高	追求利润型(现代农业),与市场关联高

4.5 本章总结

本章从农地利用方式、农地投入配置、农地生产率三方面分别展示了不同农业经营主体的农地利用面貌,探究了其农地利用的特征和行为逻辑,为第五章多元农业经营主体的农地利用效率研究提供理论支撑和实证对照。本章结论如下:

（1）从农地利用方式来看,传统农户的经营规模萎缩,种田大户的经营规模略有上升,而家庭农场和资本农场的经营规模显著扩张。规模经营主体调整种植结构的行为更普遍,而东部地区较之中部地区经营经济作物的比例更高,"非粮化"的趋势更为明显。

（2）从劳动力投入配置来看,传统农户、种田大户和家庭农场仍以家庭劳动力为主,经济作物较之大田作物的劳动力需求量更大。经营大田作物的规模农业经营主体,基本实现了全过程机械化操作,劳动效率显著提升。

（3）从土地投入配置来看,分包是资本农场常有的土地配置方式,相较其他经营主体,资本农场的经营类型更丰富,品种更优良。

（4）从资本投入配置来看,不同农业经营主体的资本投入配置结构发生了显著的变化:传统农户最主要的资本投入是生产资料（69.06％）、机械租赁（16.87％）;种田大户的最主要的资本投入是生产资料（55.11％）、土地租金（19.23％）、机械租赁（10.50％）;家庭农场的最主要的资本投入是生产资料（43.66％）、土地租金（36.59％）和雇工工资（11.61％）;资本农场的最主要的资本投入是土地租金（34.00％）、生产资料（31.31％）、雇工工资（30.05％）。土地租金、生产资料和雇工工资已经成了规模经营主体最重要的三大成本。水稻种植户案例表明,从传统农户、种田大户、家庭农场到资本农场,亩均成本逐渐增高,规模经营降低的成本被土地和雇工成本的增加而消解。

（5）从生产率来看，传统农户土地生产率低、劳动生产率低、资本生产率高；种田大户土地生产率高、劳动生产率低、资本生产率高；家庭农场土地生产率高、劳动生产率高、资本生产率低；资本农场土地生产率低、劳动生产率高、资本生产率低。

（6）本章总结了不同农业经营主体的农地利用逻辑：

① 传统农户将土地作为生计保障，其农地利用的逻辑是能够获得一些"安全的"农产品供自家消费，并且能够实现自我价值。他们是否转出土地的决策基于前者（农产品、自我价值实现）与土地租金、获得的休闲之间的比较。当传统农户失去劳动力或者土地租金足够高时他们会退出农业生产经营。

② 具有"匠人精神"的种田大户农地利用逻辑是依靠家庭劳动力，利用耕作技术、地方性知识不断提高劳动质量，以此提高产出和每个劳动对象的附加价值。随着基于人情的农地流转方式瓦解，种田大户同样面临退出农业生产经营的境遇。

③ 具有"企业家思维"的家庭农场主，不再满足于家庭自给，会追求更多的农业生产剩余，其农地利用逻辑从单纯强调土地生产率向更加强调劳动生产率转变，通过合理利用劳动力达到最佳经营规模，降低单位成本，取得更多收入。

④ 资本农场的行为逻辑之一仍是生产要素聚焦产生规模效应，以获取更多利润。但随着农业生产经营中的诸如风险不可控、雇佣劳动力和土地成本过高、监管困难等问题凸显，脱离种植环节，而向生产上游"科技化"、下游"品牌化"方向延伸是资本农场正在践行的思路。

第5章 "三权分置"下多元农业经营主体的农地利用效率

5.1 理论与假设

如前所述,"小农制"的发展前景是学术界争论的重要话题,无论是规模经营的倡导者还是小农学派的支持者,学者的争论焦点可以归纳为两个方面:第一,对于农地规模经济性的争论。第二,对于小农技术效率的争论。所以下文从技术效率和规模效率两个方面进行理论分析并提出相应的假设。

(1) 规模效率

关于农地是否具有规模经济性的争论一直存在,其中最知名的是 Sen (1962)发现印度农业农户规模(以"土地面积"衡量)与农业效率(以"单产"或者"单产价值"衡量)之间存在负向关系(又称 IR 假说)。随后,各国学者开展的实证研究也验证了 IR 假说(Bardhan,1973;Binswanger et al.,1993;Assunão et al.,2004)。学者对小农生产率更高的解释大致分为以下几个方面:① 监督激励和风险管理。此类解释以 Eswaran 和 Kotwal(1986)的论文为代表,大规模经营者拥有较高的土地—劳动比例,土地边际效益递减导致负向关系存在。同时,农业生产的特点决定雇工监督的成本极高。② 要素市场不完全。这包括大农户与小农户在各自所面临的土地、劳动力和资本市场上的差别，尤其是劳动力市场的作用至为关键。③ Chayanov 的自我剥削机制，这与黄宗智先生的"过密型"和"内卷型"农业理论存在某种相通之处。此外还有学者从风险管理、耕地质量和利用程度等方向进行解释。国内学者开展的研究也支持了这一观点（万广华和程恩江，1996；刘凤芹，2006；许庆等，2011）。

而 IR 假设的质疑者则提出如下反对意见：① 农场规模与土地生产率的反向关系仅存在于没有技术进步和投入的情况下，大规模农场通过现代农业技术仍可以在劳动力投入减少的情况下保证土地生产率（Ajit Kumar Ghose，1979）。② 异质性（Heterogeneity）。学者指出在探讨 IR 负向关系时，土地和农户的差异没有被考虑在内。Assun ão 和 Ghatak（2003）关注农户本身管理能力、生产效率的差别，还有学者提出非农就业机会打破家庭劳动力分工，大农场和小农场的生产率则趋平（Cornia，1985）。

（2）技术效率

技术效率（Technical Efficiency，TE）是近年来衡量生产单位效率状况使用最多的指标之一，其从投入产出角度衡量生产单位能够在多大程度上运用现有技术达到最大产出的能力，一般用生产单位的实际产出与其所能实现的最大潜在产出比值来衡量（李谷成等，2010）。农户是否具有技术效率的争论也早已有之。

第一种观点假定了一种小农农业断然无法超越的"技术上限"（technical ceiling）[西奥多·舒尔茨，1987（1964）；Bernstein，1977；Bernstein，1986]，他们假定小农农业存在一种固定的落后性。按照主流的解释，这种"上限"是特定的资源固有的：贫瘠的土地、落后的工具、劣质的牲畜、未经改良的作物品种、低效的灌溉系统和贫乏的知识，这些都意味着农业必然是穷困、落后和停滞不前的。小农会充分利用可用的资源（这方面他们被视为是高效的），但是由于他们的资源是"贫乏的"，因此他们无力推动发展的进程。与这种技术上限的推理相类似的还有一种社会经济的观点，这种观点将小农生产限定在户口的层次上,认为一旦小农生产满足了人们的中级需要甚至是更高的需求,就失去了进一步发展的动力。小农的目标不是追求利润最大化,相反,他们会阻碍增长和积累。

而另一种观点则认为技术效率与规模基本是无关的,即规模大小不同的农户在对农业前沿技术的利用和实现最大潜能产出的能力上无显著差异(李谷成等,2010)。弗兰克·艾利思(2006)指出无论是农业生物良种技术,还是农业化学型技术进步,都不会对农户的规模提出要求,是规模中性的。速水佑次郎和拉坦(2000)曾认为现代农业技术更多趋于中性,规模变量不会成为一个有效变量进入决策系统;国内学者李谷成等(2010)也证明了技术效率与规模是无关联的,对于一些传统农业技术精华,小农户更善于发挥其精耕细作和自有劳动力机会成本低的比较优势,过度投入劳动力,尽可能地实现最大潜在产出水平。

(3)本章假设

综上,无论是规模效率(IR假说)或者技术效率("小农技术上限")的争论,实质上都是对我国农业是否应该走规模化道路的一种探讨,也是对当前"三权分置"背景下传统小农和新型农业经营主体的农地利用效率提出疑问。如前所述,IR假说在特定的时空背景条件下可能存在,在当前土地大量流转,劳动力外流,农业从"过密化"向"去过密化"转变的情形下,有必要重新考查上述问题。因此,本书在已有的研究上,做如下尝试:

第一,采用综合指标而不是单指标测算效率。以往的研究经营目标不同,选择效率评价指标时存在差异。比如,在发展中国家进行实证研究的一个普遍性的发现是农地经营规模与土地生产率呈现的反向关系。土地生产率是一个单要素指标,不能全面综合地反映整个农业生产过程,而农业效率是个综合概念,还包括劳动生产率、资本生产率及技术效率等,且不同的效率指标蕴涵着不同的政策含义。如第四章4.3节,从土地、劳动和资本生产率三个单要素生产率指标出发,不同农业经营主体的表现各有优劣。所以本章从综合视角,采用数据包络分析(DEA)对不同农业经营主体的综合效率、规模效率和技术效率进行求解。

第二,从产值和产量两个方面测算效率。如前所述,不同效率指标蕴含的政策含义不同。从产值角度考虑的农地利用效率的核心是农民问题,而从产量角度考虑的农地利用效率核心是农业问题。所以本章将从产值、产量两个角度展开论述,并比较二者的差异。

第三,本章采用三阶段 DEA 方法,与传统 DEA 方法相比,本方法剥离环境因素对不同主体的农地利用效率的影响,在一定程度上使得不同农业经营主体置于相同的外界环境,减少环境异质性的引起的误差。但仍存在局限性,此方法不能排除农户异质性带来的农地利用效率差别。

故本书将上述规模效率和技术效率的讨论,放到现阶段一个更为宽阔的视野内来予以全面检验和评价。根据第四章对不同农业主体的农地利用特征和行为逻辑的描述,以及在此梳理的其他学者的研究成果,笔者提出如下两个假设:

(1) H_1 从产值角度,规模经营主体的农地利用效率高于小农户,表现为资本农场、家庭农场的综合效率>种田大户和传统农户的综合效率。这个假设可进一步分解为如下两个部分:

• H_{1a} 规模经营主体的规模效率高于小农户,表现为资本农场、家庭农场>种田大户和传统农户。

• H_{1b} 规模经营主体的技术效率高于小农户,表现为资本农场、家庭农场>种田大户和传统农户。

(2) H_2 从产量角度,规模经营主体的农地利用效率低于小农户,表现为资本农场、家庭农场的综合效率<种田大户和传统农户的综合效率。这个假设可进一步分解为如下两个部分:

• H_{2a} 规模经营主体的规模效率低于小农户,表现为资本农场、家庭农场<种田大户和传统农户。

· H_{2b} 规模经营主体的技术效率高于小农户，表现为资本农场、家庭农场>种田大户和传统农户。

5.2 多元农业经营主体的农地利用效率指标选取与模型构建

5.2.1 指标变量的选取

（1）投入指标变量的选取

劳动、土地和资本是经济活动中最基本也是最重要的投入要素，对于农业生产经营亦是如此。因此本书界定的总成本是指在生产过程中耗费的资金、劳动力和土地等所有资源的成本，公式为：总成本＝土地成本＋劳动力成本＋资本成本。结合研究区域的实际、借鉴相关学者的研究成果，本书最终选择如下指标构成上述三项成本（如表5-1）①。

（2）产出指标变量的选取

对于产出指标的选择，同4.3节笔者分别从产值和产量两方面出发，选择了农业经营主体的年总产值和水稻种植户的年总产量作为产出指标。

（3）环境指标变量的选取

环境变量选取的作用在于剥离环境因素、随机误差对不同农业经营主体的影响，将各主体置于同质环境考察，保证测算结果的可靠性。综合研究区域的实际，并立足于相关文献，将村庄地形、村庄位置、村庄基础设施、村庄土地整理四个变量作为环境变量。

---

① 由于三阶段 DEA 方法不需要对指标进行标准化运算，从而在一定程度上减少了指标标准化运算过程中带来的误差，因此，各投入指标采用适合自身实际情况的单位进行衡量即可。

表 5-1 农业经营主体的农地利用效率评价指标体系

指标类型	选取指标	计量单位	指标说明
投入指标	土地投入	亩	农业经营主体的年播种面积
	劳动力投入	工日	农业经营主体家庭用工和雇工总量
	资本投入	元	包括生产资料流动资本、租赁机械流动资本、固定资产折旧、雇工工资、土地租金
产出指标	总收益	元	农业经营主体农业生产的年毛收入
	总产量	斤	从事水稻经营的农业经营主体农业生产的年总产量
环境指标	村庄地形	(0,1)	平原地区=1;非平原地区=0
	村庄位置	(0,1)	近郊=1;非近郊=0
	村庄基础设施	(0,1)	基础设施完善=1;基础设施不完善=0
	村庄土地整理	(0,1)	曾经土地整理=1;没有土地整理=0

5.2.2 指标变量的定义与说明

（1）土地投入

土地投入即农业经营主体当年的实际播种面积,计量单位为"标准亩"①。农业经营主体的实际播种面积相比其土地规模更能反映其土地投入的实际状况,水稻种植的农业经营主体的土地投入为当年的水稻播种面积。

（2）劳动力投入

劳动力投入即农业经营主体在全年的整个生产经营过程所使用的劳动总用工量,包括户内家庭劳动力和雇佣劳动力,计量单位为"标准劳动日"②。如前文所述,传统农户、种田大户和家庭农场以家庭劳动力为主要用工,而资

---

① 使用"标准亩"作为计量单位,是因为在调查中,"标准亩"仍是目前农业经营主体最主要的生产面积单位,调查重要的内容投入产出数据各农业经营主体也是以亩为计量单位的。所以,本书采取标准亩为计量单位,更直观和更符合农业经营主体的习惯。

② 与传统的衡量劳动投入的"家庭劳动力数量"相比,"标准劳动日"更能精确反映农业经营主体的劳动总用工量,主要两个原因:一是目前农村的农民兼业现象较为普遍,尤其目前农村家庭的子女多数在城里就业或谋生,只是偶尔在农忙时节帮助父母分担一些家务劳动,将他们作为完整的劳动力显然不能准确地反映农业经营主体的劳动投入量;二是目前雇工劳动力,除了个别"长工",多数是在农忙时参与到农业生产经营中的"小工",将"小工"作为完整的劳动力也不能准确反映其劳动投入,而将其劳动投入折算为"标准劳动日"能够达到预期目的。

本农场则以雇工劳动力为主要用工。

（3）资本投入

资本投入是指农业经营主体在生产经营过程中当年所消耗的生产资料流动资本、租赁机械流动资本、固定资产折旧、雇工工资、土地租金之和[1]，其计量单位是"元"。需要说明的是在资本投入中仍纳入了"雇工工资"和"土地租金"，有如下几个原因：一是，雇工工资和土地租金是资本投入的重要组成，如前文所述，资本农场的雇工工资和土地租金分别占据了资本投入的30.05％和34.00％；二是，"雇工劳动力""租入的土地"与"家庭劳动力""自己的承包地"相比，需要支付实际的费用。综上，雇工工资和土地租金已经成了资本投入的重要组成部分，如果排除了雇工工资和土地租金，资本投入的值将严重偏离实际。

（4）总收益

总收益是指农业经营主体所获得的所有农产品的农业收入，不包括农业经营主体的非农收入、农机服务收入和相关农业补贴，其计量单位是"元"。使用总收益作为产出指标的原因如下：一是，采用总收益而不是总产量更便于进行经营作物类型不同的农业经营主体之间的横向比较；二是，采用总收益而不是净收益，或者亩均收益，是其更符合 DEA 模型的"同向扩张性"原则，即投入增加时，产出不能减少。

（5）总产量

水稻总产量是指水稻种植户在一个生产周期内获得的水稻的总产量，其计量单位为"斤"。使用总产量作为产出指标的原因如下：一是，一部分传统农户的粮食并不会进行销售，而是用于家庭消费，如果使用粮食销售收入不利于客观比较不同农业经营主体的农地利用效率；二是，使用水稻的总产量作为从事水稻的农业经营主体的产出指标，有利于分析其在生产环节的农地利用效率，也可以与以总收益作为产出指标的效率相对比。

---

[1] 见第四章 4.2.3 节。

（6）村庄位置

作为先后受城镇化影响的区域，近、远郊农业经营主体由于家庭物质条件和思想观念的差异，可能导致其在种植结构、生产经营上有较大的区别。一般而言，近郊区具有交通发达、靠近市场等优势，但其土地租金、雇工成本相比远郊区会更高，因此其对农业经营主体的影响既是显著的，也是多方面的。因此，本书选取村庄的地理位置作为环境变量之一，根据村庄的地理位置将农业经营主体划分为2类，所处村庄为近郊、所处村庄为非近郊。该变量设置为二分变量，无计量单位，赋值如下：近郊＝1，非近郊＝0。

（7）村庄地形

村庄的地貌地形条件对农业生产的作用显著，一般而言，地势平坦的地区更适合大规模的机械作业，农业生产条件更为优越。因此，本书选取村庄的地貌类型作为环境变量之一，根据村庄的地貌地形特征将农业经营主体划分为2类，所处村庄为平原地区、所处村庄为非平原地区。该变量设置为二分变量，无计量单位，赋值如下：平原地区＝1，非平原地区＝0。

（8）村庄基础设施

农业基础设施是农业生产必不可缺的公共基础条件，也是农业现代化的先行资本（埃利斯，1966）。完善的农业基础设施有利于降低生产成本，提高劳动生产率。因此，本书选取村庄基础设施是否完善作为环境变量之一，根据被访者对"基础设施是否完善"的回答，将其分为2类，所处村庄基础设施完善、所处村庄基础设施不完善。该变量设置为二分变量，无计量单位，赋值如下：村庄基础设施完善＝1，村庄基础设施不完善＝0。

（9）村庄土地整理

土地整理是指采用工程、生物等措施，对田、水、路、林、村进行综合整治，经土地整理的村庄的农田基础设施、生产生活环境都会显著提高。在调查中亦发现，经过整理的土地更受市场上农业经营主体的青睐，可减少农业经营主体前期的基础设施投入。因此，本书选取村庄是否经过土地整理作为环境变量之一,将其分为 2 类,所处村庄经过土地整理、所处村庄未经过土地整理。该变量设置为二分变量,无计量单位,赋值如下:村庄经过土地整理＝1,村庄未经过土地整理＝0。

5.2.3 多元农业经营主体农地利用效率评价模型

在选取好投入、产出、环境指标后,利用三阶段 DEA 方法对 617 个农业经营主体和其中 403 个种植水稻的农业经营主体(为了方便区分,下文称之为水稻种植户)分别进行分析,需要经过三个步骤,具体如下:

第一步:传统 DEA 分析。传统 DEA 模型主要包括 CCR 和 BCC 两种模型,两者的区别主要在于对规模报酬的假定不同,前者假定规模报酬不变,后者则假定规模报酬可变。如第四章所述,不同类型的农业经营主体的规模与产量、收益并不是完全的线性关系,所以规模报酬不变的假定不符合研究区域的实际情况。因此,此处采用 BCC 模型进行分析。

第二步:SFA 回归分析。SFA 和 DEA 是两种比较经典的效率评价的方法,Fried 等(2002)将 DEA 和 SFA 两种方法进行融合进而提出了三阶段 DEA 模型。此处,承接第一阶段 BCC 模型的结果,以农业经营主体各投入指标的冗余值(土地投入松弛变量、劳动力投入松弛变量、资本投入松弛变量)作为被解释变量,以村庄地形、村庄位置、村庄基础设施、村庄土地整理环境变量作为解释变量,然后进行 SFA 回归分析。根据回归分析的结果,利用参数的估计值对各农业经营主体的原始投入值进行调整,使得所有农业经营主体均处在同质环境之下。

第三步:调整 DEA 分析。将第二阶段农业经营主体各投入的调整值和原始产出值再次代入投入导向的 BCC 模型进行分析,最终得到农业经营主体的农地利用效率估计值。由于剥离了环境因素和随机误差对农业经营主体经营状况的影响,因而得到的估计值能够比较真实地反映各主体的农地利用效率(孔令成,2016)。

5.3 多元农业经营主体的农地利用效率的测度

5.3.1 指标变量的描述性统计分析

通过调研获得的微观农业经营主体的数据,分别可形成 617 个农业经营主体、403 个水稻种植户的决策单元,各指标变量的统计情况见表 5-2、表 5-3。

由表可见,传统农户、种田大户、家庭农场和资本农场在规模、组织方式上都有较大差异,所以相应的在土地投入、劳动力投入、资本投入、总收益和总产量之间的差距都较大。在第四章中,已较为全面地展示了各农业经营主体的土地利用的不同特征,在此不再赘述。

所选的四个环境指标,就全部农业经营主体而言,村庄位于平原地区为 443 户,占比为 71.80%;村庄位于近郊的为 473 户,占比为 76.67%;村庄基础设施完善的为 440 户,占比为 71.31%;村庄进行过土地整理的为 297 户,占比为 48.14%。就水稻种植户而言,村庄位于平原地区为 247 户,占比为 61.29%;村庄位于近郊的为 286 户,占比为 70.97%;村庄基础设施完善的为 274 户,占比为 67.99%;村庄进行过土地整理的为 196 户,占比为 48.64%。

表 5-2　农业经营主体的投入、产出及环境指标的描述统计量

指标名称	样本数	单位	最大值	最小值	均值	标准差
土地投入	617	亩	6 000.00	0.60	161.34	456.032
劳动力投入	617	工日	112 830.00	5.00	1 048.35	4 751.40
资本投入	617	元	28 119 500.00	110.00	244 442.96	1 231 217.57
总收益	617	元	60 000 000.00	480	398 266.85	2 548 948.074
村庄位置	617	(0,1)	1	0	0.72	0.45
村庄地形	617	(0,1)	1	0	0.77	0.42
村庄基础设施	617	(0,1)	1	0	0.71	0.45
村庄土地整治	617	(0,1)	1	0	0.48	0.50

表 5 - 3　水稻种植户投入、产出及环境指标的描述统计量

指标名称	样本数	单位	最大值	最小值	均值	标准差
土地投入	403	亩	3 000.00	0.60	129.23	279.04
劳动力投入	403	工日	15 660.00	5.00	741.02	1 314.62
资本投入	403	元	5 056 000.00	140.00	200 170.60	465 454.77
总产量	403	斤	3 000 000.00	780.00	134 015.27	291 301.57
村庄位置	403	(0,1)	1	0	0.61	0.49
村庄地形	403	(0,1)	1	0	0.71	0.45
村庄基础设施	403	(0,1)	1	0	0.68	0.47
村庄土地整治	403	(0,1)	1	0	0.49	0.50

5.3.2　第一阶段传统 DEA 分析

第一阶段传统 DEA 方法将分别测算并分析 617 个农业经营主体、403 个水稻种植户的综合效率、技术效率和规模效率。

（1）综合效率

多元农业经营主体的农地利用综合效率分布见表 5 - 4。综合效率值从高到低依次为种田大户（20.82%）、资本农场（20.75%）、家庭农场（20.70%）、传统农户（16.08%）。

水稻种植户的农地利用综合效率分布见表 5 - 5。综合效率值从高到低依次为家庭农场（64.32%）、资本农场（60.38%）、种田大户（51.37%）和传统农户（44.44%）。

表 5 - 4　农业经营主体的农地利用综合效率频率分布

综合效率 η/%	传统农户 （$n=254$）	种田大户 （$n=95$）	家庭农场 （$n=232$）	资本农场 （$n=36$）
$\eta \leqslant 10$	96	20	61	9
$10 < \eta \leqslant 20$	91	40	101	17
$20 < \eta \leqslant 30$	33	16	27	2
$30 < \eta \leqslant 40$	16	12	16	4

综合效率 $\eta/\%$	传统农户 （$n=254$）	种田大户 （$n=95$）	家庭农场 （$n=232$）	资本农场 （$n=36$）
$40<\eta\leqslant50$	14	2	10	1
$50<\eta\leqslant60$	2	3	5	1
$60<\eta\leqslant70$	1	0	4	0
$70<\eta\leqslant80$	0	0	2	2
$80<\eta\leqslant90$	0	0	0	0
$90<\eta\leqslant100$	1	2	6	0
平均值	16.08	20.82	20.70	20.76
最大值	92.70	100.00	100.00	77.70
最小值	2.30	3.20	4.40	3.20

表 5-5　水稻种植户的农地利用综合效率频率分布

综合效率 $\eta/\%$	传统农户 （$n=167$）	种田大户 （$n=46$）	家庭农场 （$n=167$）	资本农场 （$n=23$）
$\eta\leqslant10$	2	0	1	0
$10<\eta\leqslant20$	14	2	2	2
$20<\eta\leqslant30$	12	4	5	2
$30<\eta\leqslant40$	54	5	11	1
$40<\eta\leqslant50$	35	13	11	2
$50<\eta\leqslant60$	15	9	24	0
$60<\eta\leqslant70$	21	7	46	7
$70<\eta\leqslant80$	7	2	42	5
$80<\eta\leqslant90$	2	3	17	3
$90<\eta\leqslant100$	5	1	8	1
平均值	44.44	51.37	64.32	60.38
最大值	100.00	94.20	100.00	95.80
最小值	6.40	11.10	8.00	12.70

（2）技术效率

农业经营主体的农地利用技术效率见表 5 - 6。从技术效率平均值来看，传统农户最高，种田大户次高，资本农场再次之，而家庭农场最低。从技术效率的高低值来看，四种类型的农业经营主体的技术效率高值均达到了 100%，资本农场的低值最低，为 3.30%。

水稻种植户的农地利用技术效率见表 5 - 7。从技术效率平均值来看，资本农场最高，家庭农场次高，种田大户再次之，而传统农户最低。从技术效率的高低值来看，四种类型的农业经营主体的技术效率高值均达到了 100%，传统农户的低值最低，为 8.50%。

表 5 - 6 农业经营主体的农地利用技术效率频率分布

技术效率 η/%	传统农户 $(n=254)$	种田大户 $(n=95)$	家庭农场 $(n=232)$	资本农场 $(n=36)$
$\eta \leqslant 10$	17	16	49	9
$10 < \eta \leqslant 20$	93	34	108	16
$20 < \eta \leqslant 30$	68	15	29	2
$30 < \eta \leqslant 40$	23	14	19	3
$40 < \eta \leqslant 50$	16	8	7	1
$50 < \eta \leqslant 60$	21	4	8	2
$60 < \eta \leqslant 70$	6	1	4	0
$70 < \eta \leqslant 80$	2	0	1	0
$80 < \eta \leqslant 90$	1	0	0	0
$90 < \eta \leqslant 100$	7	0	0	0
平均值	28.27	25.88	21.68	25.20
最大值	100.00	100.00	100.00	100.00
最小值	6.60	5.90	5.30	3.30

表 5 - 7 水稻种植户的农地利用技术效率频率分布

技术效率 η/%	传统农户 $(n=167)$	种田大户 $(n=46)$	家庭农场 $(n=167)$	资本农场 $(n=23)$
$\eta \leqslant 10$	1	0	1	0
$10 < \eta \leqslant 20$	3	1	2	0

技术效率 η/%	传统农户 (n＝167)	种田大户 (n＝46)	家庭农场 (n＝167)	资本农场 (n＝23)
20＜η≤30	11	4	1	1
30＜η≤40	35	5	12	3
40＜η≤50	39	11	8	0
50＜η≤60	21	9	12	1
60＜η≤70	26	4	21	0
70＜η≤80	12	3	46	5
80＜η≤90	5	4	37	4
90＜η≤100	14	5	27	9
平均值	52.93	56.58	72.36	77.56
最大值	100.00	100.00	100.00	100.00
最小值	8.50	14.30	9.80	24.00

（3）规模效率

农业经营主体的农地利用规模效率分布见表 5 - 8。从规模效率平均值来看，家庭农场最高，资本农场次高，种田大户再次之，而传统农户最低。从规模效率的高低值来看，种田大户、家庭农场的规模效率高值均达到了 100％，传统农户的低值最低，为 6.50％。

表 5 - 8　农业经营主体的农地利用规模效率频率分布

规模效率 η/%	传统农户 (n＝254)	种田大户 (n＝95)	家庭农场 (n＝232)	资本农场 (n＝36)
η≤10	6	0	0	0
10＜η≤20	10	0	0	0
20＜η≤30	33	1	0	0
30＜η≤40	24	4	0	1
40＜η≤50	21	4	0	0
50＜η≤60	16	7	1	1
60＜η≤70	22	1	1	0

续　表

规模效率 $\eta/\%$	传统农户 ($n=254$)	种田大户 ($n=95$)	家庭农场 ($n=232$)	资本农场 ($n=36$)
$70<\eta\leqslant80$	33	5	5	2
$80<\eta\leqslant90$	58	33	25	3
$90<\eta\leqslant100$	31	40	200	29
平均值	60.91	81.53	94.31	92.87
最大值	96.40	100.00	100.00	99.90
最小值	6.50	20.10	57.70	36.70

　　水稻种植户的农地利用规模效率分布见表 5-9。从规模效率平均值来看,种田大户最高,家庭农场次高,传统农户再次之,而资本农场最低。从规模效率的高低值来看,传统农户和家庭农场规模效率高值均达到了 100%,而传统农户的低值最低,为 24.90%。

表 5-9　水稻种植户的农地利用规模效率频率分布

规模效率 $\eta/\%$	传统农户 ($n=167$)	种田大户 ($n=46$)	家庭农场 ($n=167$)	资本农场 ($n=23$)
$\eta\leqslant10$	0	0	0	0
$10<\eta\leqslant20$	0	0	0	0
$20<\eta\leqslant30$	3	0	0	0
$30<\eta\leqslant40$	3	0	0	2
$40<\eta\leqslant50$	7	1	1	0
$50<\eta\leqslant60$	5	0	0	0
$60<\eta\leqslant70$	11	1	2	5
$70<\eta\leqslant80$	15	8	9	4
$80<\eta\leqslant90$	22	4	72	8
$90<\eta\leqslant100$	101	32	83	4
平均值	84.80	91.34	89.24	75.83
最大值	100.00	99.90	100.00	99.20
最小值	24.90	46.30	49.80	34.50

（4）第一阶段传统 DEA 分析小结

① 农业经营主体

由表 5－10 可见，从综合效率上来看，种田大户的综合效率略高于其他经营主体，而传统农户的综合效率最低；从技术效率上来看，传统农户的技术效率值最高，而家庭农场的技术效率值最低；从规模效率上看则与技术效率相反，家庭农场的规模效率值最高，而传统农户的规模效率值最低。

表 5－10　农业经营主体的第一阶段 DEA 评价结果

类型	综合效率	技术效率	规模效率
传统农户（%）	16.08	28.27	60.91
种田大户（%）	20.82	25.88	81.53
家庭农场（%）	20.70	21.68	94.31
资本农场（%）	20.76	25.20	92.87

从规模报酬情况来看（见表 5－11），传统农户均处于规模报酬递增阶段；种田大户中有 98.95% 处于规模报酬递增阶段，1.05% 处于规模报酬不变阶段；家庭农场中有 93.97% 处于规模报酬递增阶段，4.74% 处于规模报酬不变阶段，还有 1.29% 处于规模递减阶段；资本农场中仅有 47.22% 处于规模报酬递增阶段，22.22% 处于规模报酬不变阶段，30.56% 处于规模递减阶段。这说明，传统农户、种田大户和大多数的家庭农场仍可以通过增加投入来提高农地利用效率，而一半的资本农场已经进入了规模报酬不变和递减的阶段，不宜再增加投入规模。

表 5－11　农业经营主体的第一阶段 DEA 规模报酬分布情况

规模报酬		传统农户（n＝254）	种田大户（n＝95）	家庭农场（n＝232）	资本农场（n＝36）
递增	户	254	94	218	17
	%	100.00	98.95	93.97	47.22

续　表

规模报酬		传统农户	种田大户	家庭农场	资本农场
		(n=254)	(n=95)	(n=232)	(n=36)
不变	户	0	1	11	8
	%	0.00	1.05	4.74	22.22
递减	户	0	0	3	11
	%	0.00	0.00	1.29	30.56

② 水稻种植户

从表 5-12 中可以看出,从综合效率上来看,家庭农场的综合效率略高于其他主体,而传统农户的综合效率最低;从技术效率上来看,资本农场的技术效率值最高,而传统农户的技术效率值最低;从规模效率上看,种田大户的规模效率值最高,而资本农场的规模效率值最低。

表 5-12　水稻种植户的第一阶段 DEA 评价结果

类型	综合效率	技术效率	规模效率
传统农户(%)	44.44	52.93	84.80
种田大户(%)	51.37	56.58	91.34
家庭农场(%)	64.32	72.36	89.24
资本农场(%)	60.38	77.56	75.83

从规模报酬情况来看(见表 5-13),传统农户中有 91.02%处于规模报酬递增阶段,4.79%处于规模报酬不变,还有 4.19%处于规模报酬递减阶段;种田大户中仅有 43.48%处于规模报酬递增阶段,4.35%处于规模报酬不变阶段,52.17%处于规模报酬递减的阶段;家庭农场中仅有 3.59%处于规模报酬递增阶段,2.99%处于规模报酬不变阶段,有 93.41%处于规模递减阶段。资本农场则均处于规模递减阶段。这说明,从事水稻种植的大部分传统农户仍可以通过增加投入来提高农地利用效率,近一半的种田大户投入规模过大,而家庭农场和资本农场基本处于规模报酬递减的阶段,投入规模过大。

表 5-13　水稻种植户的第一阶段 DEA 规模报酬分布情况

规模报酬		传统农户 (n=167)	种田大户 (n=46)	家庭农场 (n=167)	资本农场 (n=23)
递增	户	152	20	6	0
	%	91.02	43.48	3.59	0.00
不变	户	8	2	5	0
	%	4.79	4.35	2.99	0.00
递减	户	7	24	156	23
	%	4.19	52.17	93.41	100.00

5.3.3　第二阶段 SFA 回归分析

此处将上阶段计算的各投入冗余值作为因变量,环境变量作为自变量,构建 SFA 回归模型做进一步分析,结果见下表。

表 5-14　第二阶段 SFA 回归分析结果

变量	土地投入松弛		劳动力投入松弛		资金投入松弛	
	全部样本 n=617	水稻种植户 n=403	全部样本 n=617	水稻种植户 n=403	全部样本 n=617	水稻种植户 n=403
村庄位置	35.33*** (0.96)	-0.05 (0.12)	-6.85 (13.87)	52.86*** (1.63)	31 435.54*** (1.00)	-19 639.00*** (1.00)
村庄地形	-19.46*** (1.81)	0.06 (0.91)	-6.17 (9.81)	199.64*** (1.31)	-57 707.33*** (1.00)	-27 196.02*** (1.00)
村庄基础设施	5.03*** (1.28)	-0.08 (0.07)	-20.24** (7.89)	-187.89*** (2.26)	-124 305.99*** (1.00)	-69 708.83*** (1.00)
村庄土地整理	2.00* (1.09)	0.00 (0.40)	-4.29 (8.78)	119.62*** (1.15)	-83 592.24*** (1.00)	335.81*** (1.00)
常数项	-41.40*** (0.71)	-0.03 (0.20)	12.64 (16.95)	-372.58*** (2.35)	-182 078.62*** (1.00)	-118 127.18*** (1.00)
σ^2	332 000.90 (1.00)	5 514.26 (1.56)	3 348 240.10 (1.00)	3 198 163.30 (1.00)	401 157 120 000.00 (1.00)	113 530 940 000.00 (1.00)
γ检验统计量	0.999 (0.00)	0.999 (0.00)	0.999 (0.00)	0.999 (0.00)	0.999 (0.10)	0.999 (0.02)
LR统计量	611.69	372.60	575.24	381.43	302.13	203.58

注:*、** 和 *** 分别表示变量在 10%、5% 和 1% 显著性水平检验通过,括号内的值为标准误。

根据已有研究(刘志迎和张吉坤,2013),γ 表示管理无效率的方差占总方差的比重,当 γ 值趋向于 1 时,说明随机因素的差异基本不存在,而管理无效率因素(即环境因素)对松弛变量产生的影响更为重要,反之当 γ 值趋向于 0 时,则表明随机误差对松弛变量的影响更为重要。由表可见,六个方程中,γ 值都接近于 1,且达到了 1%的显著水平,说明环境因素的影响是很显著的,运用 SFA 模型剥离环境因素和随机误差对农场技术效率的影响是有必要的。下面具体分析各环境变量对投入松弛变量的影响。

(1) 村庄位置

该变量对全部农业经营主体样本(下文简称全部样本)的土地投入松弛和资本投入松弛有显著的正向影响,对水稻种植户的劳动力投入松弛有显著的正向影响,资本投入松弛有显著的负向影响。可以发现,村庄所在的位置对全部样本和水稻种植户的作用存在显著差异。对于全体样本而言,近郊主体的土地投入、资本投入冗余更多,对于水稻种植户来说,近郊主体劳力投入冗余较少,而资本投入冗余较多。究其原因,近郊与远郊相比,在作物经营种类上的选择有所差异,且近郊主体在农业经营成本上,尤其是土地租金上高于远郊的主体。同时,近郊的农户非农就业的机会更多。综上,村庄的位置对农业经营主体的投入冗余及其效率的影响是多面的。

(2) 村庄地形

该变量对全部样本的土地投入松弛和资本投入松弛有显著的负向影响,对水稻种植户的劳动力投入松弛有显著的正向影响,资本投入松弛有显著的负向影响。对于全体样本而言,平原地区的主体的土地投入、资本投入冗余更少,对于水稻种植户来说,平原地区的主体劳力投入冗余较多,而资本投入冗余较少。由此看出,如前文所述,平原地区更适合大规模经营,可以容纳更多资本,提高了机械化作业的水平。与此同时,尤其是对水稻种植户而言,平原地区的劳动力投入的需求量减少,其劳动力投入冗余增多。

(3) 村庄基础设施

该变量对全部样本的土地投入松弛有显著的正向影响,劳动力投入松弛和资本投入松弛有显著的负向影响,对水稻种植户的劳动力投入松弛和资本投入松弛都有显著的负向影响。可以发现,总体上完善的基础设施可以有效减少劳动力和资本投入的冗余,有利于提高农业经营主体的农地利用效率。但完善的基础设施却增加了土地投入冗余量,这和预期不符,可能的原因是完善的基础设施吸引了更多的农业经营主体,更易扩大经营规模,过大的土地规模导致了土地投入冗余。

(4)村庄土地整理

该变量对全部样本的土地投入松弛和劳动力投入松弛有显著的正向影响,资本投入松弛有显著的负向影响,对水稻种植户的劳动力投入松弛和资本投入松弛都有显著的正向影响。这表明总体上经过土地整理的村庄可以吸纳更多的资金投入,但土地投入和劳动力投入冗余较多。这点与预期不符,可能的原因是经过土地整理的村庄整村流转的比例较大,如前文所述虽然农业基础设施条件改善,土地经营规模扩张从而也减少了劳动力的需求。

5.3.4 第三阶段调整 DEA 分析

利用第二阶段的 SFA 回归分析对农业经营主体的原始投入量进行调整,得到调整后的投入变量,将原始产出值和调整后投入值再次代入第一阶 DEA 模型进行运算,得到修正后的综合效率、规模效率和技术效率。

为了避免赘述,不同农业经营主体(包括水稻种植户)的三阶段 DEA 农地利用综合、技术、效率频率分布见附录 A2,附录中详细描述了其与第一阶段的效率值的差异。下文笔者仅从均值(图 5-1、图 5-2)和规模报酬分布(表 5-15、表 5-16)两方面重点讨论第三阶段 DEA 结果的变化,以便更清晰了解不同类型农业经营主体的农地利用效率。

(1)农业经营主体

由图 5-1 可见,农业经营主体的第三阶段与第一阶段农地利用规模效率值相比,传统农户的综合效率大幅降低,主要原因是其规模效率值下降显著,虽然其技术效率值略有上升,但上升幅度不及规模效率下降的幅度;种植大户、家庭农场与传统农户的类似,规模效率值下降而导致其综合效率值亦明显降低;资本农场的综合效率值略有上升,主要因其技术效率值有所上升。调整后的农业经营主体的农地利用效率变化较为显著,综合效率由高到低分别是资本农场、家庭农场、种田大户和传统农户,技术效率与第一阶段相比变化不大,综合效率的变动主要由规模效率变化引致。

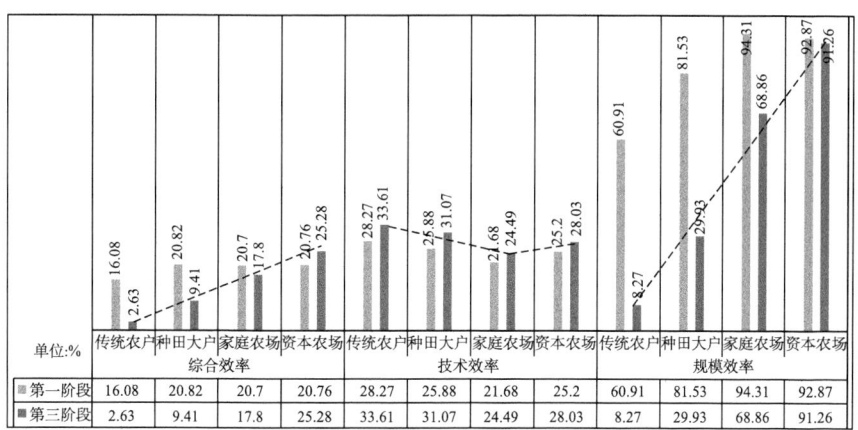

单位:%	传统农户	种田大户	家庭农场	资本农场	传统农户	种田大户	家庭农场	资本农场	传统农户	种田大户	家庭农场	资本农场
	综合效率				技术效率				规模效率			
■第一阶段	16.08	20.82	20.7	20.76	28.27	25.88	21.68	25.2	60.91	81.53	94.31	92.87
■第三阶段	2.63	9.41	17.8	25.28	33.61	31.07	24.49	28.03	8.27	29.93	68.86	91.26

图 5 - 1　农业经营主体第一阶段和三阶段 DEA 评价结果

从农业经营主体的第三阶段规模报酬分布情况来看(见表 5 - 15),传统农户和种田大户均处于规模递增的阶段;家庭农场中有 97.41% 处于规模报酬递增阶段,2.59% 处于规模报酬不变阶段;资本农场中有 77.78% 处于规模报酬递增阶段,16.67% 处于规模报酬不变阶段,5.56% 处于规模递减阶段。与第一阶段规模报酬的情况相比,各经营主体的规模递增的比例均有所提高,而规模不变和递减的比例有所降低。说明剥离了不利的环境影响,各经营主体的规模效率有所提高。

表 5 - 15　农业经营主体的第三阶段 DEA 规模报酬分布情况

规模报酬		传统农户 (n=254)	种田大户 (n=95)	家庭农场 (n=232)	资本农场 (n=36)
递增	户	254	95	226	28
	%	100.00	100.00	97.41	77.78
不变	户	0	0	6	6
	%	0.00	0.00	2.59	16.67
递减	户	0	0	0	2
	%	0.00	0.00	0.00	5.56

综上,从全部农业经营主体的角度(产值作为产出),规模效率由高到低分别是资本农场、家庭农场、种田大户和传统农户;技术效率从高到低分别是传统农户、种田大户、资本农场和家庭农场;综合效率的排序同规模效率。所以,如果从产值考虑,不同类型的农业经营主体的规模效率成了其综合效率的主导。而从规模报酬分布可以看出,除了部分资本农场不适合继续扩大规模,其他农业经营主体仍可通过扩大规模提高效率。由此,假设 H_1、H_{1a} 得到了验证,而 H_{1b} 未得到验证。

(2) 水稻种植户

由图 5-2 可见,水稻种植户第三阶段与第一阶段农地利用规模效率值相比,传统农户的综合效率值也明显下降,其规模效率下降引致综合效率的降低;种田大户的综合效率值略有提高,主要由于其技术效率值的提升;家庭农场和资本农场的综合效率值都有所提高,因其技术效率和规模效率皆有提升。调整后的农业经营主体的综合效率,由高到低仍是家庭农场、资本农场、种田大户和传统农户;技术效率的最高值仍是资本农场,最低值是传统农户;规模效率的最高值是家庭农场,最低值是传统农户。

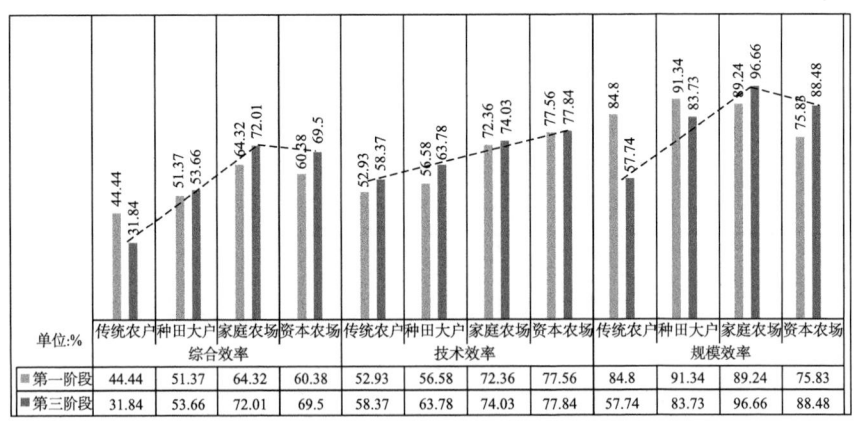

单位:%	传统农户	种田大户	家庭农场	资本农场	传统农户	种田大户	家庭农场	资本农场	传统农户	种田大户	家庭农场	资本农场
		综合效率				技术效率				规模效率		
■第一阶段	44.44	51.37	64.32	60.38	52.93	56.58	72.36	77.56	84.8	91.34	89.24	75.83
■第三阶段	31.84	53.66	72.01	69.5	58.37	63.78	74.03	77.84	57.74	83.73	96.66	88.48

图 5-2 水稻种植户的第一阶段和三阶段 DEA 评价结果

同样,从水稻种植户的第三阶段规模报酬分布情况来看(见表 5-16),传统农户中有 98.80% 处于规模报酬递增阶段,1.20% 处于规模报酬不变阶段;

种田大户中有 89.13%处于规模报酬递增阶段,4.35%处于规模报酬不变阶段,6.52%处于规模报酬递减的阶段;家庭农场中有 47.31%处于规模报酬递增阶段,14.37%处于规模报酬不变阶段,有 38.32%处于规模递减阶段。资本农场则有 4.35%处于规模报酬递增的状态,其余均处于规模递减阶段。与第一阶段相比,同样各经营主体的规模递增的比例均有所提高,而规模不变和递减的比例有所降低。说明剥离了不利的环境影响,各经营主体的规模效率有所提高。

表 5-16　水稻种植户的第三阶段 DEA 规模报酬分布情况

规模报酬		传统农户 (n＝167)	种田大户 (n＝46)	家庭农场 (n＝167)	资本农场 (n＝23)
递增	户	165	41	79	1
	%	98.80	89.13	47.31	4.35
不变	户	2	2	24	0
	%	1.20	4.35	14.37	0.00
递减	户	0	3	64	22
	%	0.00	6.52	38.32	95.65

综上,从水稻种植户的角度(产量作为产出),规模效率由高到低分别是家庭农场、资本农场、种田大户和传统农户;技术效率从高到低分别是资本农场、家庭农场、种田大户和传统农户;综合效率的排序同规模效率。所以,如果从产量考虑,不同类型的农业经营主体的规模效率仍在综合效率中占据了重要的比例。而从规模报酬分布可以看出,资本农场大部分处于规模递减的阶段,相当部分的家庭农场亦是。假设 H_{2b} 得到了验证,而 H_2、H_{2a} 未得到验证。

比较产值、产量角度农业经营主体的效率差异,从规模效率来看,前者资本农场的表现最好,后者家庭农场则更优;从技术效率来看,前者传统农户最优,而后者资本农场最高;从综合效率来看,前者资本农场最高,后者家庭农场最高。产出指标、种植作物的不同共同形成了上述差异。而无论从哪个角度,传统小农 的农地利用效率都是最低的,这是由细碎化的小规模经营方式引致的。本章的结果并没有支持 IR 假说,但否定了小农存在技术上限的说法。以上,农地利用效率结果可以得到的政策含义是若我们的政策目标追求的是产值,则农业经营主体扩大经营规模仍是有效的选择,资本农场的效率最高;若我们追求的是粮食产量,则家庭农场是目前最优的选择。

5.4 多元农业经营主体的农地利用效率影响因素

在测算了农业经营主体的农地利用效率后,此节将探讨农地流转环境(见第三章,包括农地流转规模和范围、农地流转市场化程度、农地流转的稳定性、农地流转的交易成本、农地流转的社会资本)是如何影响其农地利用效率的。

5.4.1 变量与模型构建

5.4.1.1 估算模型选择

农业经营主体的综合效率、技术效率和规模效率作为因变量,农业经营主体的家庭变量(控制变量)和农地流转的因素作为自变量,进行回归分析。由于效率值的最低界限为 0,最高界限为 1,因此采用 Tobit 模型进行回归,公式如下:

$$y_i^* = x_i\beta + \varepsilon_i, \varepsilon_i \sim N(0, \sigma^2) \qquad 式(5-1)$$

$$y_i = \begin{cases} x_i\beta + \varepsilon_i, y_i^* > 0 \\ 0, y_i^* \leqslant 0 \end{cases}$$

其中,y_i^* 为第 i 个主体的潜在农地利用效率,y_i 为第 i 个主体的农地利用效率,x_i 为第 i 个主体的农地利用效率的影响因素向量,β 为参数向量,ε_i 为独立的随机扰动项,$i = 1, 2, \cdots, n$。

5.4.1.2 变量选择及预期假设

农业经营主体的农地利用效率影响因素指标体系见表 5-17。下文将具体阐述家庭特征变量、农地流转特征变量两类变量的内涵和指标选择依据。

表 5-17 农业经营主体的农地利用效率影响因素指标体系

指标类别		指标	指标说明	预测效应
家庭特征变量		户主年龄 X_5	户主的年龄(岁)	—
		户主教育年限 X_6	户主受教育的年限(年)	+
		家庭总人口规模 X_7	家庭总人口数量(人)	?
		家庭总劳动人口 X_8	家庭劳动人口数量(人)	?
农地流转变量	农地流转的规模和对象	农地流转规模 X_9	通过农地流转转入或者转出的土地面积(亩)	+
		农地流转对象 X_{10}	赋值规则:本村=1;外村=0	+
	农地流转市场化程度	农地流转组织 X_{11}	赋值规则:自发=1;政府=0	+
		农地流转类型 1 X_{121}	赋值规则:出租=1;其他类型=0	+
		农地流转类型 2 X_{122}	赋值规则:入股=1;其他类型=0	+
		农地流转类型 3 X_{123}(基准项)	赋值规则:代耕=1;其他类型=0	
		农地流转类型 4 X_{124}	赋值规则:其他=1;其他类型=0	+
		农地流转价格 X_{13}	农地流转的交易价格[元/(亩·年)]	
		农地流转审批 X_{14}	赋值规则:需要政府审批=1;不需要=0	
	农地流转的稳定性	农地流转合同 1 X_{151}(基准项)	赋值规则:口头协议=1;其他合同类型=0	
		农地流转合同 2 X_{152}	赋值规则:农户拟定的书面合同=1;其他=0	+
		农地流转合同 3 X_{153}	赋值规则:农业公司拟定的书面合同=1;其他=0	+
		农地流转合同 4 X_{154}	赋值规则:村集体拟定的书面合同=1;其他=0	+
		农地流转年限 X_{16}	农地流转的交易年限(年)	+
	农地流转的交易成本	农地流转中介 X_{17}	赋值规则:有中介=1;没有中介=0	+
		农地流转交易时间 X_{18}	农地流转完成交易花费的时间(天)	
	农地流转的社会资本	家庭务工人口 X_{19}	农户家庭务工人数(人)	+
		是否有村干部 X_{20}	赋值规则:有村干部=1;没有村干部=0	+

（1）家庭特征变量

家庭特征变量反映了农业经营主体的家庭属性的异质性,在此方程中主要起控制变量的作用。

① 户主年龄和受教育程度

随着农户年龄的增长,其生产经验、管理技能也在不断增加,但可以投入到生产经营中的体能却不断降低(杨俊等,2011)。因此,本书假定户主年龄可以带来技术效率的提升,但不利于规模效率的提升,总体对农地利用效率有负向影响。学者指出农户受教育程度是人力资本投资重要衡量指标(Barro & Lee,1993),受教育水平提升有利于农户家庭经营技术效率的提高(亢霞和刘秀梅,2005)。因此,本书假设户主受教育水平对农地利用效率有正向影响。

② 家庭总人口规模和总劳动人口

已有的研究表明人口对经济增长的作用方向是不确定的,其影响也不是独立的(蔡昉,2004)。本书预期其对农地利用效率的影响作用方向不明确。

(2) 农地流转特征变量

农地流转特征变量是此方程主要考量的对象,考察农地流转的各个方面对农业经营主体农地利用效率的影响,各变量对农地利用效率的影响方向预期如表 5-17 所示。

① 农地流转的规模和对象

如前文所述,农地的规模经济性存在争论,但根据 5.3 节测算的结果农地规模扩大有利于农业经营主体提高农地利用的规模效率,故预测作用方向为正向。本书将农地流转交易对象划分为"本村"和"外村"两个类型,本村之间的农地流转交易双方彼此熟悉,节省了交易成本,而交易对象是外村也表现为交易对象范围更广、市场化程度更高。因此,此变量对农业经营主体的农地利用效率的影响较为复杂,有待通过实证检验。

② 农地流转的市场化程度

农地流转市场化可以提高资源的配置效率,因此,从理论上农地流转的市场化程度越高,其农地利用效率越高。本书选取"农地流转的组织方式""农地流转的类型""农地流转价格"和"农地流转审批"作为农地流转市场程度的指标。首先,农地流转组织方式分为政府主导和自发流转两种类型,自发流转的市场化程度较高。其次,农地流转的类型分别为出租、入股、代耕和其他流转方式,与代耕相比,出租、入股以及其他流转方式的市场化程度较高。再次,合理的价格机制是农地流转市场的重要组成部分,可以优化农地资源配置,然而"农地流转价格"本身对农地利用效率的影响方向并不明确,有待检验。最后,笔者按照流转是否受到限制将农业经营主体分为受村级流转管制和无流转管制两个类型。这个变量和 Yao 和 Carter(1999)的研究中选取的变量相似——出租土地的自由度,如果说农户在流转前需要村干部同意则属于流转管制,如果农户可以自由交易不需要任何限制则属于第二种类型,第二种类型的市场化程度更高,表现为农业经营主体更愿意投资,其农地利用效率更高。

③ 农地流转的稳定性

国内不少学者用计量模型实证检验产权对农地流转的影响(钟太洋等,2005;钟文晶和罗必良,2013),但检验结果不一,所以有继续研究的必要。本书用"农地流转合同类型""农地流转的年限"表征农地流转的稳定性。较之口头协议,农民之间签订的书面协议、农业公司和村集体拟定的书面协议更正式,稳定性更高,其农地利用效率值更高。而农地流转的时限越长,其稳定性也越高,其农地利用效率值更高。

④ 农地流转的交易费用

国内外研究表明交易费用阻碍了农地流转(Bogaerts et al.,2002;Dong,1996),其对农地流转的影响具有较强的政策意义(罗必良等,2012;刘克春和苏为华,2006),而中介组织可以节省交易费用(黄英良,2005)。本书用"是否有中介"和"农地流转交易时间"表示交易成本。若交易中有中介,则可以降低交易费用,提高农业经营主体的农地利用效率。农地流转交易时间越多,表明交易越复杂,交易成本越高,本书预期该变量对农业经营主体的农地利用效率有负向的影响。

⑤ 农地流转的社会资本

已有的研究已经展开了社会资本与农地利用关系的研究,例如,Robison 等(2002)分析了社会资本对农村土地交易的影响,指出社会关系改变土地交易形式和价格;Narayan 和 Pritchett(1999)的研究发现社会资本有利于家庭现代化农业生产要素的投入;Maertens 和 Barrett(2011)分析了社会网络对农业新技术采用的影响。家庭外出务工人员通常会与外界进行更多的沟通,了解更多的信息,而在我国乡村"熟人社会"下,村干部往往拥有较高的权威和信任。因此本书用"家庭务工人口"和"家庭内是否有村干部"表征社会资本,并假设农业经营主体的社会资本有助于提高其农地利用效率。

5.4.2 结果分析

下文将分析农地流转对传统农户、种田大户、家庭农场和资本农场四类农业经营主体(包括此类主体的全部样本、此类主体中的水稻种植户)的农地利用效率的影响模型估计结果(见表5-18至5-21),在此我们关注对农地利用效率产生显著影响的农地流转特征变量。

(1)传统农户

表5-18 农地流转对传统农户农地利用效率的影响模型估计结果

自变量	综合效率		技术效率		规模效率	
	全部样本	水稻种植户	全部样本	水稻种植户	全部样本	水稻种植户
户主年龄 X_5	−0.005	−0.026	0.017	−0.048	−0.010	−0.014
户主教育年限 X_6	0.010 *	−0.063	−0.030	0.015	0.029 **	−0.086 *
家庭总人口规模 X_7	0.021 ***	0.085	0.057 *	0.038	0.031 **	0.060
家庭总劳动人口 X_8	−0.005	−0.013	−0.090 ***	−0.074	0.006	0.033
农地流转规模 X_9	0.001	0.061 *	−0.020	−0.022	0.015	0.091 **
农地流转对象 X_{10}	−0.005	0.038	−0.037 *	0.011	0.011	0.043
农地流转组织 X_{11}	−0.012	−0.010	−0.025	0.146	−0.031	−0.087
农地流转类型1 X_{121}	−0.007	0.033	0.099	0.191	−0.042	−0.067
农地流转类型4 X_{124}	−0.035	0.000	0.075	0.000	−0.131 **	0.000
农地流转价格 X_{13}	0.022 **	0.007	−0.042	0.046	0.085 ***	−0.004

自变量	综合效率		技术效率		规模效率	
	全部样本	水稻种植户	全部样本	水稻种植户	全部样本	水稻种植户
农地流转审批 X_{14}	−0.013	0.024	0.060	0.202 *	−0.018	−0.122
农地流转合同 2 X_{152}	−0.020	0.030	−0.040	−0.089	−0.017	0.111
农地流转合同 3 X_{153}	−0.002	−0.004	0.043	0.027	0.032	−0.014
农地流转合同 4 X_{154}	−0.035	−0.062	0.070	−0.088	−0.117 *	−0.053
农地流转年限 X_{16}	0.013 **	−0.030	0.028	0.057	−0.010	−0.084 **
农地流转中介 X_{17}	−0.003	−0.017	0.050	0.078	−0.031	0.007
农地流转交易时间 X_{18}	−0.002	−0.017	−0.004	−0.030	0.003	−0.027
家庭务工人口 X_{19}	−0.013 **	−0.033	0.034 ***	0.068	−0.031 ***	−0.069
是否为村干部 X_{20}	−0.008	0.075	0.253 **	0.072	−0.074 **	0.057
（常数）	0.102 ***	0.303 **	0.239	0.270	0.257 ***	0.705 ***
R^2	−0.141	−1.124	1.89	1.115	−0.490	3.590
LR chi^2	45.08	0.802	45.94	24.90	71.79	22.30

注：*、** 和 *** 分别表示变量在 10%、5% 和 1% 显著性水平检验通过。

由表可见,农地流转的规模与对象、农地流转的市场化程度、农地流转的稳定性、农地流转的社会资本都对传统农户的农地利用效率有显著的影响。

首先,农地流转的规模对水稻种植户的综合效率和规模效率有显著的正向影响,农地流转的对象对全部样本的技术效率有显著的负向影响。这说明扩大农地流转规模有利于传统农户的农地利用综合效率和规模效率的提升,而本村内的农地流转不利于传统农户技术效率的提升。进而可以推断,传统农户的水稻种植面积可适度扩大,而与外村主体交易,更开放的流转市场有利于传统农户提高其技术水平。

其次,从农地流转的市场化程度来看,农地流转类型 4 对全部样本的规模效率有显著的负向影响,农地流转价格对全部样本的综合效率和规模效率有显著的正向影响,农地流转审批对水稻种植的技术效率有显著的正向影响。这说明,相对于"代耕"模式,在传统农户间"其他"流转方式不利于提高规模效率,更多传统农户倾向于"代耕",因为其一般有着低租金、灵活性和亲属朋友间交易的特点;农地流转价格高其综合效率和规模效率高的原因,可能是较高的交易价格有利于转入更多的土地,带动规模效率和综合效率的提升;受政府管制的传统农户其技术效率较高,其原因可能是政府审核下对转入户的主体资质进行了审核和筛选。

再次,从农地流转的稳定性来看,农地流转合同4对全部样本的规模效率有显著的负向影响,农地流转年限对全部样本的综合效率有显著的正向影响,而对水稻种植户的规模效率有显著的负向影响。这说明,相对于"口头协议",在传统农户间"村集体拟定的书面合同"不利于提高规模效率,此外,农地流转年限长有助于全部样本的传统农户提高综合效率,但不利于水稻种植的农户提高规模效率,这和前文分析农地流转的类型有相似之处,"口头协议""农地流转期限短"与"代耕"有着类似的灵活性、朋友亲属之间交易的特征,由此说明在传统农户间此类交易方式仍受到欢迎。

最后,从农地流转的社会资本来看,家庭务工人口对全部样本的综合效率和规模效率有显著的负向影响,对全部样本的技术效率有显著的正向影响。家庭是否有村干部对全部样本的技术效率有显著的正向影响,对全部样本的规模效率有显著的负向影响。这说明,一方面家庭务工人口多可以有利于传统农户提高技术效率,但是不利于其提高综合效率和规模效率,究其原因家庭内的务工人员可以接触更多的外部信息,有利于学习并提高农地利用技术,但另一方面务工人员也使得家庭内务农劳动力下降,不利于其提高规模效率和综合效率。而家庭内有村干部也存在类似的效应,村干部有利于提高传统农户技术效率,但不利于其规模效率的提高。

综上,对于传统农户,农户自发型的农地流转方式对传统农户仍有重要意义,口头协议和代耕、无固定期限等方式仍适用于传统农户。传统农户中非农就业不利于其提高农地利用综合效率,尤其表现为此类农户规模效率的降低。

(2)种田大户

农地流转对种田大户农地利用效率的影响模型估计见下表5-19,在此我们关注对农地利用效率产生显著影响的农地流转特征变量。

表 5-19　农地流转对种田大户农地利用效率的影响模型估计结果

自变量	综合效率		技术效率		规模效率	
	全部样本	水稻种植户	全部样本	水稻种植户	全部样本	水稻种植户
户主年龄 X_5	−0.037 *	0.114 *	−0.023	0.108 **	−0.045 *	0.022
户主教育年限 X_6	−0.020	−0.041	0.003	−0.025	−0.031	−0.019
家庭总人口规模 X_7	0.005	−0.098	0.031	−0.053	−0.002	−0.086 ***
家庭总劳动人口 X_8	−0.014	0.022	−0.066 ***	−0.006	−0.016	0.043 **
农地流转规模 X_9	−0.026	0.047	−0.045 *	0.039	−0.036	0.012
农地流转对象 X_{10}	−0.004	0.033	0.030	0.048	−0.046	−0.038
农地流转组织 X_{11}	−0.137 **	−0.042	−0.150 **	−0.033	−0.188 **	−0.034
农地流转类型 1 X_{121}	0.005	0.144	−0.020	0.111	0.043	0.033
农地流转类型 4 X_{124}	0.011	0.276	0.083	0.236	0.059	0.056
农地流转价格 X_{13}	−0.015	0.139 **	−0.018	0.104 **	−0.004	0.064 ***
农地流转审批 X_{14}	−0.067 *	0.002	−0.052	−0.034	−0.086 **	0.049
农地流转合同 2 X_{152}	−0.019	0.006	0.001	0.010	−0.023	−0.016
农地流转合同 3 X_{153}	−0.082	0.284	−0.104	0.326	−0.166	−0.041
农地流转合同 4 X_{154}	0.138 *	−0.200	0.167 *	−0.203	0.239 **	−0.031
农地流转年限 X_{16}	−0.024	−0.049	−0.058	−0.048	−0.018	0.005
农地流转中介 X_{17}	0.004	0.518 **	−0.004	0.524 **	−0.002	0.064
农地流转交易时间 X_{18}	0.000	0.090	0.009	0.066	0.017	0.037 *
家庭务工人口 X_{19}	−0.002	0.031	0.027 **	0.038	−0.029 *	0.003
是否有村干部 X_{20}	0.003	−0.444 **	−0.040	−0.428 ***	0.071	−0.094 *
（常数）	0.185	0.330 *	0.288 **	0.386 **	0.483 ***	0.924
R^2	−0.380	−9.804	−0.961	−5.667	−1.697	−0.644
LR chi^2	29.05	40.50	46.28	44.54	44.46	34.23

注：*、** 和 *** 分别表示变量在 10%、5% 和 1% 显著性水平检验通过。

　　农地流转特征中农地流转的规模、农地流转的市场化程度、农地流转的稳定性、农地流转的交易成本、农地流转的社会资本都对种田大户的农地利用效率有显著的影响。

首先,农地流转规模对全部样本的技术效率有显著的负向影响,对水稻种植户的技术效率有正向影响,但不显著。这说明,种田大户的经济作物面积规模扩大,其技术效率下降。结合调研所知,大多数经济作物是劳动密集型产业,大规模经营对种田大户的管理技术要求颇高。

其次,从农地流转的市场化程度来看,农地流转组织对全部样本的综合效率、技术效率和规模效率皆有显著的负向影响,农地流转价格对水稻种植户的综合效率、技术效率和规模效率有显著的正向影响,农地流转审批对全部样本的综合效率和规模效率有显著的负向影响。这说明,相较于"自发流转",政府主导下的种田大户的农地利用效率往往较高,而交易价格较高的种田大户同样具有高农地利用效率的优势,不经政府管制更有利于其扩大规模效率和综合效率。

再次,从农地流转的稳定性来看,农地流转合同4对全部样本的综合效率、技术效率和规模效率皆有显著的正向影响。这说明,在种田大户间相比"口头协议",和"与集体签订的协议"更有利于其提高农地利用效率。而在水稻种植户中未出现该现象,说明种植经济作物的种田大户尤其如此。

然后,从农地流转的交易成本来看,农地流转中介对水稻种植户的综合效率和技术效率有显著的正向影响。这说明,在农地流转交易中有中介组织可以提高种田大户的综合效率和技术效率,这与预期相符,而往往规模较大的种田大户交易所花费的时间会较长,这也较为符合实际情况。

最后,从农地流转的社会资本来看,家庭务工人口对全部样本的规模效率有显著的负向影响,对全部样本的技术效率有显著的正向影响。家庭是否有村干部对水稻种植的种田大户的综合效率、技术效率和规模效率均有显著的负向影响。这说明,与传统农户相似,家庭务工人口多有利于种田大户提高技术效率,但是不利于提高规模效率,而村干部的家庭其技术效率更低。

综上,对于种田大户来说,尤其是种植经济作物的种田大户,应适度控制其规模保证技术效率,通过政府引导和中介组织的农地流转对这部分从事经济作物的种田大户更有利,但水稻种植户没有呈现出该规律。与传统大户相似,家庭非农就业并不利于其提高规模效率。

（3）家庭农场

农地流转对家庭农场农地利用效率的影响模型估计见下表5-20,在此我们关注对农地利用效率产生显著影响的农地流转特征变量。

表 5-20　农地流转对家庭农场农地利用效率的影响模型估计结果

自变量	综合效率		技术效率		规模效率	
	全部样本	水稻种植户	全部样本	水稻种植户	全部样本	水稻种植户
户主年龄 X_5	−0.007	−0.013	−0.010	−0.010	0.013	−0.007
户主教育年限 X_6	0.015	−0.005	0.010	−0.004	0.049 ***	−0.003
家庭总人口规模 X_7	0.001	−0.032	0.005	−0.027	0.002	−0.013
家庭总劳动人口 X_8	−0.013	−0.029	−0.013	−0.030	−0.014	−0.007
农地流转规模 X_9	−0.001	0.111 ***	−0.023	0.108 ***	0.110 ***	0.011
农地流转对象 X_{10}	−0.041	0.017	−0.024	0.016	−0.087 ***	−0.008
农地流转组织 X_{11}	−0.072	−0.036	−0.059	−0.020	−0.021	−0.061 ***
农地流转类型1 X_{121}	0.061	0.279 *	0.038	0.282 *	0.188	−0.023
农地流转类型2 X_{122}	0.000	—	0.000	—	0.000	
农地流转类型4 X_{124}	0.123	0.429 *	0.094	0.411 **	0.254	0.032
农地流转价格 X_{13}	0.019	0.002	0.026	0.003	0.017	−0.004
农地流转审批 X_{14}	0.002	0.082 **	−0.010	0.089 ***	0.021	−0.010
农地流转合同2 X_{152}	0.029	0.021	0.030	0.013	0.015	0.030 *
农地流转合同3 X_{153}	−0.006	0.918	0.019	0.853	−0.157	0.400
农地流转合同4 X_{154}	0.049	0.028	0.037	0.012	−0.019	0.076 ***
农地流转年限 X_{16}	0.030 **	−0.003	0.038 ***	−0.002	0.003	0.004
农地流转中介 X_{17}	−0.052	−0.026	−0.037	−0.030	−0.032	−0.007
农地流转交易时间 X_{18}	−0.002	−0.013	0.000	−0.015	−0.002	0.000
家庭务工人口 X_{19}	0.007	−0.002	0.006	0.002	0.000	−0.008
是否有村干部 X_{20}	0.052	−0.050	0.053	−0.047	0.052	−0.021
（常数）	0.152	0.441 **	0.213	0.449 ***	0.598 ***	1.015 ***

自变量	综合效率		技术效率		规模效率	
	全部样本	水稻种植户	全部样本	水稻种植户	全部样本	水稻种植户
R^2	−0.192	−0.781	−0.253	−0.712	−0.585	−0.110
LR chi^2	21.08	69.42	27.03	71.45	64.01	30.11

注：*、** 和 *** 分别表示变量在 10%、5% 和 1% 显著性水平检验通过。

农地流转特征中农地流转的规模与对象、农地流转的市场化程度、农地流转的稳定性对家庭农场的农地利用效率有显著的影响。

首先，农地流转的规模对水稻种植户的综合效率和技术效率有显著的正向影响，对全部样本的规模效率有显著正向影响。农地流转的对象对全部样本的规模效率有显著的负向影响。这说明，家庭农场的流转规模扩大，是有利于水稻种植户综合效率和技术效率的提高的，对全体家庭农场的规模效率提高也有帮助，而交易对象是外村的家庭农场其规模效率要较高。

其次，从农地流转的市场化程度来看，农地流转组织对水稻种植家庭农场的规模效率有显著的负向影响，农地流转类型 1、农地流转类型 4 对水稻种植家庭农场的综合效率和技术效率有显著的正向影响，农地流转审批对水稻种植家庭农场的综合效率和技术效率也具有显著的正向影响。这说明，与农户自发流转相比，政府主导的农地流转更有利于家庭农场扩大经营规模，相比"代耕"，"出租"和"其他"流转方式的水稻种植的家庭农场的综合效率和技术效率更高，而需要政府管制的水稻种植的家庭农场的技术效率更高。究其原因，现实中家庭农场的规模较大，通过政府组织的农地流转可以节省"一家一户"谈判的交易成本，以"代耕"方式进行的流转的比例很低，而家庭农场的资质成立也需要政府的"审批"。

最后，从农地流转的稳定性来看，农地流转合同 2、农地流转合同 4 对水稻种植家庭农场的规模效率有显著的正向影响，农地流转年限对全部样本家庭农场的综合效率、技术效率有显著的正向影响。这说明，与"口头协议"相比，"与农户签订书面协议""与集体签订书面协议"的农地流转稳定性更高，同样,而农地流转时间越长,也有利于家庭农场的综合效率和技术效率的提升。

综上,对于家庭农场,农地流转的规模的扩大有利于其农地利用效率提高,说明家庭农场的规模是较为适度的。而政府在引导家庭农场扩大规模上起到了重要作用,降低了交易成本,而相对于"口头协议",书面的、正式的、长期的流转方式会更利于家庭农场的经营。

(4)资本农场

农地流转对资本农场农地利用效率的影响模型估计见下表 5-21,在此我们关注对农地利用效率产生显著影响的农地流转特征变量。

表 5-21 农地流转对资本农场农地利用效率的影响模型估计结果

自变量	综合效率		技术效率		规模效率	
	全部样本	水稻种植户	全部样本	水稻种植户	全部样本	水稻种植户
户主年龄 X_5	0.232***	−0.019	0.235***	−0.626**	−0.018	0.274**
户主教育年限 X_6	0.164***	−0.031	0.220*	−0.165**	0.059	0.084*
家庭总人口规模 X_7	0.010	0.064***	0.036	0.281***	0.090	−0.106**
家庭总劳动人口 X_8	0.005	−0.259***	0.026	−0.470***	0.083	0.076
农地流转规模 X_9	−0.012	0.178***	0.051	0.475***	−0.027	−0.098**
农地流转对象 X_{10}	−0.232**	0.244**	−0.312	0.736**	−0.153	−0.158
农地流转组织 X_{11}	0.172	−0.184**	0.216	−0.487**	0.295	0.125
农地流转类型 1 X_{121}	−0.182	0.287***	−0.246	0.362**	−0.270*	0.093
农地流转类型 4 X_{124}	−0.481*	—	−0.608	—	−0.345	—
农地流转价格 X_{13}	−0.080*	−0.058**	−0.118*	−0.276**	−0.036	0.043
农地流转审批 X_{14}	−0.120	0.023	−0.129	0.235***	0.027	−0.083*
农地流转合同 2 X_{152}	0.443	−0.325	0.577	−1.198	0.554	0.324
农地流转合同 3 X_{153}	0.021	−1.052	−0.088	−2.945	0.755	0.482
农地流转合同 4 X_{154}	0.209	−0.074	0.253	−0.462	0.101	0.087
农地流转年限 X_{16}	0.198***	0.209***	0.255***	0.870***	−0.038	−0.207
农地流转中介 X_{17}	0.096	0.006	0.100	0.195***	0.161**	−0.124
农地流转交易时间 X_{18}	−0.001	−0.066***	0.035	−0.156***	−0.063	0.035*

续　表

自变量	综合效率		技术效率		规模效率	
	全部样本	水稻种植户	全部样本	水稻种植户	全部样本	水稻种植户
家庭务工人口 X_{19}	0.042	−0.059 **	0.039	0.073	0.069	−0.044
是否有村干部 X_{20}	−0.107	0.772 ***	−0.172	—	−0.619	0.364 **
（常数）	0.176	0.613 ***	0.225	0.831 ***	0.675 ***	0.793 ***
R^2	63.936	−29.675	6.741	5.490	−1.134	−1.258
LR chi^2	83.50	107.88	87.40	63.42	36.70	47.58

注：*、** 和 *** 分别表示变量在 10%、5% 和 1% 显著性水平检验通过。

农地流转特征中农地流转的规模与对象、农地流转的市场化程度、农地流转的稳定性、农地流转的交易成本、农地流转的社会资本对资本农场的农地利用效率有显著的影响。

首先,农地流转的规模对水稻种植户的综合效率和技术效率有显著的正向影响,对水稻种植户的规模效率有显著的负向影响。这说明,较大的经营规模有利于资本农场提高综合效率和技术效率,而水稻种植的规模扩大却不利于提高规模效率,面临高成本和高风险。农地流转对象对全部样本的综合效率有显著的负向影响,对水稻种植户的综合效率和技术效率有显著的正向影响。这说明,相对于全部样本,本村从事水稻种植的资本农场的综合效率和技术效率更高,可能的原因是其在本村可以取得更优质的土地,有利于其提高综合效率和技术效率。

其次,从农地流转的市场化程度来看,农地流转组织对水稻种植户的综合效率和技术效率都有显著的负向影响。农地流转类型 1 对水稻种植户的综合效率和技术效率都有显著的正向作用,对全部样本的综合效率有显著的负向作用,农地流转类型 4 对全部样本的综合效率有显著的负向影响。农地流转价格对全部样本和水稻种植户的综合效率、技术效率皆有显著的负向影响。农地流转审批对水稻种植户的技术效率有显著的正向影响,对水稻种植户的规模效率有显著的负向作用。这说明,政府主导下的资本农场的综合效率和技术效率都较高,出租方式下水稻种植户的综合效率和技术效率较高。

而农地流转的交易价格高给资本农场造成了不小的压力,不利于其提高综合效率和技术效率。对于水稻种植户而言,政府审批一定程度上通过筛选提高了资本主体的经营能力,但限制了其规模。

再次,从农地流转的稳定性来看。农地流转年限对全部样本和水稻种植户的综合效率和技术效率皆有显著的正向影响。这说明,农地流转年限越长,资本农场的综合效率和技术效率越高。

复次,从农地流转的交易成本来看,农地流转中介对全部样本的规模效率有显著的正向影响,对水稻种植户的技术效率有显著的正向影响。农地流转的交易时间对水稻种植户的综合效率和技术效率有显著的负向影响。这说明节省资本农场的交易成本对提高其农地利用效率非常必要。

最后,从农地流转的社会资本来看,务工人口对水稻种植户的综合效率有显著的负向影响,是否有村干部对水稻种植户的综合效率和规模效率有显著的正向影响。这说明对于资本农场而言,非农务工不利于其经营,而有村干部对水稻种植的资本农场有帮助。

综上,对于资本农场来说,适度规模经营而不是盲目扩大规模是更适宜的路径,而过高的交易价格对其农地利用效率也提出了挑战。在本村、村干部家庭的资本农场农地利用效率较高,政府主导和中介组织的存在、更少的交易时间,即更少的交易成本对资本农场至关重要。

(5)小结

在分别分析了农地流转对传统农户、种田大户、家庭农场和资本农场农地利用效率的影响后,笔者发现,对于传统农户和从事水稻种植的种田大户,农户自发型的农地流转方式,以人情为基础、非市场化、非行政化的交易仍是乡村交往的重要基础,也更利于提高此类主体的农地利用效率。另一方面,对于从事经济作物的种田大户、全部家庭农场和资本农场,行政力量和市场力量同时对其农地利用产生至关重要的影响,正式的市场交易、集体的适度引导、恰当的降低交易成本都可以提高其农地利用效率。此外,行政力量、市场力量不断地凸显、不断地增强的过程中,社会资本也仍然发挥着重要的调节作用。综上,回顾第三章研究区域的农地流转特征,也进一步得到如下政策含义:与培养新型农业经营主体(家庭农场、专业大户、农民合作社、农业产业化龙头企业)的政策预期相比,"三权分置"时期的农地流转环境和政策更利好于规模经营主体。

5.5　本章小结

本章承接第四章,采用三阶段 DEA 模型从产值、产量两个方面测算了不同农业经营主体的综合效率、技术效率和规模效率,采用 Tobit 模型分析了农地流转环境对不同农业经营主体农地利用效率的影响作用,得到了如下结论。本章测算的多元农业经营主体的技术效率和规模效率值,亦作为第六章多元农业经营主体的收入效应的测算依据。

(1) 根据不同经营主体的农地利用效率测度结果,比较产值、产量角度其效率的差异:从规模效率来看,产值上资本农场的表现最好,产量上家庭农场则更优;从技术效率来看,产值上传统农户最优,而产量上资本农场最高;从综合效率来看,产值上资本农场最高,产量上家庭农场最高。而无论从哪个角度,传统小农的农地利用效率都是最低的,这是由细碎化的小规模经营方式引致的。本章的结果并没有支持 IR 假说,但否定了小农存在技术上限的说法。以上,农地利用效率结果可以得到的政策含义是若我们的政策目标是追求的是产值,则农业经营主体扩大经营规模仍是有效的选择,资本农场的效率最高;若我们追求的是粮食产量,则家庭农场是目前最优的选择。这与第四章的单要素生产率得到结论(见第四章 4.3 与 4.5)一致,本章综合效率的结果与第四章单要素生产率的结果相互印证。

(2) 根据农地流转环境对不同经营主体的影响结果,对于传统农户和从事水稻种植的种田大户,农户自发型的农地流转方式,以人情为基础、非市场化、非行政化的交易仍是乡村交往的重要基础,也更利于提高此类主体的农地利用效率。另一方面,对于从事经济作物的种田大户、全部家庭农场和资本农场,行政力量和市场力量同时对其农地利用产生至关重要的影响,正式的市场交易、集体的适度引导、恰当的降低交易成本都可以提高农地利用效率。此外,在"三权分置"时期行政力量、市场力量不断地凸显、不断地增强的过程中,社会资本也仍然发挥着重要的调节作用。综上,也进一步得到如下政策含义:与培养新型农业经营主体(家庭农场、专业大户、农民合作社、农业产业化龙头企业)的政策预期相比,"三权分置"时期的农地流转环境和政策更利好于规模经营主体。

第6章 "三权分置"下多元农业经营主体和离农主体的收入

6.1 理论与假设

很少研究提供了农地流转对农户收入影响的正式的概念性、经济的研究框架,此节将从直接影响和间接影响两方面综述农地流转可能对农业经营主体和离农主体的影响,发展得到本书的理论假设。

6.1.1 农地流转对农业经营主体收入的影响分析

6.1.1.1 直接效应

农地流转补贴通常是指为推进农业用地规范有序流转、提升农业适度规模经营水平、提高农民收入而设立的政策性专项补贴,因此是转入户直接效应的一个主要来源。各级地方政府通常将农地流转补贴政策视作促进农业适度规模经营的重要政策,但农地流转补贴的条件、内容和方式有所差异,总体来说农地流转补贴的方式有直接补贴和间接补贴:直接补贴是对达到限定规模、期限和租金水平的项目提供补贴,补贴金额从每亩20元到上千元不等。间接补贴主要是指转入户享有的财税优惠政策,比如基础设施配套政策、金融投资支持政策、税收补贴政策等。本书调研的是农地流转的直接补贴,即按照流转面积提供的直接补贴,因为此种补贴方式惠及的农业经营主体更多,没有间接补贴的对基础设施投入或者其他条件的要求,而每亩的补贴金额也较易调查和横向比较。农地流转补贴可以降低农业经营主体的生产成本,对其收入有直接的正向影响,所以,农地流转对农业经营主体收入影响机制的假设 H_1 如下:

H_1.参与农地流转可以对农业经营主体的收入提高产生积极的直接效应。

6.1.1.2 规模效应

农地流转会导致土地的集中,从而带来规模经营。中国政府希望通过"三权分置"政策达到促进农地流转和集中、提高土地资源配置效率和农业规模经济效益的目的。从上文提及的补贴标准也可看出,大规模的转入户更容易获得政府的支持,在农地流转市场上占据优势的位置。在中国目前的农业发展状况下,规模经营是应用现代生产资料和技术,实现科学管理农业的必要条件,是增加转入户农业收入的有效途径。为测算农地流转、土地规模与农户收入之间的关系,提出本章的理论假设 H_2 如下:

H_2. 农地流转通过扩大农业经营主体的经营规模,对其提高收入有间接的积极作用。

6.1.1.3 技术效应

农地流转带来的技术变化主要体现在三方面:第一,劳动节约型技术变化(农业机械化),第二,土地节约型技术变化(新品种),第三,田间管理水平变化(新型职业农民的培育)。相较于传统的"三八六一九九部队",青壮年劳动力的外流不利于先进农业技术的采用和扩散,不利于农业生产效率的提高(Yue & Sonoda,2012)。而农地流转可以使土地转移到种田能手手中,他们更善于学习新技术和新管理方法,提高机械化作业水平,降低生产成本,增加农业经营主体收益。因此,农地流转有助于职业农民的培育,采用新技术从而增加农业收入。在此提出本章的假设 H_3:

H_3. 农地流转通过提高农业经营主体的技术效率,对其提高收入有间接的积极作用。

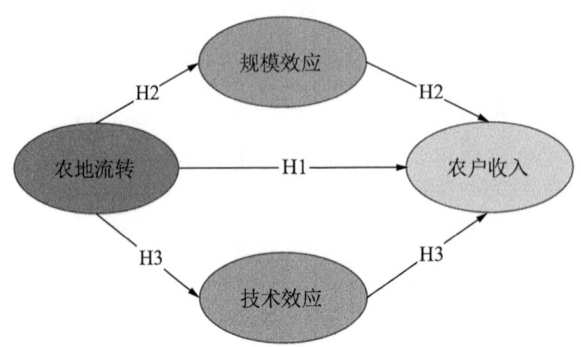

图 6‑1　农地流转对农业经营主体收入影响路径的示意图

6.1.2　农地流转对离农主体收入的影响分析

6.1.2.1　直接效应

农地流转补贴(租金)是为了弥补农民转移土地经营权带来的农业收入的损失,因此是直接效应的一个主要因素。如果农地流转的补贴可以高于放弃农业经营权造成的损失,那么农地流转会对离农主体的农业收入产生直接的正向影响。根据农地流转的方式不同,农地流转补贴可以是租金的形式,也可以是入股后的红利,还可以是城市的社会保障。此处,笔者将离农主体所获得的租金收入作为指标,提出假设如下:

H_4.参与农地流转对离农主体的收入提高有直接的积极效应。

6.1.2.2　劳动力转移

离农主体转出土地后,将转移出更多的劳动力非农就业,从而获得非农收入。有学者指出,理论上农户家庭的收入增长来源于单位时间内相对收入渠道的拓宽和收益的增长。非农就业能提高农民收入,其原因是非农就业能带给农民更多的单位时间净收益。从短期看,农户更多地参与非农领域就业,并取得更高的工资收入是农户家庭收入增长的关键(王春超,2011)。也有学者通过实证,指出农民非农收入与农地流转之间存在着协整关系,即农民非农收入水平与农地流转之间存在着长期均衡关系,但短期却存在波动,且由短期偏离向长期均衡调整的速度较快(许恒周和郭玉燕,2011)。所以,为测算农地流转、非农就业与农户收入之间的关系,提出本章的理论假设 H_5:

H_5. 农地流转通过促进劳动力转移,对离农主体的收入有间接的积极作用。

6.1.2.3　放松流动性约束

中国农村劳动力向非农就业部门的转移面临着较高的转移成本、不完善的市场制度以及其他的市场规范。所以,在一些行业的就业和自主经营过程中,农户可能在选择时面临很多约束(林颖,2013)。Feng 和 Heerink(2008)发现非农就业活动可以帮助农户补充家庭收入和缓解贫困,因此应进一步增加农户层面在农业和人力资本上的投资,尤其是对有信贷和流动约束的农户。农地流转的租金收入有助于减轻农户面临的流动性约束,在此提出本章最后一个假设:

H_6. 农地流转通过流动性约束,对离农主体的收入有间接的积极作用。

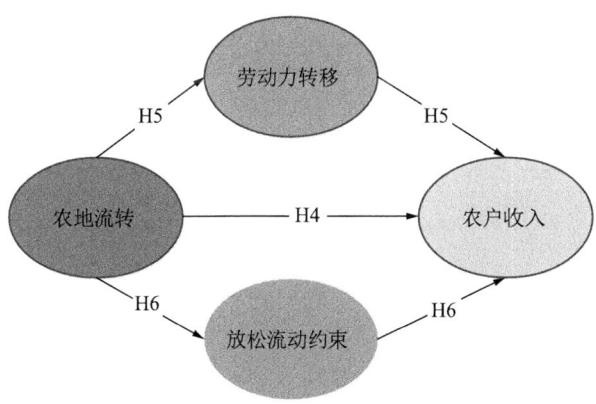

图 6 - 2　农地流转对离农主体收入影响路径的示意图

6.2 变量与模型构建

6.2.1 模型设定

将农地流转对不同农业经营主体收入的分析框架总结如图 6‑1、6‑2。为了顺应此分析框架,将采用结构方程模型(SEM)去测试本章的研究假设。之所以选择结构方程模型是因为此方法允许多变量同时纳入模型,比如规模效应、技术效应、配置效应、劳动力转移、流动约束等可以是农地流转的结果同时也是农户收入的影响因素。因此,农地流转对农户收入的直接影响和间接影响可以通过不同的路径得到演绎和解释。在此 SEM 模型中,农地流转变量是外生潜变量,而规模效应、配置效应、技术效应、劳动力转移、流动性约束和农户收入是内生潜变量。

一个 SEM 模型由测量模型和结构模型两部分组成。前者也称验证性因素分析模型,主要用于测试观测变量反映潜变量的程度(Schumacker & Lomax,2004)。后者是用于定量分析各潜变量之间的关系。

对应图 6‑1 的结构方程模型算式如下:

$$SE = \beta_{2a} \times TRSP + \xi_{2a}$$

$$TE = \beta_{3a} \times TRSP + \xi_{3a}$$

$$HI = \beta_{1a} \times TRSP + \beta_{2b} \times SE + \beta_{3b} \times TE + \xi_{1a} \qquad \text{式}(6\text{-}1)$$

对应图 6‑2 的结构方程模型算式如下:

$$LT = \beta_{5a} \times TRSP + \xi_{5a}$$

$$RC = \beta_{6a} \times TRSP + \xi_{6a}$$

$$HI = \beta_{4a} \times TRSP + \beta_{5a} \times LT + \beta_{6a} \times RC + \xi_{4a} \qquad \text{式}(6\text{-}2)$$

其中 $TRSP$,SE,TE,LT,LC,HI 分别代表潜变量:参与农地流转、规模效应、技术效应、劳动力转移、流动性约束和农户收入;$\beta_{1a\sim6a}$ 和 $\beta_{1b\sim6b}$ 是各回归系数(下标对应各方程),$\xi_{1a\sim6a}$ 是测量误差(下标对应各方程)。

6.2.2 变量选择与说明

本章变量选择与说明见下表6-1。

表6-1 农业经营主体和离农主体的描述性分析(除特殊说明所有指标为平均值)

	农业经营主体		离农主体	
	平均值	方差	平均值	方差
农地流转				
农地流转规模(亩)	135.85	344.54	7.67	6.62
农地流转期限(年)	6.48	6.42	11.23	6.98
农地流转组织方式(1=政府主导,0=自发流转)	0.48	0.50	0.42	0.49
农地流转补贴/价格(元)	909.94	583.05	622.76	293.41
农地流转合同类型	—	—	—	—
规模效应				
规模效率(%)	49.75	33.21	—	—
播种面积(亩)	212.50	519.56	—	—
家庭劳动力投入规模(人·日)	1 263.96	4 751.45	—	—
家庭资本投入规模(元)	131 288.19	711 567.32	—	—
技术效应				
技术效率(%)	28.25	20.72	—	—
机耕比例(%)	69.91	41.54	—	—
技术改良(1=实施了良种、机械化等技术改良;0=未实施良种、机械化等技术改良)	40.17	49.03	—	—
技术培训(1=参与技术培训;0=未参与技术培训)	64.20	47.95	—	—
劳动力转移				
非农就业人数(人)	—	—	1.70	1.57
非农就业时间(人·日)	—	—	302.33	400.16
非农就业人数比例(%)	—	—	54.74	45.92
流动性约束放松				
社会资本(1=家庭成员现担任或者曾担任村干部;0=其他)	—	—	10.84	31.09

续　表

	农业经营主体		离农主体	
	平均值	方差	平均值	方差
借贷资本(1＝可以从银行亲朋借款；0＝其他)	—	—	0.07	0.26
固定生产资本（元）	—	—	2 745.78	7 473.40
生活性消费(元)	—	—	11 292.82	31 750.21
主体收入				
总收入(元)	561 045.65	2 963 231.78	45 490.31	153 721.04
农业收入（元）	531 506.00	2 946 815.37	—	—
非农收入(元)	28 875.85	296 233.17	30 155.21	43 543.91
粮食作物收入(元)	214 546.40	581 746.01	—	—
经济作物收入(元)	322 792.07	2 913 689.10	—	—
财产性收入(元)	—	—	4 502.33	14 309.78

注：(1)农地流转规模指农业经营主体转入的规模或者离农主体转出的规模,农地流转期限是指流转的时间。

(2)农地流转补贴是指农业经营主体中转入土地获取的资金补贴。农地流转租金是指离农主体转出土地获得的资金收入。

(3)家庭劳动力投入规模是指家庭所有成员在一年内的农业劳动时间；家庭资本投入规模是指一年内的家庭农业生产所需要资金投入。

(4)机耕比例＝可以机耕的土地面积/家庭总耕地面积×100％。

(5)非农就业人数是指家庭内从事非农工作的人数(含兼业)；非农就业时间是在一年内家庭成员非农就业的总天数；非农就业比例是指家庭非农就业成员与家庭劳动力人数的比例。

(6)固定生产资本是指家庭拥有的农机等；生活性消费是指家庭一年内在衣食住行等上的消费。

(7)根据研究区域的调查,主体收入的组成分别为农业收入、非农收入和财产性收入。而笔者又将农业收入划分为经济作物收入、粮食作物收入。

(8)规模效率、技术效率采用第五章的三阶段 DEA 方法计算结果。

6.3　实证结果

6.3.1　多元农业经营主体

为了检验本章的假设,采用最大似然方法(ML)进行估计。在进行 SEM 方程之前,农地流转变量、规模效应、技术效应、劳动力转移、流动性约束和农户收入在测量模型中进行了验证性分析。本章采用 Amos 22 作为分析软件，在展示测算结果之前，需要说明的是结果显示本书数据并不能很好地满足极大似然法对数据多元正态分布的要求。从表 6-1 可见，例如农户收入等变量不满足正态分布。Hu 等(1992)指出在多数的案例中，不是所有的变量都要求正态分布，然而他们应用极大似然法仍是稳健的。同时，限于调查数据本身的特点，比如有些农户只种植粮食作物，表现为经济作物收入为 0，删除这些变量会导致样本选择的随机性和代表性被破坏。因此，笔者决定仍将所有变量纳入实证分析，尽管样本数据的正态性水平不高。

首先报告所有农业经营主体的估计结果，见表 6-2，笔者选择 χ^2，自由度 (Df)，拟合优度指数(GFI)，调整拟合优度指数（AGFI）和拟合优度卡方检验 (RMSEA)去评估设置的概念方程的可接受程度。对于全部的农业经营主体，这些指标为 $\chi^2/Df = 50.075$，GFI＝0.532，AGFI＝0.385，RMSEA＝0.328。这些指标显示全部农业经营主体的模型配适度较好。

表 6-2　农业经营主体的 SEM 估计值

	农业经营主体
因子载荷	
农地流转补贴 (LTS)	−0.06
农地流转期限(LTP)	0.06
农地流转规模(LTA)	1.00
农地流转组织方式 (LTM)	0.06
农地流转合同方式(LTC)	0.17
土地投入规模(LDI)	0.53
资本投入规模 (CI)	0.99 ***
劳动投入规模(LRI)	0.97 ***
规模效率(SCE)	0.15 **
机耕比例(RMF)	0.40
技术改良 (IV)	0.54 ***
技术培训(TT)	0.71 ***

续　表

	农业经营主体
技术效率(TEE)	0.08
总收入(TI)	1.00
非农收入(NFI)	0.04
农业收入(OFI)	1.00 ***
粮食作物收入(GCI)	0.14 **
经济作物收入(ECI)	0.98 ***
路径系数	
农地流转→农户收入(TRSP→HI)	−0.01
农地流转→规模效应(TRSP→SE)	0.72
农地流转→技术效应(TRSP→TE)	0.28
规模效应→农户收入(SE→HI)	0.99 ***
技术效应→农户收入(TE→HI)	0.02
Overall model fit	
χ^2/Df	50.075
GFI	0.532
AGFI	0.385
RMSEA	0.328

注:(1)箭头表示作用方向。(2) *、** 和 *** 分别表示变量在10%、5%和1%显著性水平检验通过。

实证结果表明农地流转对农户收入的影响不完全与假设一致。农地流转对农户收入影响的直接效应和间接效应结果见表6-3。

由表可见,首先农地流转对农业经营主体是有负向的直接作用(路径系数−0.01),但是影响并不显著。所以假设 H_1 不成立,这也表明农地流转补贴对农户收入的提高的作用微弱。其次,农地流转可以提高农户的规模效应(路径系数0.72),而规模效应也可以显著提高农户收入(路径系数0.99)。这表示农地流转通过规模效应可以间接提高农户收入,这与假设 H_2 作用方向一致,但并不显著。从表中可以看出71%的农户收入增加是间接来自规模效应。再次,农地流转可以提高技术效应(路径系数0.28),但是技术效应引起农户收入的提高却较有限(路径系数 0.02)。因此,农地流转通过技术效应对农户收入的间接作用仅为 0.01。因此,实证结果与假设 H_3 作用方向一致,但是影响作用不大。综上,农地流转对农户收入的直接作用是微弱的,农地流转通过规模效应和技术效应提高了农户收入,农地流转对农户收入的总效应是 71%。

表 6-3 农地流转对农业经营主体的作用路径

假设	作用路径	估计值	假设验证
	直接效应		
H_1	TRSP→HI	−0.01	不成立
	间接效应		
H_{2a}	TRSP→SE	0.72	
H_{2b}	SE→HI	0.99 ***	
	TRSP→SE→HI	0.71(0.72×0.99)	不成立
H_{3a}	TRSP→TE	0.28	
H_{3b}	TE→HI	0.02	
	TRSP→TE→HI	0.01(0.28×0.02)	不成立
	总效应	0.71(−0.01+0.71+0.01)	

注:(1) 箭头表示作用方向。(2) *、** 和 *** 分别表示变量在 10%、5% 和 1% 显著性水平检验通过。

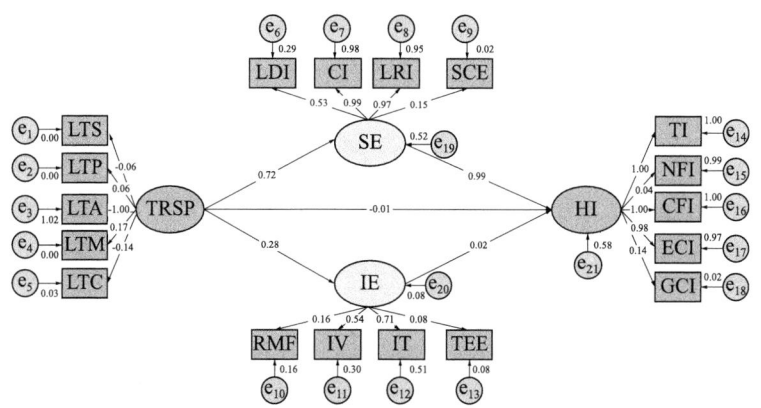

图 6-3 农业经营主体的结构方程模型 SEM 模拟结果

上文展示了农地流转对全部农业经营主体的影响，为了进一步探求农地流转对不同农业经营主体收入影响的内部差异，笔者分别对传统农户、种田大户、家庭农场和资本农场四类农业经营主体进行模拟。

6.3.1.1　传统农户的收入影响因素

实证结果表明农地流转对传统农户的收入的影响不完全与假设一致。农地流转对农户收入影响的直接效应和间接效应结果见表 6-4。

由表可见，首先农地流转对传统农户是有正向的直接作用（路径系数0.08），且影响显著。所以假设 H_1 成立，这也表明农地流转租金对农户收入的提高有一定的作用。其次，农地流转降低了传统农户的规模效应（路径系数-0.05），规模效应可以提高农户收入（路径系数0.07）。这表示农地流转通过规模效应对传统农户的影响程度较低，假设 H_2 不成立。再次，农地流转降低了传统农户的技术效应（路径系数-0.08），而技术效应引起农户收入的略有降低（路径系数为-0.03）。因此，农地流转通过技术效应对农户收入的间接作用为 0.00。因此，假设 H_3 不成立。综上，农地流转对传统农户有显著的直接正向影响，农地流转通过规模效应和技术效应对传统农户的间接影响很小，农地流转对农户收入的总效应是 8%。

表 6-4　农地流转对传统农户收入的作用路径

假设	作用路径	估计值	假设验证
	直接效应		
H_1	TRSP→HI	0.08 **	成立
	间接效应		
H_{2a}	TRSP→SE	-0.05	
H_{2b}	SE→HI	0.07	
H_2	TRSP→SE→HI	0.00(-0.05×0.07)	不成立
H_{3a}	TRSP→TE	-0.08	
H_{3b}	TE→HI	-0.03	
H_3	TRSP→TE→HI	0.00[-0.08×(-0.03)]	不成立
	总效应	0.08(0.08+0.00+0.00)	

注：(1)箭头表示作用方向。(2) * 、** 和 *** 分别表示变量在 10%、5%和 1%显著性水平检验通过。

6.3.1.2 种田大户的收入影响因素

实证结果表明农地流转对种田大户的收入的影响不完全与假设一致。农地流转对种田大户收入影响的直接效应和间接效应结果见表 6-5。

由表可见,首先农地流转对种田大户是有负向的直接作用(路径系数 -0.05),影响显著。所以假设 H_1 不成立,这也表明农地流转对种田大户的收入有直接的负向作用。其次,农地流转可以提高种田大户的规模效应(路径系数 0.05),然而规模效应却显著降低种田大户的收入(路径系数 -1.00)。这表示农地流转通过规模效应显著降低了农户收入,这与假设 H_2 不相符。再次,农地流转可以显著提高技术效应(路径系数 0.19),技术效应引起农户收入的提高(路径系数 0.22)。因此,农地流转通过技术效应对农户收入的间接作用为 0.04。因此,实证结果与假设 H_3 相符。综上,农地流转对种田大户收入有显著的直接负向影响,农地流转通过规模效应降低了种田大户的收入,而通过技术效应提高了农户收入,农地流转对农户收入的总效应是 -6%。

表 6-5 农地流转对种田大户收入的作用路径

假设	作用路径	估计值	假设验证
	直接效应		
H_1	TRSP→HI	-0.05**	不成立
	间接效应		
H_{2a}	TRSP→SE	0.05	
H_{2b}	SE→HI	-1.00**	
H_2	TRSP→SE→HI	-0.05[0.05×(-1.00)]	不成立
H_{3a}	TRSP→TE	0.19**	
H_{3b}	TE→HI	0.22**	
H_2	TRSP→TE→HI	0.04(0.19×0.22)	成立
	总效应	-0.06(-0.05-0.05+0.04)	

注:(1)箭头表示作用方向。(2)*、**和***分别表示变量在10%、5%和1%显著性水平检验通过。

6.3.1.3 家庭农场的收入影响因素

继而报告家庭农场的估计结果,实证结果表明农地流转对家庭农场的收入影响不完全与假设一致。农地流转对家庭农场影响的直接效应和间接效应结果见表 6-6。

由表可见,首先农地流转对家庭农场是有负向的直接作用(路径系数-0.05),但是影响并不显著,所以假设 H_1 不成立。其次,农地流转可以提高家庭农场的规模效应(路径系数 0.25),而规模效应也可以显著提高家庭农场收入(路径系数 0.04)。这表示农地流转通过规模效应可以间接提高农户收入,这与假设 H_2 方向一致,但作用影响较小,从表中可以看出 1% 的农户收入增加是间接来自农地流转增加的规模效应,因此假设 H_2 未完全可得验证。再次,农地流转可以提高技术效应(路径系数 0.05),但是技术效应引起农场收入的提高却有限(路径系数 0.00)。因此,农地流转通过技术效应对农场收入的间接作用为 0.00,H_3 不成立。综上,农地流转对家庭农场有直接的负向影响,农地流转通过规模效应提高了家庭农场收入,农地流转对农户收入的总效应是-4%。

表 6-6　农地流转对家庭农场收入的作用路径

假设	作用路径	估计值	假设验证
	直接效应		
H_1	TRSP→HI	-0.05	不成立
	间接效应		
H_{2a}	TRSP→SE	0.25	
H_{2b}	SE→HI	0.04 ***	
H_2	TRSP→SE→HI	0.01(0.25×0.04)	不成立
H_{3a}	TRSP→TE	0.05	
H_{3b}	TE→HI	0.00	
H_3	TRSP→TE→HI	0.00(0.05×0.00)	不成立
	总效应	-0.04(-0.05+0.01+0.00)	

注:(1)箭头表示作用方向。(2) *、** 和 *** 分别表示变量在 10%、5% 和 1% 显著性水平检验通过。

6.3.1.4 资本农场的收入影响因素

实证结果表明农地流转对资本农场收入的影响不完全与假设一致。农地流转对资本农场收入影响的直接效应和间接效应结果见表 6－7。

由表可见,首先农地流转对资本农场有负向的直接作用(路径系数 －0.05),但是影响并不显著,所以假设 H_1 不成立。其次,农地流转可以提高农场的规模效应(路径系数 0.24),而规模效应可以显著提高资本农场的收入(路径系数 0.98)。这表示农地流转通过规模效应可以间接提高资本农场收入,这与假设 H_2 方向相符,但作用程度小,因此 H_2 未完全得到验证。从表中可以看出 24％的农场收入增加是间接来自农地流转增加的规模效应。再次,农地流转可以提高技术效应(路径系数 0.34),技术效应可引起农场收入的提高(路径系数 0.23)。因此,农地流转通过技术效应对农场收入的间接作用为 8％。因此,实证结果与假设 H_3 作用方向一致,但是影响作用不大,假设不成立。综上,农地流转对资本农场收入的直接作用是微弱的,农地流转通过规模效应和技术效应提高了农场收入,农地流转对农场收入增加的总效应是 27％。

表 6－7　农地流转对资本农场收入的作用路径

假设	作用路径	估计值	假设验证
	直接效应		
H_1	TRSP→HI	－0.05	不成立
	间接效应		
H_{2a}	TRSP→SE	0.24	
H_{2b}	SE→HI	0.98***	
H_2	TRSP→SE→HI	0.24(0.24×0.98)	不成立
H_{3a}	TRSP→TE	0.34	
H_{3b}	TE→HI	0.23	
H_3	TRSP→TE→HI	0.08(0.34×0.23)	不成立
	总效应	0.27(－0.05＋0.24＋0.08)	

注:(1)箭头表示作用方向。(2) *、** 和 *** 分别表示变量在 10％、5％和 1％显著性水平检验通过。

6.3.1.5 小结

在此对农地流转对不同类型的农业经营主体的收入效应进行小结,以加深对其影响的理解。

对于所有农业经营主体而言(如图6-4),一方面农地流转对农户收入有微弱的直接负向作用,可能的解释是农地流转补贴并不能覆盖到每个转入户,如前文所述只有达到特定规模的对象才能申请补贴,而农地流转租金给农业经营主体增加了成本负担。在调研样本中,仅有18.33%的农户享受到了农地流转补贴。农地流转补贴的作用是"锦上添花"而非"雪中送炭",其对农户收入的影响作用不大也不难理解了。本书的结果并不是表示农地流转的补贴不重要,而是指出目前的补贴方式并不完善。为了改进政策,农地流转奖励补贴的门槛有待降低,创造更包容的补贴环境,让更多贫困的农户也能享受到农地流转的奖励和补贴。

另一方面可以看出农地流转对农业经营主体的规模效应和技术效应有正向影响,但影响皆不显著,这表明农地流转对主体产生规模效应、技术效应有帮助,但在实际操作中仍存在许多问题,有待改进。

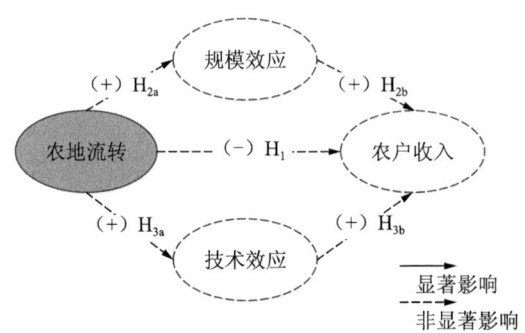

图6-4 农地流转对农业经营主体收入影响

从农业经营主体内部来看,笔者将从直接效应和间接效应、总效应三方面对比农地流转对不同类型的农业经营主体收入差异(见图6-5)。

首先从直接效应来看,除了传统农户,农地流转对其他农业经营主体都

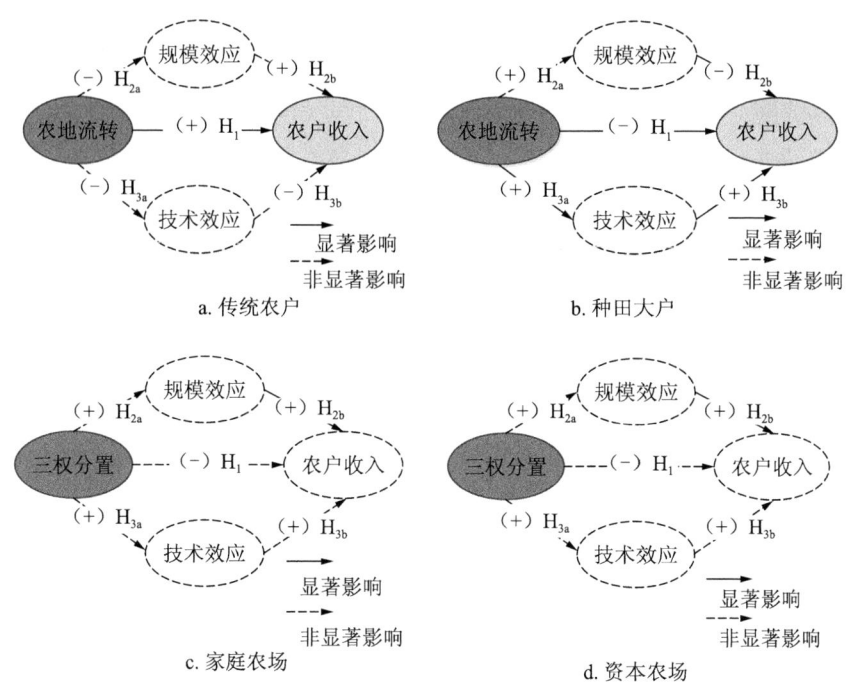

图 6-5 农地流转对不同类型农业经营主体收入影响

存在负效应,尤其对种田大户存在显著的负效应。由于参与流转的传统农户多数为转出户,他们在转出一部分土地后仍从事农业生产经营,所以农地流转租金对于他们来说具有一定的直接正向效应。而农地流转的直接负效应在种田大户上更为显著,究其原因可能是其承担土地租金的能力相对于家庭农场和资本农场更有限。

其次,从间接效应来看。农地流转对传统农户的规模效应和技术效应都有负向作用,这说明转出土地的传统农户在农业经营上失去了优势。农地流转对种田大户、家庭农场和资本农场都存在提高规模效应和技术效应的正向作用,但作用不显著。其中,值得关注的是农地流转对种田大户的技术效应提高,以及技术效应提升收入都有显著正向影响,其规模效应对种田大户收入有显著的负向影响。家庭农场、资本农场的规模效应对其收入提高产生了显著的正向影响。这说明,农地流转后种田大户的耕作技术得到了提升,并且一定程度上转化为收入,但是规模扩大引起的成本增加显而易见。而家庭农场和资本农场的规模效应则可以显著提高收入水平。

最后,从总效应来看,农地流转对传统农户收入的作用效应为 0.08,而对种田大户、家庭农场的收入作用效应分别为 −0.06 和 −0.04,对资本农场的作用效应为 0.27。这说明整体上农地流转对传统农户的收入影响不大,对种田大户和家庭农场有微弱的负作用,而对资本农场收入提高有积极作用。

6.3.2 离农主体

此节将讨论农地流转对离农主体的影响,配适度指标为 $\chi^2/Df = 2.964$,GFI=0.933 AGFI=0.903,RMSEA= 0.069。这些指标显示离农主体的模型配适度较好。

表 6‑8 离农主体的 SEM 估计值

	离农主体
载荷因子	
农地流转价格(LTS)	0.12 **
农地流转期限(LTP)	0.56 ***
农地流转规模(LTA)	0.51
农地流转组织方式 (LTM)	−0.72 ***
非农就业人数(Off-farm labor)	1.07 ***
非农就业时间(Off-farm days)	0.57
非农就业人数比例(Off-farm rate)	0.72 ***
社会资本(SC)	0.21 **
借贷资本(BC)	0.21 **
固定生产资本(FPA)	0.43 **
生活性消费(LS)	0.22
总收入(TI)	0.48
非农收入(OFI)	0.46 ***
财产性收入(PI)	0.08

续 表

	离农主体
路径系数	
农地流转→农户收入(TRSP→HI)	−0.34
农地流转→劳动力转移(TRSP→LT)	0.21***
农地流转→放松流动约束(TRSP→RLC)	0.76**
劳动力转移→农户收入(LT→HI)	0.37***
放松流动约束→农户收入(RLC→HI)	0.69
总效应	
χ^2/Df	2.964
GFI	0.933
AGFI	0.903
RMSEA	0.069

注:(1) 箭头表示作用方向。(2) *、** 和 *** 分别表示变量在 10%、5% 和 1% 显著性水平检验通过。

实证结果表明农地流转对离农主体的影响不完全与假设一致。农地流转对离农主体收入影响的直接效应和间接效应结果见表 6-9。

首先,农地流转对农户收入有直接的负向影响(路径系数为 −0.34)。这表明农地流转的租金未能弥补农户丧失土地经营权的损失,拒绝假设 H_4。其次,农地流转可以促进农户劳动力转移,且显著(路径系数为 0.21),而劳动力转移可以显著提高农户的收入(路径系数 0.37)。同时,表 6-9 也可以看出,农地流转通过劳动力转移间接提高 8% 的农户收入,与假设 H_5 一致。再次,农地流转可以起到放松农户流动性约束的作用(路径系数 0.76),同时流动性约束的放松对农户收入的增加也起到正向的促进作用(路径系数 0.69),但作用不显著。由此可见,农地流转通过放松流动约束对农户收入产生的正向影响为 0.52,假设 H_6 未完全得到验证。

总而言之,结果显示农地流转会给离农主体的收入带来直接的负向影响,而会通过劳动力转移和减轻流动约束的间接路径提高转出户的收入。结果表示农地流转对离农主体收入的间接影响超过了直接影响,农地流转对离农主体收入的影响的总效应为 26%。

表 6-9　农地流转对离农主体的作用路径

假设	作用路径	估计值	假设验证
	直接效应		
H₄	TRSP→HI	－0.34	不成立
	间接效应		
H₅ₐ	TRSP→LT	0.21***	
H₅ᵦ	LT→HI	0.37***	
H₅	TRSP→LT→HI	0.08(0.21×0.37)	成立
H₆ₐ	TRSP→RLC	0.76**	
H₆ᵦ	RLC→HI	0.69	
H₆	TRSP→RLC→HI	0.52(0.76×0.69)	不成立
	总效应	0.26(－0.34＋0.08＋0.52)	

注:(1)箭头表示作用方向。(2)*、** 和 *** 分别表示变量在 10%、5% 和 1% 显著性水平检验通过。

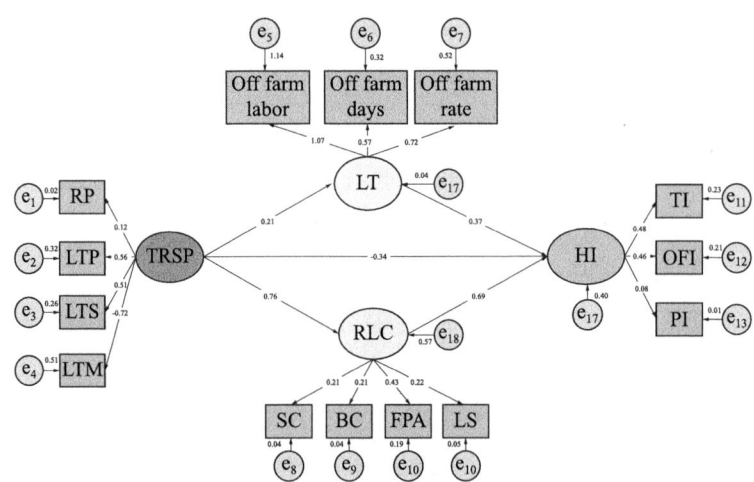

图 6-6　离农主体的结构方程模型 SEM 模拟结果

6.3.2.1　务工经商农户的收入影响因素

农地流转对务工经商主体收入影响的直接效应和间接效应结果见表 6-10。

首先,农地流转对农户收入有直接的正向影响,但作用很小且不显著(路径系数为 0.01)。这表明农地流转对务工经商主体的直接作用很小,拒绝假设 H_4。其次,农地流转可以促进农户劳动力转移,且显著(路径系数为 0.16),而劳动力转移可以显著提高农户的收入(路径系数 0.23)。同时,从表 6-10 也可以看出,农地流转通过劳动力转移间接提高 4% 的农户收入,与假设 H_5 一致。再次,农地流转可以起到放松农户流动性约束的作用(路径系数 0.66),同时流动性约束的放松对农户收入的增加也起到正向的促进作用(路径系数 0.40)。由此可见,农地流转通过放松流动约束对农户收入产生的正向影响为 0.26,假设 H_6 得到验证。

总而言之,结果显示农地流转会给务工经商的农户收入带来直接的正向影响,会通过劳动力转移和减轻流动约束的间接路径提高务工经商农户的收入。结果表示农地流转对农户收入的间接影响超过了直接影响,农地流转对农户收入的影响的总效应为 31%。

表 6-10   农地流转对务工经商农户收入的作用路径

假设	作用路径	估计值	假设验证
	直接效应		
H_4	TRSP→HI	0.01	不成立
	间接效应		
H_{5a}	TRSP→LT	0.16**	
H_{5b}	LT→HI	0.23***	
H_5	TRSP→LT→HI	0.04(0.16×0.23)	成立
H_{6a}	TRSP→RLC	0.66***	
H_{6b}	RLC→HI	0.40**	
H_6	TRSP→RLC→HI	0.26(0.66×0.40)	成立
	总效应	0.31(0.01+0.04+0.26)	

注:(1) 箭头表示作用方向。(2) *、** 和 *** 分别表示变量在 10%、5% 和 1% 显著性水平检验通过。

6.3.2.2   农业雇工的收入影响因素

农地流转对农业雇工收入影响的直接效应和间接效应结果见表 6-11。

首先,农地流转对农户收入有直接的负向影响,但不显著(路径系数为 -0.79)。这表明农地流转的租金未能弥补农业雇工丧失土地经营权的损失,拒绝假设 H_4。其次,农地流转可以促进农户劳动力转移,且显著(路径系数为 0.79),而劳动力转移可以显著提高农户的收入(路径系数 0.45)。同时,从表 6-11 也可以看出,农地流转通过劳动力转移间接提高 36% 的农户收入,与假设 H_5 一致。再次,农地流转可以起到放松农户流动性约束的作用(路径系数 0.91),同时流动性约束的放松对农户收入的增加也起到正向的促进作用(路径系数 0.95)。由此可见,农地流转通过放松流动约束对农户收入产生的正向影响为 0.86,假设 H_6 得到验证。

总而言之,结果显示农地流转会给农业雇工的收入带来直接的负向影响,而会通过劳动力转移和减轻流动约束的间接路径提高转出户的收入。结果表示农地流转对农户收入的间接影响超过了直接影响,农地流转对农户收入的影响的总效应为 43%。

表 6-11 农地流转对农业雇工收入的作用路径

假设	作用路径	估计值	假设验证
	直接效应		
H_4	TRSP→HI	-0.79	不成立
	间接效应		
H_{5a}	TRSP→LT	0.79**	
H_{5b}	LT→HI	0.45***	
H_5	TRSP→LT→HI	0.36(0.79×0.45)	成立
H_{6a}	TRSP→RLC	0.91***	
H_{6b}	RLC→HI	0.95**	
H_6	TRSP→RLC→HI	0.86(0.91×0.95)	成立
	总效应	0.43(-0.79+0.36+0.86)	

注:(1)箭头表示作用方向。(2)*、** 和 *** 分别表示变量在 10%、5% 和 1% 显著性水平检验通过。

6.3.2.3 赋闲农户的收入影响因素

农地流转对赋闲农户收入影响的直接效应和间接效应结果见表 6-12。

首先,农地流转对农户收入有直接的负向影响(路径系数为－0.23)。这表明农地流转的租金未能弥补赋闲农户丧失土地经营权的损失,拒绝假设 H_4。其次,农地流转可以促进农户劳动力转移,但不显著(路径系数为 0.35),而劳动力转移可以提高农户的收入(路径系数 0.12)。同时,表 6-12 也可以看出,农地流转通过劳动力转移间接提高 4% 的农户收入,与假设 H_5 方向一致,但是影响皆不显著,拒绝假设 H_5。再次,农地流转可以起到放松农户流动性约束的作用(路径系数 0.34),同时流动性约束的放松对农户收入的增加也起到显著正向的促进作用(路径系数 0.36)。由此可见,农地流转通过放松流动约束对农户收入产生的正向影响为 0.12,同样与假设 H_6 方向一致,但是影响并不显著,因此假设 H_6 未完全得到验证。

总而言之,结果显示农地流转会给赋闲农户的收入带来直接的负向影响,而会通过劳动力转移和减轻流动约束的间接路径提高转出户的收入。结果表示从影响作用大小来看,农地流转对农户收入的间接影响超过了直接影响,农地流转对农户收入的影响的总效应为 26%。

表 6-12　农地流转对赋闲农户收入的作用路径

假设	作用路径	估计值	假设验证
	直接效应		
H_4	TRSP→HI	－0.23	不成立
	间接效应		
H_{5a}	TRSP→LT	0.35	
H_{5b}	LT→HI	0.12	
H_5	TRSP→LT→HI	0.04(0.35×0.12)	不成立
H_{6a}	TRSP→RLC	0.34	
H_{6b}	RLC→HI	0.36 *	
H_6	TRSP→RLC→HI	0.12(0.34×0.36)	不成立
	总效应	0.26(－0.23+0.04+0.12)	

注:(1)箭头表示作用方向。(2) *、** 和 *** 分别表示变量在 10%、5% 和 1% 显著性水平检验通过。

6.3.2.4　小结

在此对农地流转对不同类型的离农主体收入效应做出小结,以加深对其影响的理解。

对于所有离农主体而言(见图 6-7),农地流转会给离农农户的收入带来直接的负向影响,而会通过劳动力转移的间接路径提高转出户的收入,同时农地流转起到了放松流动性约束的积极作用,但是放松流动性约束产生的农户增收效应不显著。这表明农地流转对离农主体的补贴本身不足以弥补农民丧失土地经营权的损失。如前所述,在当前转型中的中国,离农农户获取非农收入对农户总收入的提高具有越来越重要的作用,而放松流动性约束亦非常关键。

在农村劳动力不能及时转移或者是农户流动性约束无法进一步放松的情况下,"三权分置"可能扩大农村的收入差距,加剧贫困和不公。根据调查,往往是老年农户、没有非农就业能力或者渠道的农户和原来的种田大户不愿意转出他们的土地,尤其是在贫困地区。也存在有些村集体热衷于将农地流转收益作为增加村集体收入的手段和突出地方政绩的形象工程,不尊重农民意愿强行进行出租。和征地农户一样,他们变成了新的"失地农民",但与征地拆迁后的农户又不同,他们的补偿只有"土地租金"。这些失地农民失去了安全稳定的生计,陷入贫困之中(He et al.,2009)。本书的研究结果支持了的"农地流转必须在合理安置农村大量剩余劳动生产力的前提下才能提高劳动生产率"(Bogaerts et al.,2002),否则只会加剧农村矛盾。因此,提出具体措施以更好地促进劳动力转移和农户流动性约束的减轻对提高农民收入尤为重要。针对不同类型农户采取多元化的农地流转和劳动力扶持政策。对于以农业生产为主的农户,要优先满足他们的种地需求,不能片面地追求经营规模而剥夺小农户经营土地的权利。

另一项值得关注的是,离农农户观察变量财产性收入在农户收入测量模型中的标准化路径系数相对较低,这表明财产性收入在总农户收入中所占的比例仍较低。如前所述,这可能是目前放松流动性约束的增收效应有限的原因之一。根据调查,样本地区农户的财产性收入主要是土地租金,产权抵押效应并不显著。因此,未来进一步深化农村土地产权制度改革仍要继续有效激活农民的财产权利。此外,应完善农民的农业退出机制,对于已经转移的非农化的从业人员,通过建立农民工的社会保险制度,逐步割断其与土地的经济联系,推进土地规模经营;对于年老农民可以用土地换社保的办法,实行退休制度,使其退出农业生产领域(陈颐,2000)。

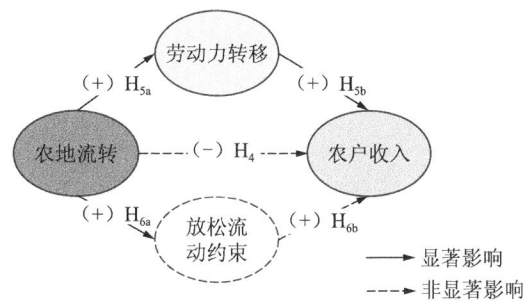

图 6-7 农地流转对离农主体的收入影响

从离农主体内部来看,笔者将从直接效应和间接效应、总效应三方面对比农地流转对不同类型的离农主体收入作用差异。首先从直接效应来看,除了务工经商农户,农地流转对离农农户都存在负效应,但影响不显著。这说明农地流转对离农主体的农户收入影响程度很低,可以理解每亩几百元的土地租金增加了农业经营主体的成本,却未能显著提高离农农户的收入。虽然如此,并不是说要通过提高土地租金来增加农户收入,而是在农地流转仍继续大规模推广时,思考以租赁为主的这种流转方式是否是最优且可持续。比较离农主体的农地流转直接效应,除了务工经商、雇工、赋闲的农户收入都降低了,但另一方面其"休闲"增加了,很多农户摆脱了繁重的务农体力劳动,即便农业雇工仍是做的"体力活",但与农户自己经营农地相比,他们可更自由地选择劳动时间。

其次,从间接效应来看,农地流转促进了务工经商、农业雇工主体劳动力转移和放松其流动约束,而对赋闲农户的间接效应并不显著。可见,农地流转对赋闲农户造成了不小的压力。同时,农村外出劳动力在非农领域的劳动报酬也具有不稳定性,当前普遍存在农民工在待遇、保障等方面受到歧视,社会保障低,受到外部经济环境影响较大的情形(王春超等,2009)。所以在务工经商和农业雇工中,未来也可能有部分会转换为赋闲农户,此类农户生活水平的下滑值得引起我们的警惕。

最后,从总效应来看,农地流转对务工经商、农业雇工和赋闲农户的收入总效应分别0.31、0.43和0.26。这说明整体上农地流转对离农主体收入有积极的影响,但是其对赋闲农户的影响并不乐观。

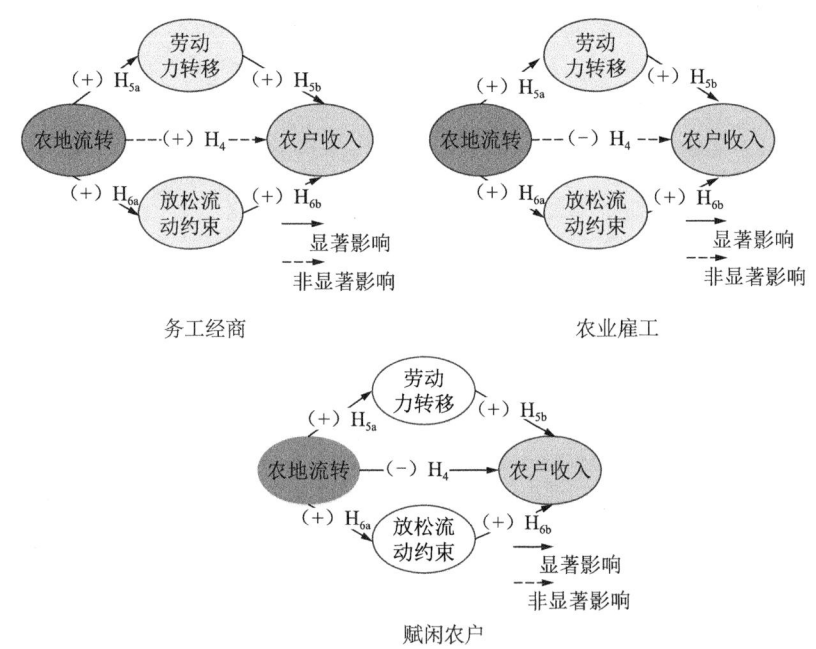

图6-8　农地流转对不同类型离农主体的收入影响

6.4 本章小结

本章侧重公平视角,采用 SEM 模型分别测算了"三权分置"政策对农业经营主体、离农主体收入的直接影响和间接影响,对农村内部可能产生的贫富不均进行了讨论,得到了如下结论。

(1)"三权分置"政策对农业经营主体收入的影响

① 从农业经营主体总体来看,本章的假设 H_1、H_2、H_3 均未得到支持,农地流转对农业经营主体的收入未产生显著的影响。其中,实证结果与 H_2 和 H_3 的作用方向一致但不显著,表明农地流转可以促进农业经营主体的规模效应和技术效应,但是目前农地流转却未展现出应有的积极效应。

② 从农业经营主体内部差异来看,农地流转对传统农户存在直接的正向作用,而对其他主体则反之;农地流转对传统农户的规模效应和技术效应有负向作用,而对其他主体亦反之。如前所述,传统农户多为转出部分土地但仍在从事农业生产的农户,农地流转租金对其收入产生了一定的积极作用,但是在农地流转后无论从规模还是技术上其失去了经营优势。此外,值得注意的是,家庭农场和资本农场的规模效应对其收入起到了显著的正向作用,这与调研实际相符,说明规模效应是这两类主体收入增长的最重要因素。

(2)"三权分置"政策对农业经营主体收入的影响

① 从离农主体总体来看,本章的假设 H_4、H_6 未得到支持,假设 H_5 得到了验证。农地流转对离农主体有直接的负向作用,说明农地流转的租金对于其收入的损失的弥补作用很小。农地流转可通过劳动力转移入、减轻流动性约束增收,但后者效果不显著。如前所述,劳动力转移和放松流动性约束对农地流转与农户增收作用至关重要,在农村劳动力不能及时转移或者是农户流动性约束无法进一步放松的情况下,"三权分置"可能扩大农村的收入差距,

加剧贫困和不公。

② 从离农主体的内部差异来看,农地流转对所有离农主体的直接效应皆不显著,但农地流转可以显著促进务工经商主体和农业雇工的劳动力转移和放松流动性约束,而对赋闲农户不显著。这说明整体上农地流转对离农农户收入有积极的影响,但是其对赋闲农户的影响并不乐观。

(3)"三权分置"政策对农业经营主体和离农主体收入作用的差异

农地流转对农业经营主体的收入作用不大,其中较之其他主体,农地流转对资本农场的积极作用最高;农地流转通过促进离农主体的劳动力转移起到间接增收作用,其中较之其他主体,农地流转对赋闲农户的作用并不乐观。这表明"三权分置"下各农业经营主体的收益状况并不乐观,而现在的农地流转政策对资本农场更为友好。加速的农业转型,给资本农场和家庭农场带来便利,但对传统农户不利,离农的主体中赋闲农户的生存状况值得关注。有学者指出,随着市场化的加深,农地流转亦可能被精英阶层或者其他利益主体作为重构和加强特权的工具(Zhang,2008)。所以我们必须警惕"三权分置"下可能日趋增长的不公,"三权分置"不能沦为政客和资本的工具。从长远来看,若不能提供离农主体非农就业的通道,三权分置会对经济和社会产生危险的不利影响。

第7章　结论与讨论

7.1　主要结论

本书基于农户分化的视角,采取定性和定量相结合的方法,深入刻画"三权分置"时期农户分化的形态和趋势,分析不同农业经营主体的农地利用效率及影响因素,探讨"三权分置"对农业经营主体和离农主体收入影响,得到如下结论:

(1)"三权分置"政策促进了农户分化,规模农业经营主体不断壮大,中层农户逐渐消失,小农萎缩和降级。

① 重新定义不同时期的农户划分:将农户自发性农地流转时期的农户划分为非农户(经济精英、政治精英和农民工)、兼业户(半工半耕)、纯农户(传统种田大户、普通农户);将"三权分置"时期的农户划分为农业经营主体(资本农场、家庭农场、种田大户、传统农户)和离农主体(务工经商农户、农业雇工和赋闲农户)。

② 自发流转时期和"三权分置"时期农户分化的差异:首先,作用方向不同。自发流转时期农户职业分化催生农地流转,而"三权分置"时期在政府干预下,催生了如"资本农场""二包户"和"农业雇工"等崭新的农业经营主体类

型。其次,阶层结构不同。自发流转时期农村的社会结构相对稳定,中层稳定,贫富差距不大;而"三权分置"时期规模经营主体的不断壮大,中层农户逐渐消失,下层小农萎缩和降级,贫富差距逐渐拉大。

(2)"三权分置"政策推进了农地流转市场发展,基于人情网络的流转方式弱化,集体在农地流转中发挥的作用日趋显著。

① 调查区域农户分化的特征:东部地区不同农业经营主体的数量由多到少依次为家庭农场、种田大户、传统农户、资本农场;中部地区按照不同农业经营主体的数量由多到少依次为传统农户、家庭农场、种田大户、资本农场。此外,东部地区从事经混作物的比例较之中部地区更高。不同农业经营主体的家庭特征存在明显差异,表现在规模经营主体的户主年龄较低,受教育水平、专业化水平更高。此外,东部地区的农业经营主体的收入水平均高于同类中部地区的农业经营主体。

② 调查区域农地流转市场的特征:一是农地流转市场逐渐健全并迅速扩张,形成多元农业经营主体参与的新格局;二是基于人情网络的农地流转方式弱化,农地交易价格显化、契约规范性逐渐增强;三是涉农项目、补贴成流转"助推器"和"调节器",集体主导型流转逐渐增多;四是农地流转市场的区域差异仍显著。

(3)"三权分置"政策改变了农业经营主体的农地利用方式及行为,土地租赁增加了农业生产成本,"土地分包""非农化""非粮化"等问题凸显。

① 农地利用方式上,传统农户的经营规模减小,种田大户的经营规模略有增大,而家庭农场和资本农场的经营规模显著扩张。其中分包是资本农场常有的土地配置方式,规模经营主体和东部地区"非粮化"的趋势更为明显。

② 农地投入上,传统农户、种田大户和家庭农场仍以家庭劳动力为主,资本农场的劳动效率显著提升。不同农业经营主体的资本投入结构发生显著变化,土地租金、生产资料和雇工工资已经成了规模经营主体最重要的三大成本。

③ 农地产出上,传统农户土地生产率低、劳动生产率低、资本生产率高;种田大户土地生产率高、劳动生产率低、资本生产率高;家庭农场土地生产率高、劳动生产率高、资本生产率低;资本农场土地生产率低、劳动生产率高、资本生产率低。

④ 农业经营主体的农地利用逻辑是:传统农户将土地作为生计保障,获得一些"安全的"的农产品供自家消费并实现自我价值;种田大户利用耕作技术、地方性知识不断提高劳动质量,以此提高产出和每个劳动对象的附加价值;家庭农场主从追求土地生产率向劳动生产率转变,通过合理利用劳动力达到最佳经营规模,降低单位成本、取得更多收入;资本农场使生产要素聚焦产生规模效应以获取更多利润,向生产上游"科技化"、下游"品牌化"方向延伸。

⑤ 由生产率测算结果引申的政策含义:一是若以保障粮食为政策目标,种田大户和家庭农场表现出色;二是若以提高农业生产经营者收入为政策目标,具有较高劳动效率的规模经营主体是未来的发展方向;三是规模农场相对于"贫困而有效率"的小农,其优势并不体现在资本生产率,如果我们承认小农是部分的或者有条件的追求利润最大化,那么,农业政策的重点应该转向识别和消除阻碍小农进一步提高效率的障碍上。

(4)从产值来看资本农场的农地利用效率最高,从产量来看则是家庭农场最优,"三权分置"政策更利好于规模经营主体。

① 根据农地利用效率测度结果,比较产值、产量角度其效率的差异:从规模效率来看,产值上资本农场的表现最好,产量上家庭农场则更优;从技术效率来看,产值上传统农户最优,而产量上资本农场最高;从综合效率来看,产值上资本农场最高,产量上家庭农场最高。而无论从哪个角度,传统小农的农地利用效率都是最低的,这是由细碎化的小规模经营方式引致的。研究结果并没有支持 IR 假说,但否定了小农存在技术上限的说法。

② 根据农地流转环境对不同农业经营主体的影响结果,对于传统农户和从事水稻种植的种田大户,农户自发型的农地流转方式,以人情为基础、非市

场化、非行政化的交易仍是乡村交往的重要基础,也更利于提高此类主体的农地利用效率。对于从事经济作物的种田大户、家庭农场和资本农场,行政力量和市场力量同时对其农地利用产生至关重要的影响,正式的市场交易、集体的适度引导、恰当的降低交易成本都可以提高农地利用效率。此外,在"三权分置"时期行政力量、市场力量不断地凸显、不断地增强的过程中,社会资本也仍然发挥着重要的调节作用。

③ 由农地利用效率及其影响因素测度引申的政策含义:若我们的政策目标追求的是产值,则农业经营主体扩大经营规模仍是有效的选择,资本农场的效率最高;若我们追求的是粮食产量,则家庭农场是目前最优的选择。与培养新型农业经营主体(家庭农场、专业大户、农民合作社、农业产业化龙头企业)的政策预期相比,"三权分置"时期的农地流转环境和政策更利好于规模经营主体。

(5)"三权分置"政策的农户增收效应不佳,在农村劳动力不能及时转移或流动性约束无法进一步放松情况下,"三权分置"可能扩大农村贫富差距。

① 对于农业经营主体,农地流转可以促进农业经营主体的规模效应和技术效应,但影响不显著。其中较之其他主体,农地流转对资本农场的积极作用最高,而家庭农场和资本农场的规模效应对其收入起到了显著的正向作用,规模效应是这两类主体收入增长的最重要因素。"三权分置"下各农业经营主体的收益状况并不乐观,而现在的农地流转政策对资本农场更为友好,加速的农业转型,给资本农场和家庭农场带来便利,但是对传统农户不利。

② 对于离农主体,农地流转对离农主体有直接的显著负向作用,说明农地流转的租金很难弥补离农主体丧失土地经营权而导致的收入损失。农地流转可通过劳动力转移、减轻流动性约束增收,但后者效果不显著。其中较之其他主体,农地流转对赋闲农户的作用并不乐观。因此,在农村劳动力不能及时转移或者是农户流动性约束无法进一步放松的情况下,"三权分置"可能扩大农村的收入差距,加剧贫困和不公。

7.2 讨论与建议

在对全书的结论进行了回顾之后,笔者在此尤为关注如下三点发现,并在此进行讨论和提出相应的政策建议。

7.2.1 讨论

(1) 农地流转的"困境"

本书发现农户自发流转时期基于人情化的互惠流转方式弱化,租赁方式为主的农地流转市场不断发展。但同时农地流转的成本也在不断攀升,引起了农业生产成本的大幅提高。更为重要的是,由于灾害或者粮价下跌,依靠租赁土地的农业规模经营者受到冲击最大,且规模越大损失就越大(刘成良和孙新华,2016)。

直观上(见第四章)农地流转已经引起了如下变化:① 农地利用方式发生变化,在农业投入结构上土地租金、雇佣劳动成本所占比例较之前大为增长。规模经营主体基本采取了减少劳动力投入、增加机械和资本投入的策略。② 农地利用主体发生变化,没有资金实力的小农和中农逐渐退出农业生产。一方面成本上涨压缩了他们的盈利空间,另一方面无法提供动辄百亩的流转规模的土地租金。③ 农地利用用途发生变化,种粮的农业经营主体难以盈利,规模经营主体的机械化、科技化等效益也被高额费用消解,出现"非农化""非粮化"等现象。数据上(见第六章)农地流转对农业经营主体中的资本农场积极作用最大,而"基数大"也是规模经营主体获得收益的最主要方式,换而言之他们并不具有成本优势。④ 那么土地租赁给农业生产者带来了负担,对于转出的离农农户作用如何。本书第六章的结论指出了农地流转对离农主体收入有直接的负向作用,仅仅以土地租金并不足以弥补其损失。

所以在这场浩浩荡荡的农地流转中,农业经营主体的生产成本提高,离农主体的收入却未能因此明显提高,似乎都陷入了农地流转的"困境",那么谁在受益? 答案应该是乡村内部的农业利润随着流转土地而集中到了少数人的手里。联动效应是附着在土地上的有关农业的政策利益(涉农项目和惠农补贴)也在向这部分人群集中。在笔者调研的大部分资本农场中,亏损经营的不在少数,但他们仍靠前期的资本积累或者政府扶持以其他方式蓄力转型,资本农场主放弃了眼前的利益,放眼的却是未来占据了土地生产资料后的收益。

所以,如今以土地租赁为主要方式的农地流转是否可持续?

(2)集体的地位与作用

本书发现集体行政力量在农地流转中起到的作用日渐增强。本书发现了集体对农地流转起到的积极作用(见第三章):① 充当农地流转双方"中介"和"担保"职能,起到了一定降低交易成本作用。如前所述,对于规模经营者可以免除他们与小农户之间一家一户的谈判,游说不愿意流转的农户,并在发生纠纷时协调双方矛盾。而对于农户,村集体履行"担保兜底"责任。② 具有农地流转的"服务"和"监管"双重功能。如上海松江区集体对家庭农场主提供技术培训、指导,并实施监管。

除了这些优势,过度的集体干预也有如下显而易见的弊端:① 催生了以资本农场为主的"超大规模流转",超出了适度规模的资本农场("虚胖大户")则采取分包等方式勉强维持。② 阻碍了内生型家庭农场的孕育和发展。种田大户所占比例越来越低,他们是内生型家庭农场的雏形,有丰富的生产经验和良好的乡村网络关系,是乡村重要的中坚力量,却成了被忽略的对象。在目前农地流转政策利好规模经营主体的情况下,他们升级为家庭农场的机会并不高。③ 提高了农业补贴的获得门槛,"二包"转包现象等导致农业补贴被分层截留,不能到真正种粮人手中。④ 造就了"赋闲农户"群体,部分被游说的但非农就业能力差的农户,流转后其剩余劳动力难以转移,收入明显降低。⑤ 村集体成了运营土地的主体,加重政府工作量。部分地区规模经营主体经营不善后跑路,土地又很难退回农户,本是良田如今却成了"烫手的山芋",招商引资农地流转工作成了村集体政务的重头戏,处理大户和小户之间的矛盾成了日常工作。

所以,集体在农地流转中究竟应该起什么作用?

(3)小农还是资本农场

回顾第四章小农制发展之争,第五章土地规模与效率的负向关系(IR 假说)之争和小农是否有技术上限之争,实际上是试图回答,目前中国的农业处于十字路口上面临选择,未来的农业究竟是朝向资本农场还是仍依靠小农,或者另一条新道路?

面对当下农村日益增长的资本,有必要认真审视其与家庭农业之间的关系。实际上马克思主义者对这一问题的经典论断是农民家庭经济最终会被资本主义所改造。在经典马克思主义的论述中,家庭农场或被资本主义农场所替代,或被消解;农民则最终会被转化为资本主义农场和资本主义工业所需的廉价劳动力(马克思,2004[1867])。列宁将农民划分为三个阶级:富农、中农、贫农,并提出富农将逐渐转化为农业资产阶级;贫农则会沦为无产阶级劳工;中农阶级中少数人会加入前者的行列,大多数人则会成为后者(列宁,1984[1899])。与之相对的观点以恰亚诺夫(Chayanov)为代表,强调小农经济能以其"农民生产方式"抵御资本主义的渗透,强调小农经济自身的运行逻辑,因此认为小农家庭经济不会被改造。此外,还有学者提出的正在世界上发生的"再小农化",认为企业农场从 21 世纪初开始失活,而小农型农场反而在应对全球化和自由化冲击时占有更有利的位置(扬·杜威·范德普勒格,2013)。

回顾国内学者的研究,叶剑平等(2013)描述工商资本包地尚在可控的范围内,所包土地不到村里土地总量的 20%。黄宗智等(2012)的研究指出中国农业雇工率仅为 3%,农业资本化的同时没有形成大量的农业雇工,是"没有无产化的资本化"。但目前工商资本进入农业生产领域的比例远远高于之前,如前文所述,2012年年底工商企业流转土地达2 800万多亩,占全国土地流转总量的10.3%,次年又增加了40%。而在笔者调研的村落,村集体主导下的农地流转下甚至全村土地只流转给了一个资本大户(见第二章案例2-1、2-2)。由本书对当下"三权分置"背景下农户分化特征的阐述(见第二章2.2.3),与列宁描述的阶层变动特征十分类似,不过我国现阶段的农业资产阶级不仅仅产生于农村内部。所以我们不能否认当下出现的农业资本主义趋势,尤其在以农业现代化为目标培育新型农业经营主体的过程中,农业治理逐渐转变为"亲大户、远小农",惠农资源的分配等都转向以服务大户为中心,小户被边缘化。然而,本书第二章的案例调查中发现目前大部分的离农者,对于农地流转的态度是模糊的,同时表现出了落叶归根的返乡意愿;第四章、第五章的结论也说明了研究区域的家庭农场从产量即粮食安全角度上表现出优越性。

所以,中国农业转型的道路应该如何选择?

7.2.2　政策建议

针对上文讨论的土地租赁方式、集体的地位和作用、农业转型发展道路的内容,在此笔者分别提出一些针对性的建议。

(1) 尊重、引导、保护除了土地租赁方式以外的农地流转方式创新。一方面农户自发型流转中的基于"人情"的流转方式可以减少农地流转中的不确定性和风险,也可以促进村庄中经济上处于弱势的农户家庭生计改善,应当予以尊重,而不是简单地排斥和消灭。另一方面,需要总结和借鉴土地入股、托管、信托等其他方式的农地流转的探索经验,并因地制宜推广。农地流转对不同地区、不同类型的农业经营主体影响是复杂的,不能忽略地方差异性而采取"一刀切"的流转方式。

(2) 在农地流转过程中村集体应从"过度干预"走向"服务监管"。村集体介入农地流转要有合理权利边界划分,兼顾农地利用的效率和公平,综合所长因地制宜地服务于农地流转。政府不能盲目地利用规模经营主体取代传统小农,这样不仅不利于小农的利益,也容易增加规模经营主体的风险,进一步威胁粮食安全。因此,随着农村经济社会发展水平的提高,各类中介服务组织的发展,农地流转市场机制的健全,村集体应逐步退出农地流转的参与主体,而主要行使所有权主体的管理职能,从而避免过度行政干预对农地流转产生消极影响(程久苗,2018)。

(3)"三权分置"时期国家对规模经营主体的扶持力度远远超过了小农主体,"发展家庭农场、专业大户、农民合作社、农业产业化龙头企业等新型农业经营主体"的政策目标和乡土实践出现了巨大的偏差。少数受益主体垄断了生产资料资源、国家的涉农项目资金和惠农补贴。所以对目前"三权分置"背景下新产生并固化的农户分化,可能不断扩大的贫富差距应有所警惕。首先在城乡二元结构仍长期存在的背景下,应该警惕下乡投机牟利的工商资本;其次重点关注并扶持种田大户、家庭农场此类适度规模的家庭农业经营主体;再次对于传统农户和离农主体要注重促进其劳动力转移,保障其在非农领域就业的稳定性,并保留其可以返乡的空间。此外,对于惠农政策需要提高瞄准度,将其落实到真正的种粮人手中;对于农业服务体系需要进一步完善,使其能够可以服务于适度规模经营者,如松江模式的"社会化服务组织＋农户"的模式可以使农业小规模主体依然具有生命力和竞争力,转变"土地规模化"为"服务规模化"。

参考文献

[1] Abdulai A, Owusu V, Goetz R. Land tenure differences and investment in land improvement measures: Theoretical and empirical analyses [J]. Journal of Development Economics, 2011, 96(1): 66 - 78.

[2] Ajit K G. Farm size and land productivity in Indian agriculture: A reappraisal [J]. Journal of Development Studies, 1979, 16(1): 27 - 49.

[3] Assunão J J, Braido L H. Testing among competing explanations for the inverse productivity puzzle, mimeo, department of economics [D]. France: Pontifical catholic university of Rio de Janeiro, 2004.

[4] Bardhan P K. Size, productivity and returns to scale: An analysis of farm-level data in Indian agriculture [J]. Journal of Political Economy, 1973, 81(6): 1370 - 1386.

[5] Barro R J, Lee J W. International comparisons of educational attainment [J]. Journal of Monetary Economics, 1993, 32(3): 363 - 394.

[6] Besley T. Property rights and investment incentives: Theory and micro-evidence from ghana [J]. Papers, 1993, 103(5): 903 - 937.

[7] Besley T. Property rights and investment incentives: Theory and evidence from China [J]. Journal of Political Economy, 1995, 103(5): 903 - 937.

[8] Bernstein H. Notes on capital and peasantry [J]. Review of African

Political Economy，1977，4(10):60-73.

[9] Bernstein H. Capitalism and petty commodity production [J]. Social Analysis the International Journal of Social & Cultural Practice, 1986, 3(20):11-28.

[10] Bhalla S S, Roy P. Mis-specification in farm productivity analysis: The role of land quality [J]. Oxford Economic Papers, 1988, 40(1):55-73.

[11] Binswanger H, Rosenzweig M. Wealth, weather, risk, and the composition and profitability of agricultural investments[J]. Economic Journal, 1993, 103(4):56-78.

[12] Bogaerts T, Williamson I, Fendel E M. The role of land administration in the accession of Central European countries to the European Union [J]. Land Use Policy, 2002, 19(1):29-46.

[13] Bourdieu P.The forms of social capital[C]// John Richardson. Handbook of Theory and Research for the Sociology of Education. Westport: Greenwood Press,1986.

[14] Bowles S G, et al. Social capital and community governance [J]. Economic Journal, 2010, 112(483):419-436.

[15] Yao Y, Carter M R. Specialization without regret-transfer rights, agricultural productivity, and investment in an industrializing economy [R]. World Bank Policy Research Working Paper, 1999.

[16] Coleman J S. Social capital in the creation of human capital [J]. American Journal of Sociology,1988,94(1):95-121.

[17] Cornia G A. Farm size, land yields and the agricultural production: an analysis for fifteen developing countries [J]. World Development,1985, 13(4): 513-534.

[18] Deininger K, Jin S. Land rental markets in the process of rural structural

transformation: Productivity and equity impacts in China [J]. Journal of Comparative Economics, 2009, 37(4):629 - 646.

[19] Deininger K, Jin S. The potential of land rental markets in the process of economic development: Evidence from China [J]. Journal of Development Economics, 2005, 78(1):241 - 270.

[20] Ding C. Land policy reform in China: Assessment and prospects [J]. Land Use Policy, 2003, 20(2):109 - 120.

[21] Dong X. Y. Two-tier land tenure system and sustained economic growth in post-1978 rural China [J]. World Development, 1996, 24 (5): 915 - 928.

[22] Eswaran M, Kotwal A. Access to capital and agrarian production organisation [J]. Economic Journal, 1986, 96(382):482 - 498.

[23] Feder G, Onchan T. Land ownership security and farm investment in Thailand [J]. American Journal of Agricultural Economics, 1987, 69(2):311 - 320.

[24] Feng L, Bao X, Jiang Y. Land reallocation reform in rural China: A behavioral economics perspective[J]. Land Use Policy, 2014, 41(4): 246 - 259.

[25] Feng S, Heerink N. Are farm households' land renting and migration decisions inter-related in rural China? [J]. NJAS-Wageningen Journal of Life Sciences, 2008, 55(4):345 - 362.

[26] Feng S. Land rental, off-farm employment and technical efficiency of farm households in Jiangxi Province, China [J]. NJAS-Wageningen Journal of Life Sciences,2008,55(4):363 - 378.

[27] Fried H O, Lovell C A K, Schmidt S S, et al. Accounting for Environmental Effects and Statistical Noise in Data Envelopment Analysis[J]. Journal of

Productivity Analysis,2002 (17):157 – 174.

[28] Gao L L, Huang J K, Rozelle S. Rental markets for cultivated land and agricultural investments in China [J]. Agricultural Economics, 2012, 43(4):391 – 403.

[29] He S, Liu Y, Webster C, et al. Property rights redistribution, entitlement failure and the impoverishment of landless farmers in China [J]. Urban Studies, 2009, 46(9):1925 – 1949.

[30] Hu L T, Bentler P M, Kano Y. Can test statistics in covariance structure analysis be trusted? [J]. Psychological Bulletin, 1992, 112(2):351 – 62.

[31] Huang P C C. Rural class struggle in the Chinese revolution: Representational and objective realities from the land reform to the cultural revolution [J]. Modern China, 1995, 21(1):105 – 143.

[32] Ito J, Bao Z, Ni J. Land rental development via institutional innovation in rural Jiangsu, China [J]. Food Policy, 2016, 59:1 – 11.

[33] Janvry A D, Gordillo G, Platteau J P, et al. Access to land, rural poverty, and public action [J]. Oup Catalogue, 2001, 70(1):235 – 238.

[34] Jin S, Jayne T S. Land rental markets in Kenya: Implications for efficiency, equity, household income, and poverty [J]. Land Economics, 2013, 89(2):246 – 271.

[35] Assunção J J, Ghatak M. Can unobserved heterogeneity in farmer ability explain the inverse relationship between farm size and productivity [J]. Economics Letters, 2003, 80(2):189 – 194.

[36] Kostello E. The market transition debate: Toward a synthesis? [J]. American Journal of Sociology, 1996, 101(4):1082 – 1096.

[37] Kung K S. Common property rights and land reallocations in rural China: Evidence from a village survey [J]. World Development, 2000, 28(4):

701 - 719.

[38] Kung J K S. Off farm labor market and the emergence of land rental market in rural China [J]. Journal of Comparative Economies, 2003, (30):395 - 414.

[39] Lin J Y. Institutional reforms and dynamics of agricultural growth in China [J]. Food Policy, 1997, 22(3):201 - 212.

[40] Lin J Y. Collectivization and China agricultural crisis in 1959 - 1961[J]. Journal of political economy 1990, 98(6): 1228 - 1252;

[41] Lin J Y, Yang D T. Food availability, entitlements and the Chinese famine of 1959 - 61[J]. Economic Journal, 2000, 110(460):136 - 158.

[42] Liu S Y, Carter M R, Yao Y. Dimensions and diversity of property rights in rural China: Dilemmas on the road to further reform [J]. World Development, 1998, 26(10): 1789 - 1806.

[43] Liu S, Wang R, Shi G. Historicaltransformation of China's agriculture: Productivity changes and other key features [J]. China & World Economy, 2018, 26(1):42 - 65.

[44] Maertens A, Barrett C B. Measuring social networks' effect on agricultural technological adoption [J]. American Journal of Agricultural Economics,2011, 95(2): 1 - 7.

[45] Narayan D, Pritchett L. Cents and sociability: Household income and social capital in rural Tanzania [J]. Economic Development and Cultural Change,1999, 47(4): 871 - 897.

[46] Prosterman R L, Temple M N, Hanstead T M. Agrarian Reform and Grassroots Development: Ten Case Studies [M]. Boulder CO: Lynne Rienner Publishers,1990.

[47] Putnam R D, Leonardi R, Nonetti R Y. Making Democracy Work: Civic

Traditions in Modern Italy [M]. Princeton University Press, 1994.

[48] Putnam R D. Bowling Alone: The Collapse and Revival of American Community[M]. New York: Simon & Schuster, 2000.

[49] Putterman L, Skillman G L. Collectivization and China's agricultural crisis [J]. Journal of Comparative Economics, 1993, 17(2), 530 - 539.

[50] Robison L J, Myers R J, Siles M E. Social capital and the terms of trade for farmland [J]. Review of Agricultural Economics, 2002, 24(1):44 - 58.

[51] Rozelle S, Zhang L. Emerging markets, evolving institutions, and the new opportunities for growth in China's rural economy [J]. China Economic Review, 2002, 13(4):345 - 353.

[52] Schumacker R E, Lomax R G. A Beginner's Guide to Structural Equation Modeling. 2nd Edition[M]. NJ Mahwah: Lawrence Erlbaum Associates, 2004.

[53] Sen A. An Aspect of Indian Agriculture [J]. Economic Weekly, 1962, 14 (4 - 6): 243 - 246.

[54] Shaban R A. Testing between competing models of share cropping [J]. Journal of Political Economy, 1987, 95(5):893 - 920.

[55] Tan S, Heerink N, Qu F. Land fragmentation and its driving forces in China [J]. Land Use Policy, 2006, 23(3): 272 - 285.

[56] Turner M A, Brandt L, Rozelle S. Property rights formation and the organization of exchange and production in rural China [J]. William Davidson Institute Working Papers, 1998.

[57] Wang H, Tong J E, Su F B, et al. To reallocate or not: Reconsidering the dilemma in China's agricultural land tenure policy [J]. Land Use Policy, 2011, 28(4):805 - 814.

[58] Wang H, Riedinger J, Jin S. Land documents, tenure security and land

rental development: Panel evidence from China [J]. China Economic Review, 2015, 36:220 - 235.

[59] Yao Y, Carter M R. Specialization without regret-transfer rights, agricultural productivity, and investment in an industrializing economy [R]. Policy Research Working Paper, 1999.

[60] Yue B, Sonoda T. The effect of off-farm work on farm technical efficiency in China [R]. Japan: Nagoya University, 2012.

[61] Zhang Y J, Wang X B, Glauben T, et al. The impact of land reallocation on technical efficiency: Evidence from China [J]. Agricultural Economics, 2011, 42(4):495 - 507.

[62] Zhang Q F. Retreat from equality or advance towards efficiency? Land markets and inequality in rural Zhejiang [J]. The China Quarterly, 2008, 195: 535 - 557.

[63] 埃利斯.拉丁美洲的经济发展[M].纽约:圣马丁出版社,1966:231 - 239.

[64] 安乐.公平与效率视角下的农村土地流转制度研究——基于"成都模式" [D].兰州大学,2010.

[65] 蔡昉.人口转变、人口红利与经济增长可持续性——兼论充分就业如何促进经济增长[J].人口研究,2004,28(2):2 - 9.

[66] 陈柏峰.中国农村的市场化发展与中间阶层——赣南车头镇调查[J].开放时代,2012(3):31 - 46.

[67] 陈成文,罗忠勇.土地流转:一个农村阶层结构再构过程[J].湖南师范大学社会科学学报,2006,35(4):5 - 10.

[68] 陈成文,赵锦山.农村社会阶层的土地流转意愿与行为选择研究[J].湖北社会科学,2008(10):37 - 40+83.

[69] 陈翰笙.解放前的地主与农民:华南农村危机研究[M].北京:中国社会科学出版社,1984.

[70] 陈航英.新型农业主体的兴起与"小农经济"处境的再思考——以皖南河镇为例[J].开放时代,2015(5):70-87+7.

[71] 陈美球,彭云飞,周丙娟.不同社会经济发展水平下农户耕地流转意愿的对比分析——基于江西省21个村952户农户的调查[J].资源科学,2008(10):1491-1496.

[72] 陈胜祥.农地产权"有意的制度模糊说"质疑[J].中国土地科学,2014,28(6):3-9.

[73] 陈锡文,韩俊.如何推进农民土地使用权合理流转[J].中国改革(农村版),2002(3):37-39.

[74] 陈锡文.构建新型农业经营体系刻不容缓[J].求是,2013(22):38-41.

[75] 陈向明.社会科学中的定性研究方法[J].中国社会科学,1996(6):93-102.

[76] 陈颐.论"以土地换保障"[J].学海,2000(3):95-99.

[77] 陈义媛.资本下乡:农业中的隐蔽雇佣关系与资本积累[J].开放时代,2016(5):92-112+8.

[78] 陈英,谢保鹏,魏春瑾.内生性和外生性农地流转模式背景下农地收益的差异及其对农民收益的影响研究——基于白银市靖远县调查数据的实证分析[J].干旱区资源与环境,2014,28(9):27-3.

[79] 程久苗.优化农地流转运行机制,完善"三权"权能设计[J].土地科学动态,2018(5):29-32.

[80] 邓大才.农地流转的交易成本与价格研究——农地流转价格的决定因素分析[J].财经问题研究,2007(9):89-95.

[81] 董国礼,李里,任纪萍.产权代理分析下的土地流转模式及经济绩效[J].社会学研究,2009(1):25-63,243.

[82] 费孝通.乡土中国[M].上海:上海人民出版社,2006.

[83] 冯小.农业转型中家庭农业的分化与农利再分配——以T镇的农业转型

道路为考察对象[J].南京农业大学学报(社会科学版),2016,16(2):
125-133+156.

[84] 冯应斌,杨庆媛,董世琳,等.基于农户收入的农村土地流转绩效分析[J].
西南大学学报(自然科学版),2008(4):179-183.

[85] 弗兰克·艾利思.农民经济学——农民家庭农业和农业发展[M].上海:
上海人民出版社,2006.

[86] 高帆.中国乡村振兴战略视域下的农民分化及其引申含义[J].复旦学报
(社会科学版),2018,60(5):149-158.

[87] 高强,赵贞.我国农户兼业化八大特征[J].调研世界,2000(4):29-31.

[88] 韩长赋:土地"三权分置"是中国农村改革的又一次重大创新[N/OL],
http://www.xinhuanet.com//finance/2016-01/27/c_128676250.htm.

[89] 韩俊.土地政策:从小规模均田制走向适度规模经营[J].调研世界,
1998(5):8-9.

[90] 韩鹏云,刘祖云.新中农阶层的兴起与农村基层党组织建设转型[J].理
论与改革,2014(1):59-63.

[91] 何郑涛,彭珏.家庭农场契约合作模式的选择机理研究——基于交易成
本、利益分配机制、风险偏好及环境相容的解释[J].农村经济,2015(6):
14-20.

[92] 何·皮特.谁是中国土地的拥有者[M].北京:社会科学文献出版
社,2014.

[93] 贺雪峰.当下中国亟待培育新中农[J].理论学习,2012(7):60-61.

[94] 贺雪峰.取消农业税后农村的阶层及其分析[J].社会科学,2011(3):
70-79.

[95] 贺振华.农户兼业及其对农村土地流转的影响——一个分析框架[J].上
海财经大学学报,2006(2):72-78.

[96] 洪名勇.欠发达地区的农地流转分析——来自贵州省4个县的调查[J].

中国农村经济,2009(8):79-88.

[97] 胡初枝,黄贤金,张力军.农户农地流转的福利经济效果分析——基于农户调查的分析[J].经济问题探索,2008(1):184-186.

[98] 胡新艳,朱文珏,刘凯.理性与关系:一个农地流转契约稳定性的理论分析框架[J].农村经济,2015(2):9-13.

[99] 黄英良.交易成本和农地使用权流转组织形式的选择[J].理论学刊,2005(10):51-53.

[100] 黄志辉,麻国庆.无"法"维权与成员资格——多重支配下的"代耕农"[J].中国农业大学学报(社会科学版),2011,28(1):81-92.

[101] 黄志辉.自我生产政体:"代耕农"及其"近阈限式耕作"[J].开放时代,2010(12):24-40.

[102] 黄宗智,高原,彭玉生.没有无产化的资本化:中国的农业发展[J].开放时代,2012(3):10-30.

[103] 黄宗智.中国农业面临的历史性契机[J].读书,2006(10):118-129.

[104] 黄祖辉,王朋.农村土地流转:现状、问题及对策——兼论土地流转对现代农业发展的影响[J].浙江大学学报(人文社会科学版),2008,38(2):38-47.

[105] 黄祖辉,陈欣欣.农户粮田规模经营效率:实证分析与若干结论[J].农业经济问题,1998(11):3-8.

[106] 卡尔·马克思.资本论第1卷[M].中共中央马克思恩格斯列宁斯大林著作编译局,译.北京:人民出版社,2004(1867).

[107] 亢霞,刘秀梅.我国粮食生产的技术效率分析——基于随机前沿分析方法[J].中国农村观察,2005(4):25-32.

[108] 孔令成.基于综合效益视角的家庭农场土地适度规模研究[D].咸阳:西北农林科技大学,2016.

[109] 孔祥斌.华北集约化农区土地利用变化及其可持续评价[D].北京:中国

农业大学,2003.

[110] 李昌平.中国农村菲律宾道路化的危险——从"亚洲典范"到"亚洲病夫"的教训[J].绿叶,2008(10):100-105.

[111] 李谷成,冯中朝,范丽霞.小农户真的更加具有效率吗? 来自湖北省的经验证据[J].经济学(季刊),2010,9(1):95-124.

[112] 李明艳,陈利根,石晓平.非农就业与农户耕地利用行为实证分析:配置效应、兼业效应与投资效应-基于2005年江西省农户调研数据[J].农业技术经济,2010(3):41-51.

[113] 李中.农村土地流转与农民收入——基于湖南邵阳市跟踪调研数据的研究[J].经济地理,2013,33(5):144-149.

[114] 廖洪乐.农村承包地调整[J].中国农村观察,2003(1):46-54.

[115] 廖洪乐.农户兼业及其对农地承包经营权流转的影响[J].管理世界,2012(5):62-70.

[116] 列宁.俄国资本主义的发展[M].北京:人民出版社,1984(1899).

[117] 林辉煌.江汉平原的农民流动与阶层分化:1981~2010——以湖北曙光村为考察对象[J].开放时代,2012(3):47-70.

[118] 林颖.陕西省退耕还林工程对农户收入影响机制研究[D].咸阳:西北农林科技大学,2013.

[119] 刘成良,孙新华.精英谋利、村社托底与地方政府行为:土地股份合作社发展的双重逻辑[J].中国农业大学学报(社会科学版),2016,33(3):33-41.

[120] 刘凤芹.农业土地规模经营的条件与效果研究:以东北农村为例[J].管理世界,2006(9):71-79+171-172.

[121] 刘付春.都市郊区农民农研究[D].华东理工大学,2012.

[122] 刘洪彬,于国锋,王秋兵,等.大城市郊区不同区域农户土地利用行为差异及其空间分布特征——以沈阳市苏家屯区238户农户调查为例[J].

资源科学，2012，34(5)：879－888.

[123] 刘鸿渊.农地集体流转的农民收入增长效应研究——以政府主导下的
农地流转模式为例[J].农村经济，2010(7)：57－61.

[124] 刘克春，苏为华.农户资源禀赋、交易费用与农户农地使用权流转行
为——基于江西省农户调查[J].统计研究，2006(5)：73－77.

[125] 刘莉君，岳意定，谭舒允.基于经济与社会两个维度的农村土地流转绩
效评价指标体系构建[J].湖南科技大学学报(社会科学版)，2010，
13(6)：104－107.

[126] 刘涛，曲福田，金晶，等.土地细碎化、土地流转对农户土地利用效率的
影响[J].资源科学，2008(10)：1511－1516.

[127] 刘彦随，张紫雯，王介勇.中国农业地域分异与现代农业区划方案[J].地
理学报，2018，73(2)：203－218.

[128] 刘志迎，张吉坤.高技术产业不同资本类型企业创新效率分析——基于
三阶段 DEA 模型[J].研究与发展管理，2013，25(3)：45－52.

[129] 陆学艺.当代中国农村和当代中国农民[M].北京：知识出版社，1991.

[130] 陆学艺.当代中国社会阶层研究报告[M].北京：社会科学文献出版
社，2002.

[131] 罗必良，汪沙，李尚蒲.交易费用、农户认知与农地流转——来自广东省
的农户问卷调查[J].农业技术经济，2012(1)：11－21.

[132] 罗伯特·K.殷，等.案例研究：设计与方法(第五版)[M].周海涛，等译.
重庆：重庆大学出版社，2017.

[133] 冒佩华，徐骥，贺小丹，等.农地经营权流转与农民劳动生产率提高：理
论与实证[J].经济研究，2015(11)：161－176.

[134] 农业部农村经济体制与经营管理司，农业部农村合作经济经营管理总
站.中国农村经营管理统计年报(2016)[M].北京：中国农业出版
社，2016.

[135] 潘璐."小农"思潮回顾及其当代论辩[J].中国农业大学学报(社会科学版),2012,29(2):34-48.

[136] 恰亚诺夫.农民经济组织[M].萧正洪,译.北京:中央编译出版社,1996(1925).

[137] 钱龙,洪名勇,龚丽娟,等.差序格局、利益取向与农户土地流转契约选择[J].中国人口·资源与环境,2015,25(12):95-104.

[138] 钱龙,洪名勇.农地产权是"有意的制度模糊"吗——兼论土地确权的路径选择[J].经济学家,2015(8):24-29.

[139] 钱忠好.非农就业是否必然导致农地流转——基于家庭内部分工的理论分析及其对中国农户兼业化的解释[J].中国农村经济,2008(10):13-21.

[140] 钱忠好.农村土地承包经营权产权残缺与市场流转困境:理论与政策分析[J].管理世界,2002(6):35-45.

[141] 全国农业区划委员会.中国综合农业区划[M].北京:农业出版社,1981.

[142] 申云,朱述斌,邓莹,等.农地使用权流转价格的影响因素分析——来自于农户和区域水平的经验[J].中国农村观察,2012(3):2-17.

[143] 宋伟.农地流转的效率与供求分析[J].农村经济,2006(4):34-38.

[144] 速水佑次郎,弗农·拉坦.农业发展的国际分析[M].郭熙保,张进铭,译.北京:中国社会科学出版社,2000.

[145] 孙新华.农业规模经营主体的兴起与突破性农业转型——以皖南河镇为例[J].开放时代,2015(5):166-124+8.

[146] 田先红,陈玲.地租怎样确定?——土地流转价格形成机制的社会学分析[J].中国农村观察,2013(6):2-12+92.

[147] 万广华,程恩江.规模经济、土地细碎化与我国的粮食生产[J].中国农村观察,1996(3):31-36+64.

[148] 王春超,李兆能,周家庆.躁动中的农民流动就业——基于湖北农民工

回流调查的实证研究[J].华中师范大学学报(人文社会科学版),2009,48(3):55-62.

[149] 王春超.农村土地流转、劳动力资源配置与农民收入增长:基于中国 17 省份农户调查的实证研究[J].农业技术经济,2011(1):93-101.

[150] 王光全.中国家庭农场模式初探[J].理论参考,2013(8):42-45.

[151] 魏程琳.中国农村产权制度改革的意义与限度——来自改革试验区的调研报告[J].战略与管理,2015(1):55-97.

[152] 温铁军.八次危机:中国的真实经验:1949-2009[M].北京:东方出版社,2013.

[153] 温铁军.农村政策的底线是不搞土地私有化[J].中国市场,2008(16):13.

[154] 吴一恒,徐砾,马贤磊.农地"三权分置"制度实施潜在风险与完善措施——基于产权配置与产权公共域视角[J].中国农村经济,2018(8):46-63.

[155] 西奥多·舒尔茨.改造传统农业[M].梁小民,译.北京:商务印书馆,1987(1964).

[156] 奚建武."农民农":城镇化进程中一个新的问题域——以上海郊区为例[J].华东理工大学学报(社会科学版),2011,26(3):84-90.

[157] 夏柱智.中农阶层与发展型社会结构的形成[J].南京农业大学学报(社会科学版),2013(6):13-15.

[158] 徐嘉鸿.农村土地流转中的中农现象——基于赣北 Z 村实地调查[J].贵州社会科学,2012(4):84-90.

[159] 徐美银.农民阶层分化、产权偏好差异与土地流转意愿——基于江苏省泰州市 387 户农户的实证分析[J].社会科学,2013(1):56-66.

[160] 徐玉婷,黄贤金,陈志刚,等.农地转入规模扩大有助于农民农业增收吗?——基于中国中部 5 省农户调查的实证研究[J].自然资源学报,

2016，31(10)：1624－1636.

[161] 许恒周，郭玉燕.农民非农收入与农村土地流转关系的协整分析——以江苏省南京市为例[J].中国人口·资源与环境，2011，21(6)：61－66.

[162] 许恒周，石淑芹.农民分化对农户农地流转意愿的影响研究[J].中国人口·资源与环境，2012，22(9)：90－96.

[163] 许庆，尹荣梁，章辉.规模经济、规模报酬与农业适度规模经营——基于我国粮食生产的实证研究[J].经济研究，2011(03)：59－71＋94.

[164] 阎其华.农地规模经营行为法律规制问题研究[D].辽宁大学，2014.

[165] 扬·杜威·范德普勒格.新小农阶级[M].潘璐，叶敬忠，译.北京：社会科学文献出版社，2013.

[166] 杨华."中农"阶层：当前农村社会的中间阶层——"中国隐性农业革命"的社会学命题[J].开放时代，2012(3)：73－89.

[167] 杨华.农村土地流转与社会阶层的重构[J].重庆社会科学，2011(5)：54－60.

[168] 杨俊，杨钢桥，胡贤辉.农业劳动力年龄对农户耕地利用效率的影响——来自不同经济发展水平地区的实证[J].资源科学，2011，33(9)：1691－1698.

[169] 杨雍哲.规模经营的关键在于把握条件和提高经营效益[J].农业经济问题，1995(5)：15－18.

[170] 叶剑平，蒋妍，丰雷.中国农村土地流转市场的调查研究——基于2005年17省调查的分析和建议[J].中国农村观察，2006(4)：48－55.

[171] 叶剑平，普罗.中国农村土地农户30年使用权调查研究：17省调查结果及政策建议[J].管理世界，2000(2)：163－172.

[172] 叶剑平，田晨光.中国农村土地权利状况：合约结构、制度变迁与政策优化——基于中国17省1956位农民的调查数据分析[J].华中师范大学

学报(人文社会科学版),2013,52(1):38-46.

[173] 叶敏,马流辉,罗煊.驱逐小生产者:农业组织化经营的治理动力[J].开放时代,2012(6):132-147.

[174] 于传岗.农村集体土地流转演化趋势分析——基于政府主导型流转模式的视角[J].西北农林科技大学学报(社会科学版),2013,13(5):10-21.

[175] 于传岗.农户主导型农村土地承包经营权流转规律研究[J].西北农林科技大学学报(社会科学版),2014,14(6):15-21+27.

[176] 余练.农业经营形式变迁的阶层动力[D].武汉:华中科技大学,2015.

[177] 俞海,黄季焜,Scott R,等.地权稳定性、土地流转与农地资源持续利用[J].经济研究,2003(9):82-91+95.

[178] 张红宇.中国农地调整与使用权流转:几点评论[J].管理世界,2002(5):76-87.

[179] 张红宇.关于深化农村改革的四个问题[J].农业经济问题,2016,37(7):4-11.

[180] 张红宇.中国现代农业经营体系的制度特征与发展取向[J].中国农村经济,2018(1):23-33.

[181] 张建雷,王会.土地的道义经济:农村土地流转问题再认识——基于安徽省L村的实证调查[J].学术论坛,2014,37(5):108-113.

[182] 张照新.中国农村土地流转市场发展及其方式[J].中国农村经济,2002(2):19-24.

[183] 张志,朱清科,朱金兆,等.参与式农村评估(PRA)在流域景观格局研究中的应用——以晋西黄土区吉县蔡家川为例[J].中国水土保持科学,2005(1):25-31.

[184] 章奇.收入流动性和收入分配:来自中国农村的经验证据[J].经济研究,2007(11):123-138.

[185] 赵晓峰,赵祥云.农地规模经营与农村社会阶层结构重塑——兼论新型农业经营主体培育的社会学命题[J].中国农村观察,2016(6):55－66＋85＋96.

[186] 赵阳.共有与私用:中国农地产权制度的经济学分析[M].上海:生活·读书·新知三联书店,2007.

[187] 赵赟.近代苏北沿海的"走脚田"与"农民农"研究[J].中国农史,2012(3):93－105.

[188] 钟太洋,黄贤金,孔苹.农地产权与农户土地租赁意愿研究[J].中国土地科学,2005,19(1):49－55.

[189] 钟文晶,罗必良.禀赋效应、产权强度与农地流转抑制——基于广东省的实证分析[J].农业经济问题,2013(3):6－16.

[190] 钟涨宝,汪萍.农地流转过程中的农户行为分析——湖北、浙江等地的农户问卷调查[J].中国农村观察,2003(6):55－64＋81.

[191] 周飞,刘朝晖.论农户兼业化与土地可持续利用[J].农村经济,2003(2):17－18.

附　录

附录 A1　农业经营主体家庭特征、资本投入配置

附表 A1－1　种田大户的家庭特征

	中部地区			东部地区			样本区域		
	大田	经混	小计	大田	经混	小计	大田	经混	总计
户主年龄(岁)	58.20	55.40	56.19	61.33	51.29	52.76	59.10	53.42	54.69
户主受教育程度(年)	6.87	6.08	6.30	7.00	7.20	7.17	6.90	6.62	6.68
家庭人口数(人)	4.38	5.32	5.04	4.67	4.54	4.56	4.45	4.95	4.83
家庭劳动人口数(人)	2.83	3.05	2.98	3.33	2.40	2.98	2.95	2.74	2.79
家庭务工人口数(人)	1.00	1.58	1.41	1.67	0.89	1.00	1.18	1.25	1.23
家庭经营土地规模(亩)	31.47	13.51	18.83	29.83	11.76	14.41	31.02	12.67	16.92
家庭经营播种面积(亩)	42.22	22.93	28.65	53.50	11.96	18.04	45.30	17.67	24.07
家庭总收入(元)	71 356.81	53 850.21	59 037.35	57 448.33	156 575.83	142 069.37	67 563.59	103 102.21	94 872.22
家庭非农收入(元)	19 062.50	27 907.89	25 287.037	2 500.00	6 778.57	6 152.44	14 545.45	17 777.40	17 028.95
家庭农业收入(元)	47 737.13	22 226.29	29 785.06	54 948.33	150 368.69	136 404.73	49 703.82	83 664.42	75 799.86

附表 A1 - 2 家庭农场的家庭特征

	中部地区			东部地区			样本区域		
	大田	经混	小计	大田	经混	小计	大田	经混	总计
户主年龄(岁)	49.73	54.32	51.71	52.87	48.81	51.35	52.12	50.38	51.44
户主受教育程度(年)	8.61	6.81	7.81	6.91	7.35	7.08	7.32	7.19	7.27
家庭人口数(人)	3.15	4.50	3.75	4.32	4.51	4.39	4.04	4.51	4.22
家庭劳动人口数(人)	2.00	2.81	2.36	2.66	2.71	2.68	2.50	2.74	2.59
家庭务工人口数(人)	0.36	0.62	0.47	0.89	0.52	0.75	0.76	0.55	0.68
家庭经营土地规模(亩)	223.01	121.60	178.32	198.82	56.92	143.86	204.56	75.00	152.62
家庭经营播种面积(亩)	315.27	137.09	236.75	319.42	55.98	219.92	318.43	83.36	224.20
家庭农场总收入(元)	350 178.94	188 633.04	278 989.22	435 582.16	670 058.96	526 391.09	415 306.57	535 466.76	463 474.24
家庭农场非农收入(元)	7 969.70	8 784.62	8 328.81	7 841.89	93 671.64	41 082.31	7 872.23	69 939.78	32 752.76
家庭农场农业收入(元)	341 357.73	195 710.85	277 174.36	428 211.97	576 835.07	485 771.21	407 591.70	470 284.22	432 722.87

附表 A1－3　资本农场的家庭特征

	中部地区			东部地区			样本区域		
	大田	经混	小计	大田	经混	小计	大田	经混	总计
户主年龄（岁）	51.13	39.00	49.78	50.70	51.56	51.11	50.89	50.30	50.68
户主受教育程度（年）	9.13	12.00	9.45	7.20	11.89	9.42	8.06	11.90	9.43
家庭人口数（人）	2.75	3.00	2.78	5.40	3.78	4.63	4.22	3.70	4.04
家庭劳动人口数（人）	1.63	2.00	1.67	2.80	2.22	2.53	2.28	2.20	2.25
家庭务工人口数（人）	0	0	0	0.69	0.14	0.41	0.423	0.13	0.31
家庭经营土地规模（亩）	971.00	214.00	886.89	831.15	684.43	755.07	884.43	653.07	788.03
家庭经营播种面积（亩）	1 904.50	110.00	1 705.11	1 378.61	693.36	1 023.30	1 578.95	654.47	1 193.75
资本农场总收入（元）	2 009 346.65	462 100.00	1 837 430.36	1 320 008.35	7 332 033.24	4 437 354.59	1 582 613.41	6 874 037.69	3 787 373.53
资本农场非农收入（元）	0	17 000	1 888.89	2 865.38	142 857.14	75 453.70	1 773.81	134 466.67	57 062.50
资本农场农业收入（元）	2 009 346.65	440 000.00	1 834 974.80	1 316 777.58	7 189 176.10	4 361 724.96	1 580 613.41	6 739 231.03	3 730 037.42

附表 A1-4　传统农户的资本投入配置

	中部地区			东部地区			样本区域		
	大田	经混	小计	大田	经混	小计	大田	经混	总计
生产资料流动资本（元）	3 478.90	3 114.79	3 297.65	1 669.81	34 875.88	25 715.59	3 359.29	8 129.70	5 857.18
租赁机械流动资本（元）	789.14	932.06	810.50	493.75	227.43	300.90	769.61	736.60	752.32
固定资产折旧（元）	161.99	266.22	213.88	37.5	1 328.81	972.59	153.67	434.00	300.50
雇工工资（元）	402.35	177.68	290.51	0.00	13 216.67	9 570.69	375.74	2 236.47	1 350.06
土地租金（元）	341.38	12.5	177.67	1 650	9 783.19	7 539.55	427.90	1 555.24	1 018.20
总资本（元）	5 992.67	4 403.25	5 201.59	3 851.06	59 431.98	44 099.31	5 851.26	13 092.00	9 642.67
地均生产资料流动资本（元/亩）	322.44	327.62	324.46	380.63	4 981.71	3 709.69	325.68	1 061.49	714.03
地均租赁机械流动资本（元/亩）	116.42	95.32	105.92	89.50	40.32	53.89	114.64	86.64	99.98
地均固定资产折旧（元/亩）	24.52	31.62	28.23	1.34	212.27	154.08	22.99	60.44	42.60
地均雇工工资（元/亩）	52.04	30.96	41.56	0.00	1 452.99	1 052.16	48.60	255.52	156.94
地均土地租金（元/亩）	26.24	1.40	13.88	62.64	1 576.02	1 158.54	28.65	250.03	144.57
地均总资本（元/亩）	912.04	532.70	723.21	355.04	8 263.31	6 081.72	875.21	1 753.32	1 335.01

附表 A1－5　种田大户的资本投入配置

	中部地区			东部地区			样本区域		
	大田	经混	小计	大田	经混	小计	大田	经混	总计
生产资料流动资本（元）	12 085.69	7 633.34	9 204.49	11 122.50	37 070.34	33 273.07	11 823.00	216 903.12	19 568.78
租赁机械流动资本（元）	3 266.25	2 137.00	2 471.59	6 510.83	745.29	1 589.02	4 151.14	1 469.74	2 090.69
固定资产折旧（元）	56.13	1 073.16	1 191.39	11.07	541.00	538.17	1 212.95	818.01	909.47
雇工工资（元）	2 206.25	525.79	1 023.70	1 620.00	16 712.00	14 503.41	2 046.36	8 286.30	6 841.26
土地租金（元）	7 445.75	135.53	2 301.52	21 296.67	15 474.00	16 326.09	11 223.27	7 489.59	8 354.23
总资本（元）	26 476.13	11 804.81	16 151.87	41 071.67	70 542.60	66 229.78	30 456.73	39 966.76	37 764.44
地均生产资料流动资本（元/亩）	327.43	354.55	346.51	203.77	3 038.22	2 623.86	294.52	1 641.24	1 329.37
地均租赁机械流动资本（元/亩）	160.47	100.47	118.25	104.58	62.00	68.23	145.23	82.02	96.66
地均固定资产折旧（元/亩）	56.13	61.85	60.15	11.07	47.33	42.02	43.84	54.88	52.33
地均雇工工资（元/亩）	74.60	23.92	38.94	38.4	1 217.65	1 045.07	64.73	596.26	473.16
地均土地租金（元/亩）	185.80	9.61	61.81	380.83	1 351.86	1 209.76	239.00	653.15	557.24
地均总资本（元/亩）	728.98	536.45	539.49	741.66	5 717.06	4 988.95	732.44	3 020.30	2 490.48

附表 A1－6　家庭农场的资本投入配置

	中部地区			东部地区			样本区域		
	大田	经混	小计	大田	经混	小计	大田	经混	总计
生产资料流动资本(元)	110 865.71	46 146.06	82 345.17	92 283.88	187 160.36	129 027.95	96 695.39	147 737.01	117 156.04
租赁机械流动资本(元)	11 318.79	2 297.69	7 343.39	23 715.43	5 006.93	16 469.94	20 772.34	4 249.51	14 148.96
固定资产折旧(元)	2 399.82	597.12	1 605.41	7 613.49	1 899.25	5 400.46	6 375.71	1 535.22	4 435.34
雇工工资(元)	11 547.73	4 806.92	8 492.33	22 945.75	76 743.58	13 780.75	20 239.75	66.32.26	34 828.13
土地租金(元)	84 239.09	55 150.38	71 420.34	150 818.16	71 204.03	119 984.54	135 011.62	66 715.91	107 634.461 2
总资本(元)	220 371.14	108 998.17	172 727.41	297 376.71	342 014.35	314 664.04	279 094.81	276 869.90	278 202.93
地均生产资料流动资本(元/亩)	411.43	634.43	501.25	299.53	4 101.12	1 771.82	326.10	3 131.93	1 450.85
地均租赁机械流动资本(元/亩)	106.07	76.63	92.64	102.90	52.96	83.56	103.61	59.57	85.81
地均固定资产折旧(元/亩)	8.23	13.16	10.35	23.97	29.54	26.12	20.23	24.96	22.12
地均雇工工资(元/亩)	32.87	82.01	54.53	120.56	1 808.25	774.18	99.75	1 325.65	591.17
地均土地租金(元/亩)	225.73	77.62	160.45	537.45	1 300.53	832.99	463.46	958.64	661.96
地均总资本(元/亩)	724.26	821.94	767.30	1 084.44	7 292.39	3 488.68	998.93	5 483.45	2 796.60

附表 A1－7　资本农场的资本投入配置

	中部地区			东部地区			样本区域		
	大田	经混	小计	大田	经混	小计	大田	经混	总计
生产资料流动资本（元）	550 078.50	95 700.00	499 592.00	397 792.23	1 490 942.93	964 610.85	455 806.05	1 397 926.27	848 356.14
租赁机械流动资本（元）	69 317.50	0.00	61 615.56	89 182.30	42 468.57	64 960.37	81 614.76	39 637.33	64 124.17
固定资产折旧（元）	16 725.13	1 590.00	15 046.11	18 804.62	6 161.43	12 248.89	18 013.57	5 856.67	12 948.19
雇工工资（元）	258 250.00	234 000	255 555.56	264 626.92	1 240 492.86	770 631.48	262 197.62	1 173 393.33	641 862.50
土地租金（元）	599 625.00	124 800.00	546 866.67	676 142.31	728 557.14	703 320.37	664 699.86	688 306.67	664 206.94
总资本（元）	1 493 999.13	331 290.00	1 364 809.22	1 446 548.39	3 508 622.43	2 515 771.96	1 464 624.86	3 296 800.27	2 228 031.28
地均生产资料流动资本（元/亩）	358.50	870.00	415.33	341.83	1 497.54	941.09	348.18	1 455.70	809.65
地均租赁机械流动资本（元/亩）	31.88	0.00	28.33	68.85	72.63	70.81	54.76	67.78	60.19
地均固定资产折旧（元/亩）	8.51	14.45	9.17	24.37	33.86	29.29	18.33	32.56	24.26
地均雇工工资（元/亩）	282.60	2 127.27	487.56	275.19	2 387.45	1 370.43	278.01	2 370.10	1 149.71
地均土地租金（元/亩）	343.75	1 134.55	431.62	498.01	925.03	719.43	439.25	939.00	647.48
地均总资本（元/亩）	1 025.23	3 011.73	1 245.95	1 208.25	4 909.71	3 127.53	1 138.53	4 783.18	2 657.13

附录 A2 第三阶段 DEA 农地利用效率频率分布及分析

就全体样本而言,第三阶段与第一阶段农地利用综合效率值相比(见附表 A2-1 至附表 A2-6),传统农户、种田大户和家庭农场的综合效率都有所降低,而资本农场的综合效率值略有提高。其中,传统农户的农地利用综合效率值下降最多,第三阶段效率平均值仅为 2.63%;种田大户的综合效率值下降至 9.42%;家庭农场的综合效率值下降至 17.80%;而资本农场的综合效率值上升至 25.28%,高于其他农业经营主体。从整体上看,调整后的第三阶段农地利用综合效率比第一阶段略低,而资本农场的农地利用综合效率有所上升。

就水稻种植户而言,第三阶段与第一阶段农地利用综合效率值相比,农业经营主体的综合利用效率值都略有降低。调整后的农地综合利用效率从高到低分别是家庭农场(72.01%)、资本农场(69.50%)、种田大户(53.66%)和传统农户(31.84%)。

附表 A2-1 农业经营主体的农地利用综合效率频率分布

综合效率 η/%	传统农户 ($n=254$)	种田大户 ($n=95$)	家庭农场 ($n=232$)	资本农场 ($n=36$)
$\eta \leqslant 10$	241	60	100	6
$10 < \eta \leqslant 20$	9	25	76	16
$20 < \eta \leqslant 30$	3	7	15	4
$30 < \eta \leqslant 40$	1	1	14	5
$40 < \eta \leqslant 50$	0	0	13	0
$50 < \eta \leqslant 60$	0	0	6	2
$60 < \eta \leqslant 70$	0	2	4	1
$70 < \eta \leqslant 80$	0	0	0	0

综合效率 η/%	传统农户 ($n=254$)	种田大户 ($n=95$)	家庭农场 ($n=232$)	资本农场 ($n=36$)
$80<\eta\leqslant90$	0	0	0	0
$90<\eta\leqslant100$	0	0	4	2
平均值	2.63	9.42	17.80	25.28
最大值	35.70	64.10	100.00	100.00
最小值	0.10	1.10	2.00	5.70

附表 A2-2　水稻种植户的农地利用综合效率频率分布

综合效率 η/%	传统农户 ($n=167$)	种田大户 ($n=46$)	家庭农场 ($n=167$)	资本农场 ($n=23$)
$\eta\leqslant10$	3	0	0	0
$10<\eta\leqslant20$	31	1	2	0
$20<\eta\leqslant30$	53	2	0	3
$30<\eta\leqslant40$	48	8	12	0
$40<\eta\leqslant50$	13	13	8	1
$50<\eta\leqslant60$	10	6	12	2
$60<\eta\leqslant70$	6	6	27	1
$70<\eta\leqslant80$	1	4	47	9
$80<\eta\leqslant90$	0	3	38	4
$90<\eta\leqslant100$	2	3	21	3
平均值	31.84	53.66	72.01	69.50
最大值	100.00	100.00	100.00	98.00
最小值	7.30	11.50	12.90	20.50

　　就全体样本而言,第三阶段与第一阶段农地利用技术效率值相比,传统农户、种田大户和家庭农场的技术效率都有所提升,而资本农场的技术效率值略有降低。调整后的农地利用技术效率从高到低分别是传统农户(33.61%)、种田大户(31.07%)、资本农场(28.02%)和家庭农场(24.49%)。

　　就水稻种植户而言,第三阶段与第一阶段农地利用技术效率值相比,传统农户、种田大户的技术效率都有所提升,而家庭农场、资本农场的技术效率值略有降低。调整后的农地利用技术效率与第一阶段排序一致,仍是资本农场最高,家庭农场次高,种田大户再次之,而传统农户的技术效率值最低。

附表 A2-3　农业经营主体的农地利用技术效率频率分布

技术效率 η/%	传统农户 (n=254)	种田大户 (n=95)	家庭农场 (n=232)	资本农场 (n=36)
η≤10	0	0	14	6
10<η≤20	59	29	129	15
20<η≤30	108	32	33	4
30<η≤40	22	18	18	4
40<η≤50	20	4	12	2
50<η≤60	14	1	14	0
60<η≤70	10	2	3	2
70<η≤80	8	4	3	0
80<η≤90	2	3	0	0
90<η≤100	11	2	6	3
平均值	33.61	31.07	24.49	28.02
最大值	100.00	95.20	100.00	100.00
最小值	10.80	11.00	7.60	7.10

附表 A2-4　水稻种植户的农地利用技术效率频率分布

技术效率 η/%	传统农户 (n=167)	种田大户 (n=46)	家庭农场 (n=167)	资本农场 (n=23)
η≤10	0	0	0	0
10<η≤20	0	0	0	0
20<η≤30	2	0	2	1
30<η≤40	15	2	5	2
40<η≤50	57	7	11	1
50<η≤60	41	15	11	1
60<η≤70	11	6	26	0
70<η≤80	15	6	46	5

技术效率 $\eta/\%$	传统农户 ($n=167$)	种田大户 ($n=46$)	家庭农场 ($n=167$)	资本农场 ($n=23$)
$80<\eta\leqslant90$	6	6	41	4
$90<\eta\leqslant100$	20	4	25	9
平均值	58.37	63.78	74.03	77.84
最大值	100.00	100.00	100.00	100.00
最小值	24.50	32.10	21.20	24.00

就全体样本而言,第三阶段与第一阶段农地利用规模效率值相比,传统农户、种田大户、家庭农场的规模效率都大幅下降,而资本农场的规模效率值略有上升。从调整后的规模效率平均值来看,资本农场最高,家庭农场次高,种田大户再次之,而传统农户的规模效率值最低。

就水稻种植户而言,第三阶段与第一阶段农地利用规模效率值相比,传统农户、种田大户、资本农场的规模效率都明显降低,而家庭农场的规模效率值略有上升。从调整后的规模效率平均值来看,家庭农场最高,资本农场次高,种田大户再次之,而传统农户的规模效率值最低。

附表 A2-5　农业经营主体的农地利用规模效率频率分布

规模效率 $\eta/\%$	传统农户 ($n=254$)	种田大户 ($n=95$)	家庭农场 ($n=232$)	资本农场 ($n=36$)
$\eta\leqslant10$	195	17	1	0
$10<\eta\leqslant20$	32	21	6	0
$20<\eta\leqslant30$	13	14	7	0
$30<\eta\leqslant40$	8	14	11	0
$40<\eta\leqslant50$	4	15	15	0
$50<\eta\leqslant60$	1	6	27	1
$60<\eta\leqslant70$	1	4	43	1
$70<\eta\leqslant80$	0	2	43	3
$80<\eta\leqslant90$	0	2	44	5
$90<\eta\leqslant100$	0	0	35	26
平均值	8.27	29.93	68.86	91.26

规模效率 $\eta/\%$	传统农户 ($n=254$)	种田大户 ($n=95$)	家庭农场 ($n=232$)	资本农场 ($n=36$)
最大值	65.20	86.80	100.00	100.00
最小值	0.20	4.50	8.30	59.00

附表 A2－6　水稻种植户的农地利用规模效率频率分布

规模效率 $\eta/\%$	传统农户 ($n=167$)	种田大户 ($n=46$)	家庭农场 ($n=167$)	资本农场 ($n=23$)
$\eta\leqslant10$	0	0	0	0
$10<\eta\leqslant20$	13	1	0	0
$20<\eta\leqslant30$	14	0	0	0
$30<\eta\leqslant40$	17	1	0	0
$40<\eta\leqslant50$	14	0	1	0
$50<\eta\leqslant60$	20	1	2	1
$60<\eta\leqslant70$	30	1	0	0
$70<\eta\leqslant80$	29	13	2	4
$80<\eta\leqslant90$	22	9	6	5
$90<\eta\leqslant100$	6	20	156	13
平均值	57.74	83.73	96.66	88.48
最大值	100.00	100.00	100.00	99.40
最小值	12.10	15.30	43.80	55.90

附录B1　调查问卷

"三权分置"政策实施的农地经营绩效调查问卷

尊敬的农民朋友:

您好! 为了更好地了解农地流转与规模经营的现状、存在问题,以及您对当前农村土地制度改革的需求和建议,为制订农村土地制度改革方案提供实证材料,希望能够得到您的支持和协助。您的填答资料将作为农民群众的代表性意见被郑重对待。所有资料仅为研究所用,请您放心填写。

感谢您的支持和配合!

南京大学课题组

问卷编号:_____ 调查人:_____ 调查日期:_____ 调查地点:_____

- -

一、村庄基本状况

1. 您居住的村庄在什么位置:□城镇郊区　□偏远农村　□经济开发区

2. 村庄的地形条件:□平原　□丘陵　□山区　□其他_____

3. 您家承包地周围基础设施是否完善(电、田埂、田间道路、灌溉设施等农业基础设施):□完善　□不完善,缺乏_____

4. 村庄是否进行了土地整治:□是　□否

- -

二、农户家庭状况

与户主关系	性别	年龄（岁）	教育程度（年）	劳动时间分配（单位：月）		备注
				务农	务工经商	
户主						

5. 人口情况：总人口_____人；农业劳动人口_____人；非农劳动人口_____人；抚养人口_____人。

6. 家庭成员是否有现任村干部：□是　□否

7. 家庭成员中是否曾经有村干部：□是　□否

三、农户投入状况

8. 耕地投入情况

8-1 您是：□转入户　□转出户　□转入也转出　□非流转户

发生流转的年份	承包耕地面积				转入面积				转出面积				抛荒面积			
	水田		旱地		水田		旱地		水田		旱地		水田		旱地	
	亩	块	亩	块	亩	块	亩	块	亩	块	亩	块	亩	块	亩	块

8-2 集中连片的面积_____亩，机耕的面积_____亩。

9. 劳动力情况

9-1　您家劳动力情况：

年份	户主 (性别＿＿/ 年龄＿＿)		成员一 (性别＿＿/ 年龄＿＿)		成员二 (性别＿＿/ 年龄＿＿)		成员三 (性别＿＿/ 年龄＿＿)		成员四 (性别＿＿/ 年龄＿＿)		成员五 (性别＿＿/ 年龄＿＿)	
	务农	务工	务农	务工	务农	务工	务农	务工	务农	务工	务农	务工

【注】空格中填写天数,按照每天工作8小时推算。

9-2　雇佣劳动力情况:

年份	帮工 人数 (人)	帮工 天数 (天)	帮工时间 (A农忙; B全年)	帮工来源 (A亲戚;B朋友; C其他)	帮工代价 (A付工资; B换工)	帮工 日薪 (元)

9-3　生产中有无外包(非家庭劳动力)行为:□是　□否

9-4　如有是哪些环节进行了外包:□整地　□育秧　□插秧　□除草除虫　□施肥　□排灌水　□收割　□晒干

9-5　主要作物劳动时间分配:

支出项目	成本		支出项目	成本	
	家庭劳动力 (天)	外请劳动力 (元)		家庭劳动力 (天)	外请劳动力 (元)
整地翻耕			修剪		
播种			晒干		
插秧			采摘收割		
除虫除草			运输		
施肥					
喷洒农药					
灌溉管理					

9-6 主要作物生产环节的劳动效率的人工、机械对比：

生产环节	效率		
	人工效率 （单位：亩/每人每天）	机械效率（单位：亩/天）	
		机械类别	劳动效率
整地 翻耕			
播种			
插秧			
除虫除草			
施肥			
喷洒农药			
灌溉管理			
采摘收割			

10. 流动资本投入情况

10-1 农资购买渠道是：□农资经销企业 □农业龙头企业 □农民合作社 □农资供销社 □其他

主要作物	生产资料投入（单位：元/亩）									
	播种面积	化肥	有机肥	农家肥	农药	种子	农膜	水电费	其他	总计
水稻①										
小麦②										
油菜③										
棉花④										
蔬菜⑤										

10 - 2　农业机械租用情况：

		拖拉机	插秧机	收割机	抽水机	耕田机	其他农机1	其他农机2
流转前	租用面积（亩）							
	租用单价（元/亩）							
	租用费用（元/年）							

11. 固定资本投入情况

11 - 1　农业机械购买情况：

	拖拉机	插秧机	收割机	抽水机	耕田机	其他农机1	其他农机2
购买时间							
购买方式							
总价格（元）							
自家出资额（元）							
政府补助金额（元）							
是否对外租赁服务							

【注】购买方式：A自家单独购买，B与他人合作购买。是否对外租赁服务：A不对外服务，B对外服务。

11 - 2　基础设施投资情况：

支出项目	总成本（元）		支出项目	总成本（元）	
	自出资	政府补贴/奖励		自出资	政府补贴/奖励
基础设施沟渠					
塑料大棚					
仓储厂房					

四、农户收支状况

12. 实物产出：

主要作物	种植面积(亩)	亩产(斤)	留口粮(斤)	出售量(斤)	售价(元/斤)
水稻					
小麦					
油菜					
棉花					
蔬菜					
其他					

13. 销售渠道：□粮食贩子收购　□卖粮公司收购　□政府收购　□产业化龙头企业订购　□其他_____

14. 资金收支状况：

	小计			小计	
年收入 (元)	粮食销售收入		年支出 (元)	生产性支出	
	其他农产品销售收入			生活性支出	
	非农业收入				
	政策性收入(补贴收入)				
储　蓄(元)					

15. 借贷资金来源：□亲朋　□农村信用社　□银行　□私人担保公司 □其他

16. 您的承包经营权是否能够抵押贷款：□是　□否

17. 您是否用承包经营权进行了抵押贷款：□是　□否

五、农地流转状况

转出户填写

18. 转出农地原因(多选)：

□自家劳动力劳力不够　□流转后的收入比自己种地高　□村集体要求流转　□随本村大多数村民一起流转　□准备定居城镇　□其他

19. 转出对象：

□亲朋　□外来大户　□本村大户　□农业合作社　□家庭农场
□外来农业企业　□村集体　□其他

20. 是谁组织了此次土地流转：□自发　□政府

21. 流转合同形式：□口头协议　□农户拟定书面合同　□农业公司拟定书面合同　□村组集体拟定书面合同

22. 流转价格_____元、流转期限_____年、流转方式_____：

□出租—固定租金　□出租—实物租金　□出租—浮动租金　□入股—收益风险共享　□全托管　□半托管　□其他

23. 目前的流转方式、价格和期限等是怎么制定的：

□转入方决定　□与转入方协商决定　□您自己决定　□村集体决定
□其他

24. 农地流转的途径：

□直接流转　□通过村集体或政府流转　□通过土地流转中心　□通过网络交易中心流转　□其他

25. 农地流转时是否有中间人（或中介机构）：□是　□否；中介机构是

_____

26. 中间人（或中介机构）是否需要收费：□是　□否；如何收费_____

_____

27. 完成一次土地流转花费的时间_____天；完成一次农地流转和承租人讨价还价次数_____次。

28. 农地流转是否需要经过政府审批同意：□是　□否

29. 转出后的家庭就业情况：

□在外务工　□在本村务工　□在受让的土地流转组织工作　□赋闲

在家　□其他_____

30. 您觉得如果自己不能外出打工,能否随时要回自己的土地继续耕种:
□可以　□不可以　□不确定

31. 转出土地后的主要困难是什么(多选):

□收入减少　□失去土地保障　□生活成本增高　□除了务农没有别的事情做　□其他

转入户填写

32. 您在转入别人承包地时主要考虑哪些因素(多选):

□承包地肥沃程度　□流转价格高低　□农产品销售价格　□自己劳动力是否充足　□自己有没有充足的资金　□其他_____

33. 转入对象来源:□亲朋　□本村农户　□外村农户　□农业企业转租　□专业合作社转租　□村集体　□其他

34. 转入的农用地是如何取得的:□协议租赁　□转租　□竞标□其他

35. 农用地的合同形式是:

□口头协议　□农户拟定的书面合同　□农业公司拟定的书面合同□村组集体拟定的书面合同

36. 目前的流转方式、价格和期限等是怎么制定的:

□转出方决定　□与转出方协商决定　□您自己决定　□村集体决定□其他

37. 农地流转的途径:

□直接流转　□通过村集体或政府流转　□通过土地流转中心(实体)□通过网络交易中心流转　□其他

38. 农地流转时是否有中间人(或中介机构):□是　□否;中介机构是

_____

39. 中间人(或中介机构)是否需要收费:□是　□否;如何收费_____

40. 完成一次土地流转花费的时间_____天；和一户农户平均讨价还价次数_____次，共签约_____户。

41. 农地流转是否需要经过政府审批同意：□是 □否

42. 在进行流转前是否对土地进行了重新测量：□是 □否，测量花费_____元，_____天。

43. 流转土地过程中是否有违约事件发生：□是 □否

44. 转出方未到租用期限就要回土地，损失是否得到补偿：□是 □否

45. 是否增加转入规模或者缩小规模的情况：□扩大规模 □缩小规模 □无调整

46. 转入农地后，是否改变了种植结构：□是 □否；如何调整种植结构：□扩大粮食作物种植面积 □扩大经济作物种植面积 □扩大养殖面积 □扩大建设用地面积 □其他

47. 转入农地的资金来源：□自有资金 □借贷 □部分借贷、部分自有，自有资金占比_____

48. 政府对土地流转是否有鼓励：

□是 □否；奖励方式和金额_____

49. 转入农地后，是否对农田基础设施或农具进行了投入（修筑田埂、田间道路、灌溉设施或购买农机等）

□是 □否；具体投入是_____

50. 转入农地后，您是否进行了新知识的学习（种植技术、相关政策、销售方式等）：

□是 □否；具体学习了_____

51. 转入农地后，是否采用了新的技术（机械化、良种等）：

□是 □否；具体方式是_____

52. 转入农地后，是否增加了新的务农人员（技术工人、管理人员等）：

□是 □否；具体增加了_____

53. 转入农地后,是否拓展农业产业链(比如参与产品深加工,包装等):

□是　□否;具体工作是_____

54. 以往租赁农用地期间,是否遭遇以下困难(多选):

□政府干预您对农用地的利用,如建房、作物种类、设施添置、流转租金和期限

□村组集体干预您对农用地的利用,如建房、作物种类、设施添置、流转租金和期限

□出租方未到租用期限就要回土地

□出租方调整租用期限,农业生产周期被破坏

□出租方在租用期限到期时,不给续租

□出租方上涨租金,经济困难,但仍然续租

□出租方上涨租金,无力承担,放弃续租

□老百姓要回土地

□自然灾害造成严重损失(台风、洪水、冰雹、虫灾等)

□其他

□无困难

再次感谢您的支持和配合!祝您生活愉快!

附录 B2　访谈提纲

村委会访谈提纲

Q1 简要介绍下本村近年来重大的变化或者国家投入的项目。

Q2 简要介绍本村土地流转的发展情况,从什么时期开始有土地流转,规模和方式如何,最初土地流转是什么样的形式,近年来土地流转的发展如何,采用什么形式流转,期限价格等如何?

Q3 简要介绍下村里的农业生产情况和变化:

(1) 在没有进行大规模流转前,村里的土地都是谁在种植? 普通农户占到多少比例,规模经营农场占多少比例,资本企业占多少比例? 主要种植什么作物,有没有家庭抛荒农地?

(2) 土地流转后村内的土地都是谁在种植,普通农户占到多少比例,规模经营农场占多少比例,资本企业占多少比例?

Q4 村里是否有大规模的农业企业、工商资本? 分别是什么? 他们是如何到本村来的?

Q5 村集体在大规模土地流转中做了什么工作,起到了什么作用?

Q6 目前土地流转的程序如何? 是否有规范成文的依据和实施办法,是否有土地流转的规范台账?

Q7 村里或者上级政府对规模经营的企业有何优惠政策和奖励办法?

Q8 大规模的农业主体他们的生产经营状况如何? 给村庄带来了哪些变化? 他们的到来对村庄产生了哪些有利的和不利的影响?

Q9 村民对土地流转的看法如何,是否希望流转,村民在流转中有什么要求（最关注的因素是什么）？

（1）村里现在都有哪些类型的村民？哪些村民支持土地流转，哪些村民反对土地流转？

（2）那些反对土地流转的农户，村集体是如何做工作的？

（3）是否产生过流转纠纷，如何处理的？

Q10 村集体在考虑是否农用地流转时，最看重的因素是哪些？希望土地流转给什么样的主体？未来土地流转的计划或者未来村庄发展的规划如何？

离农主体访谈提纲

Q1 村里是否存在大规模的土地流转？从何时开始？谁组织的？

规模土地流转前：

Q2 流转前，您从事什么职业，家庭的主要生计来源是什么？您家的农业生产情况（种植规模、种植结构）如何？产量和收入如何？

Q3 流转前，村里的土地都是谁在种植？主要种植什么作物，有没有家庭抛荒农地？

Q4 流转前，村里有哪些"能人"，都是做什么工作的？有没有"种田大户"？

规模土地流转后：

Q5 现在村里以前的"能人"在大规模土地流转后做什么？有从外地返乡务农的吗？

Q6 现在村里的土地都是谁在种植，有多少规模较大的农场或者农户？主要种植什么作物，有没有抛荒、闲置的土地？

Q7 您家进行土地流转了嘛？为什么？

Q8 租给了谁？流转多少年？租金如何？签订书面合同了吗？

Q9 （仍在农业生产的）现在您家的农业生产情况（种植规模、种植结构）

发生了什么变化,为什么?就业发生了什么变化?现在的主要生计来源是什么?

Q10(仍在农业生产的)现在您家的农业生产成本、销售渠道发生了什么变化?生产、销售变得更方便还是麻烦了?这种变化与大规模流转有关系吗?

Q11(仍在农业生产的)其他农场主、农业企业对你们的生产经营(比如购买农资,销售农产品等)有没有什么影响?如何影响的?

Q12(仍在农业生产的)您或家人是否有在土地流转的企业或者种植大户内打工?收入如何,与自己种田相比如何?

Q13(转为非农就业的)您务工的工作是否稳定?以后还希望回乡种田吗?自己租出的承包地以后还能要回吗?如果承包地要不回您作何打算?

Q14 土地流转中政府(村集体)做了哪些工作?对他们的工作是否满意或者有哪些建议?

Q15 大规模土地流转(资本下乡)前后您的生活成本有发生变化吗?如何变化?

Q16 大规模土地流转(资本下乡)对您的生活改变大吗?对村庄的整体面貌有改变吗?您希望进行土地流转吗?

Q17 大规模土地流转后承租人与当地的农民是否有纠纷?为什么产生纠纷?

Q18 您现在生产经营和生活上最大的困难是什么?希望获得什么支持?

农业经营主体访谈提纲——小农主体

Q1 村里是否存在大规模的土地流转?从何时开始?谁组织的?

规模土地流转前:

Q2 流转前,您从事什么职业,家庭的主要生计来源是什么?您家的农业生产情况(种植规模、种植结构)如何? 产量和收入如何?

Q3 流转前,村里的土地都是谁在种植? 主要种植什么作物? 有没有家庭抛荒农地?

Q4 流转前,村里有哪些"能人",都是做什么工作的? 有没有"种田大户"?

规模土地流转后:

Q5 现在村里以前的"能人"在大规模土地流转后做什么? 有从外地返乡务农的吗?

Q6 现在村里的土地都是谁在种植,有多少规模较大的农场或者农户? 主要种植什么作物? 有没有抛荒、闲置的土地?

Q7 您进行土地流转了嘛? 为什么进行土地流转?

Q8 如何获得土地的? 租了谁的土地? 租金如何? 签订了书面合同吗?

生产的规模变迁:

(1) 哪年开始? 规模多大? 种植什么? 田地联片情况(几块,几个村)?

(2) 哪年变化? 规模多大? 种植什么? 田地联片情况(几块,几个村)?

(3) 当前规模多大? 种植什么? 田地联片情况(几块,几个村)?

Q9 目前种植的作物是什么? 投入产出情况?

(1) 需要多少前期投入资金(基础设施沟渠、塑料大棚、仓储厂房)?

(2) 每年的流动投入多少(租金、化肥、农药、种子、机械投入)?

(3) 自家务农人口、时间情况? 雇工情况? 每年付工资情况? 每天每人工资多少?

(4) 所有作物毛收入多少?

Q10 流转后,您家有没有进行土壤改良,保护性的投入? 为什么?

Q11 流转后,现在您家的农业生产成本、销售渠道发生了什么变化,有什么新的渠道?

Q12 其他农场主、农业企业对你们的生产经营(比如购买农资,销售农产品等)有没有什么影响? 如何影响的? 或者是否有合作?

Q13 还想继续扩大经营规模吗? 为什么? 是否还有空余土地可供流转? 要拿到土地需要什么条件?

Q14 政府对您的土地流转是否有相关奖励? 有哪些补贴? 别人都有哪些补贴?

Q15 土地流转中政府(村集体)做了哪些工作? 对他们的工作是否满意或者有哪些建议?

Q16 当地的老百姓是否支持土地流转? 您是否与当地的农民有土地流转的纠纷? 为什么产生纠纷? 别的企业、农场与农户有纠纷吗?

Q17 您现在生产经营和生活上最大的困难是什么? 希望获得什么支持?

农业经营主体访谈提纲——规模经营主体

Q1 简要介绍下您的农场的发展变迁和现状,您本人(负责人)在开办企业前从事的是什么工作? 是否是本村人? 家庭是否有村干部?

Q2 为什么进行土地流转? 什么原因让你进入这行业? 如何获得土地的? 租了谁的土地? 租金如何? 签订了书面合同吗?

Q3 生产的规模变迁:

(1) 哪年开始? 规模多大? 种植什么? 田地联片情况(几块,几个村)?

(2) 哪年变化? 规模多大? 种植什么? 田地联片情况(几块,几个村)?

(3) 当前规模多大? 种植什么? 田地联片情况(几块,几个村)?

(4) 采取什么方式流转? 有没有进行分包?

Q4 是否注册了家庭农场或者公司? 政府认定需要哪些条件? 注册后有何政策优惠和奖励? 政府对您的土地流转是否有相关奖励? 有哪些补贴?

Q5 目前种植的作物是什么? 投入产出情况?

(1) 需要多少前期投入资金(基础设施沟渠、塑料大棚、仓储厂房)?

（2）每年的流动投入多少（租金、化肥、农药、种子、机械投入）？

（3）自家务农人口、时间情况？雇工情况？每年付工资情况？每天每人工资多少？

（4）所有作物毛收入多少？

Q6 流转后，农场是否进行了土壤改良，保护性的投入？为什么？

Q7 流转后，农场的农业生产成本、销售渠道发生了什么变化，有什么新的渠道？

Q8 和普通的小农或者其他农业企业相比，您的农场经营上有什么优势和劣势？

Q9 现在村里的土地都是谁在种植？有多少规模较大的农场或者农户？主要种植什么作物，有没有抛荒的土地？

Q10 其他农场主、农业企业对你们的生产经营（比如购买农资，销售农产品等）有没有什么影响？如何影响的？或者是否有合作？

Q11 还想继续扩大经营规模吗？为什么？是否还有空余土地可供流转？要拿到土地需要什么条件？

Q12 土地流转中政府（村集体）做了哪些工作？对他们的工作是否满意或者有哪些建议？

Q13 当地的老百姓是否支持土地流转？您是否与当地的农民有土地流转的纠纷？为什么产生纠纷？别的企业、农场与农户有纠纷吗？

Q14 当地的老百姓可以在您的农场打工吗？劳动力是否充足？

Q15 您觉得您的农场收益如何？未来有何计划？以后的前景如何？

Q16 对此次农用地流转的看法（对流转的面积、价格、方式和期限等是否满意）？此次流转存在的主要问题是什么（最关心的问题或者困惑等）？

Q17 您现在生产经营和生活上最大的困难是什么？希望获得什么支持？